21世纪法学系列教材

民商法系列

证券法原理

主　编　董安生
撰稿人（以参与撰写章节先后为序）
　　　　董安生　何　以　杨明宇
　　　　朱　宁　张　瑞　翟彦杰
　　　　陆紫薇　陈　洁　杨　巍
　　　　吴建丽　安邦坤

图书在版编目(CIP)数据

证券法原理/董安生主编.—北京:北京大学出版社,2018.1
(21世纪法学系列教材·民商法系列)
ISBN 978-7-301-29074-3

Ⅰ. ①证… Ⅱ. ①董… Ⅲ. ①证券法—中国—高等学校—教材 Ⅳ. ①D922.287

中国版本图书馆 CIP 数据核字(2017)第 328574 号

书　　　名	证券法原理
	ZHENGQUANFA YUANLI
著作责任者	董安生　主编
责任编辑	邓丽华
标准书号	ISBN 978-7-301-29074-3
出版发行	北京大学出版社
地　　　址	北京市海淀区成府路 205 号　100871
网　　　址	http://www.pup.cn
电子信箱	law@pup.pku.edu.cn
新浪微博	@北京大学出版社　@北大出版社法律图书
电　　　话	邮购部 62752015　发行部 62750672　编辑部 62752027
印　刷　者	北京虎彩文化传播有限公司印刷
经　销　者	新华书店
	730 毫米×980 毫米　16 开本　13 印张　248 千字
	2018 年 1 月第 1 版　2021 年 7 月第 2 次印刷
定　　　价	30.00 元

未经许可,不得以任何方式复制或抄袭本书之部分或全部内容。
版权所有,侵权必究
举报电话:010-62752024　电子信箱:fd@pup.pku.edu.cn
图书如有印装质量问题,请与出版部联系,电话:010-62756370

主 编 简 介

董安生 中国人民大学法学院教授、博士生导师;兼任中国人民大学民商法律研究中心副主任、财政与金融政策研究中心研究员、金融与证券研究所研究员;曾任中国证券法研究会副会长、中国比较法学会理事、中国国际私法学会理事。1951年12月21日生于西安,1983年毕业于西北政法学院法律系,1987年研究生毕业于中国人民大学法律系,1992年博士生毕业于中国人民大学法学院。曾在中国人民大学、香港城市大学、台湾东华大学、芬兰拉普兰大学从事民法、商法、证券法、公司法的教学与研究;曾受聘担任中国早期的A股上市公司、B股上市公司、H股上市公司、红筹股上市公司的中国法律顾问;已出版著作有《民事法律行为》《中国商法总论》《票据法》《证券发行与交易》《证券发行与承销》《证券上市与交易》《国际货币金融法》等。

前　言

证券法制度及其相关的理论关系到现实生活中经济的发展与繁荣,关系到社会公众的财富与福祉,也关系到法制社会的正义与公平。但是,在我国市场经济的发展过程中,我国的证券法律制度却长期处于不完善的初期发展阶段,我国的证券法理论也长期处于诠释法律与阐述交易表象的初级水平;这显然是与我国市场经济发展的内在要求不相适应的。推动我国的证券法制健康发展是每个证券法学者的基本责任。

证券法的基本制度主要分为证券发行制度与证券交易制度两部分,前者主要用于规范证券发行企业及相关的辅助当事人的发行行为,给投资者提供一透明公平的投资环境;后者主要用于规范不同层次投资者的投资行为,给投资者提供一便利快捷且信息披露真实的交易环境,以实现其意思表示一致的成交原则。而其他诸如证券监管体制、证券服务机构制度、证券经营机构制度、证券违法行为及其责任等制度仅仅在证券法的基本制度中起到辅助性作用;其行政立法与行政责任特征是显而易见的。在我国证券立法过程中,不自觉地忽视证券法的民商特别法本质,而过分强调其行政立法特征的现象是普遍存在的,这只能起到削弱证券法的本质内容而强化证券法的行政管制色彩的不良作用。

由于证券法在我国是一新法域,其内容又广泛涉及原有企业的重组、资产评估、财务审计、盈利预测、公司股份、交易变动、信用结算交割、上市监管等复杂的技术问题,这使得我国证券法规的完善不能不受到法律规则系统性维持的制约,使得我国证券法规修改调整得极度频繁;这些实际上是证券法发展过程中必须经历的基本阶段。可以预见,在我国未来将进行的证券发行注册制改革过程中,我国原有的证券法体系、制度与规则还会发生巨大的变化;不仅如此,随着我国交易制度发展和变革,我国相应的市场撮合制度、经纪人制度、结算交割制度、多重证券市场的交易格局也会发生根本性的变化。理论上通常认为,证券法规则具有明显的技术性和创新性,其法律规则的发展过程不能简单地套用传统民商法理论的原有制度模式,证券法学者应当在传统民商法理论的基础上,研究和推动证券法规则和理论的完善和发展。

本书是在中国人民大学法学院二十年来为培养民商法专业证券法方向博士研究生而使用的教材基础上编写而成的,全书在内容上力求简单易懂,在体系上力求系统完整,对于与证券法制度、与教学无关的内容均予割舍。本书由董安生主笔撰写,参与编写的还有何以、杨明宇、朱宁、张瑞(第一至三章)、翟彦杰、陆紫薇、陈洁(第四章、第六章)、杨巍、吴建丽、安邦坤(第五章、第七章);全书由董安生统稿完成。鉴于证券法理论在我国处于初创阶段,而其所涉及的原理又跨越法律与会计等多个专业,本书的写作难免挂一漏万,有不当之处敬请读者原谅。

中国人民大学
董安生
2017年9月1日

目 录

第一章 证券法基本原理 …………………………………………… (1)
 第一节 证券 ………………………………………………………… (1)
  一、证券的概念与特征 ……………………………………… (1)
  二、证券的类型 ……………………………………………… (3)
  三、证券上权利保护 ………………………………………… (4)
 第二节 证券市场 …………………………………………………… (5)
  一、证券市场的结构 ………………………………………… (5)
  二、证券市场的监管 ………………………………………… (9)
  三、证券服务机构 …………………………………………… (11)
 第三节 证券法概述 ………………………………………………… (14)
  一、证券法的概念与宗旨 …………………………………… (14)
  二、证券法的体系 …………………………………………… (15)
  三、证券法的调整范围 ……………………………………… (17)
  四、证券法的基本原则 ……………………………………… (18)

第二章 证券发行制度 …………………………………………… (22)
 第一节 证券发行的原理 …………………………………………… (22)
  一、证券发行的概念与性质 ………………………………… (22)
  二、证券公开发行与私募发行 ……………………………… (23)
  三、证券发行的审核 ………………………………………… (24)
  四、证券发行当事人的法定责任 …………………………… (27)
 第二节 股票发行制度的基本内容 ………………………………… (29)
  一、股票发行的基本前提 …………………………………… (29)
  二、股票发行准备 …………………………………………… (31)
  三、股票发行的审核 ………………………………………… (33)
  四、股票承销 ………………………………………………… (35)
  五、股票发行上市保荐制度 ………………………………… (39)
 第三节 债券发行制度的基本内容 ………………………………… (43)
  一、债券发行的基本条件 …………………………………… (43)
  二、债券发行的流程与中介机构 …………………………… (46)

三、债券发行审核 …………………………………………… (48)
　　四、债券持有人权益保护 …………………………………… (53)

第三章　国际股票发行与上市 ……………………………………… (60)
　第一节　国际股票融资概述 ……………………………………… (60)
　　一、国际股票融资的概念与特征 …………………………… (60)
　　二、国际股票融资的结构与类型 …………………………… (62)
　　三、国际股票融资的基础 …………………………………… (67)
　　四、国际股票融资的程序 …………………………………… (69)
　　五、国际股票融资的国内法管制 …………………………… (71)
　第二节　境外股票发行与上市中的问题 ………………………… (73)
　　一、国际股票发行人的主体资格 …………………………… (73)
　　二、国际股票发行准备 ……………………………………… (76)
　　三、国际股票发行注册与上市审核 ………………………… (79)
　　四、国际股票承销与超额配售选择权 ……………………… (83)
　　五、股票国际上市与第二上市 ……………………………… (87)

第四章　证券交易制度 …………………………………………… (92)
　第一节　证券交易原理 …………………………………………… (92)
　　一、证券交易的概念 ………………………………………… (92)
　　二、证券市场的地位与功能 ………………………………… (93)
　　三、证券类产品的交易类型 ………………………………… (95)
　　四、证券交易法律关系 ……………………………………… (98)
　　五、证券交易的限制性规则 ………………………………… (99)
　第二节　证券上市规则 …………………………………………… (100)
　　一、上市审核机构 …………………………………………… (100)
　　二、上市审核条件 …………………………………………… (101)
　　三、证券上市程序 …………………………………………… (103)
　　四、停牌与复牌 ……………………………………………… (106)
　　五、暂停上市、恢复上市与终止上市 ……………………… (107)
　第三节　证券现货交易规则 ……………………………………… (110)
　　一、集中竞价交易原则 ……………………………………… (110)
　　二、集中竞价交易程序 ……………………………………… (111)
　　三、大宗交易制度 …………………………………………… (113)
　　四、场外证券市场交易 ……………………………………… (114)

  第四节 证券衍生品交易制度……………………………………(115)
    一、证券信用交易…………………………………………………(115)
    二、证券期货交易…………………………………………………(117)
    三、证券期权交易…………………………………………………(121)

第五章 证券信息披露制度……………………………………(125)
  第一节 信息披露制度概述…………………………………………(125)
    一、信息披露的基本原理…………………………………………(125)
    二、信息披露的原则………………………………………………(126)
    三、信息披露的类型………………………………………………(128)
    四、两种性质不同的信息披露……………………………………(129)
  第二节 证券发行信息披露制度……………………………………(130)
    一、IPO股票公开发行的信息披露………………………………(130)
    二、股票配股或增发时的信息披露………………………………(132)
    三、债券募集中的信息披露………………………………………(134)
  第三节 持续性信息披露制度………………………………………(136)
    一、持续性责任问题………………………………………………(136)
    二、持续性信息披露的范围和类型………………………………(137)
    三、持续性信息披露的方式………………………………………(139)
    四、预测性信息披露问题…………………………………………(140)
    五、债券交易之持续性信息披露…………………………………(141)

第六章 上市公司收购制度……………………………………(144)
  第一节 上市公司收购概述…………………………………………(144)
    一、上市公司收购的概念与特征…………………………………(144)
    二、上市公司收购制度的立法宗旨………………………………(145)
    三、上市公司收购的分类…………………………………………(147)
    四、权益公开规则与慢走规则……………………………………(148)
  第二节 要约收购制度………………………………………………(150)
    一、要约收购的基本概念…………………………………………(150)
    二、要约收购的法定程序…………………………………………(151)
    三、强制性要约收购规则…………………………………………(154)
    四、要约收购的豁免规则…………………………………………(155)
  第三节 协议收购法律制度…………………………………………(158)
    一、协议收购的概念与特征………………………………………(158)
    二、协议收购的条件与程序………………………………………(159)

三、协议收购中的信息披露问题……………………………………（160）
　　四、上市公司控制权转让的特殊形式………………………………（161）

第七章　证券违法行为之责任………………………………………………（164）
　第一节　证券违法行为之概述……………………………………………（164）
　　一、证券违法行为的概念与特征……………………………………（164）
　　二、证券违法行为之法律责任………………………………………（166）
　　三、三大证券违法行为及其民事责任性质…………………………（167）
　　四、关于其他证券违法行为的简要分析……………………………（168）
　第二节　证券发行中的虚假陈述…………………………………………（170）
　　一、证券发行中虚假陈述的概念与特征……………………………（170）
　　二、证券发行中虚假陈述的构成要件………………………………（171）
　　三、证券发行虚假陈述中的共同行为………………………………（176）
　　四、证券发行中虚假陈述的法律责任………………………………（177）
　　五、持续性信息披露虚假陈述处罚中的吸收原则…………………（178）
　第三节　操纵市场行为……………………………………………………（178）
　　一、操纵市场行为的概念与特征……………………………………（178）
　　二、操纵市场的危害分析……………………………………………（179）
　　三、操纵市场行为的分类……………………………………………（180）
　　四、操纵市场行为的一般构成要件…………………………………（181）
　　五、操纵市场行为的行为态样要件…………………………………（183）
　　六、操纵市场与安定操作……………………………………………（190）
　第四节　内幕交易行为……………………………………………………（194）
　　一、内幕交易的概念与相关的理论…………………………………（194）
　　二、内幕人员…………………………………………………………（195）
　　三、内幕信息…………………………………………………………（195）
　　四、非法利用内幕信息之禁止………………………………………（197）
　　五、内幕交易的因果关系问题………………………………………（197）

第一章 证券法基本原理

第一节 证 券

一、证券的概念与特征

证券的定义或概念涉及多重因素,一方面它与特定国家的法律有关,另一方面它又与其社会实践的时代变化有关。在大陆法国家中证券被称为"有价证券",它是指代表一定民事财产权利,依法可以自由流转的证书,证券上权利的发生、移转和行使均以持有该证书为必要。① 在现代证券法实践中,证券往往仅指资本证券,例如债券、股票、基金受益人证券、期货投资合同、票据、提单等。但在英美法系中证券则被称为"流通证券",英美法国家对于证券的含义多不采取演绎概括的方式,而采取外延列举的方式,其流通证券的类型复杂而多样。② 例如美国1934年《证券交易法》第三节第10条明确规定,"证券"泛指任何票据、股票、国库券、债券、公司债券、利润分享协议和石油、天然气或其他矿产特许或租赁协议下的权益证书或参与证书,任何关于证券的抵押信托证、组建前证书或认购证、可转让股份、投资合同、投资信托证、存单,任何关于证券、存单或证券指数的卖出权、买入权、多空套作权、选择期权或优先权(包括其权益或由其价值所生之权益),任何在国家证券交易所达成的外汇卖出权、买入权、多空套作权、选择期权或优先权,或一般意义上被认为"证券"的任何票据,或者前述之各证券的权益证书、参与证书、暂时或临时证书、收据、认购或购买的担保或权利。但不包括货币或自出票期起有效期不超过9个月的任何票据、汇票或银行承兑书(有宽限期的情况除外),也不包括有效期相当有限的更新的票据、汇票或银行承兑书。英美法对证券的此种外延列举虽不能有效地概括出证券的本质特征,但却合理地克服了证券社会实践不断发展变化带来的困难。

大陆法国家的法学理论认为,有价证券的上述内涵概括反映了其具有以下基本特征③:

---

① 参见李文莉:《证券发行注册制改革:法理基础与实现路径》,载《法商研究》2014年第5期。
② 参见蓝寿荣、李成:《美国证券法之证券含义探讨》,载《光华法学》2009年第2期。
③ 杨东、刘磊:《证券法的转型:从传统有价证券到金融商品——日韩两国给我们的启示》,载《证券法苑》2011年第2期。

(1) 有价性。证券是代表一定民事财产权利的证书,其权利内容具有一定的财产价值,而不具有人身关系内容。因此某些代表人身权或行政权的权利证书不属于证券,如结婚证、专利权证书、中国过去的粮票、布票,等等。

(2) 证券上权利具有独立性。大陆法系商法认为证券不同于其他民事财产权证书的基本特征在于证券上权利与证券持有人身份无关,证券上权利与证券不可分,因此凡持有证券者或提示证券者即可依法推定为证券上权利的享有人,这以无记名证券体现得最为明显。在许多国家的债券发行实践中,债券上往往载明本券或息票持有人的推定权利。在商事交易行为中,往往难以简单地适用传统民法中关于认定合同无效、返还原物等处理方式。英美法中,也存在类似的表面推定证据规则。因此,需要证明身份方可行使权利的权利证书不属于证券,如中国目前的银行存折。

(3) 具有自由流转性。证券是仅依行为人意志即可依法自由流转的权利证书,其转让无须得到证券上义务人或第三人的同意,也不适用相应的合同法规则。而合同的转让涉及通知对方当事人及经其同意。因此,仅可依合同法转让权利的合同文件以及有限责任公司股东持有的出资证明也不属于证券。由此意言之,中国证券法实践中的定向募集公司股权证书和凭证式国债证书,因法律禁止其流转,也不属于严格意义上的证券,它们与有限公司的股东出资凭证和民法上的借据并没有本质差别。这也是英美法国家将证券称为"流通证券"的根本原因。

由上可见,证券概念或权利证券化之概念本身依存于法律制度,而不取决于对特定的民事财产权利证书冠之以何种名称。某种财产权利证书依一国法律具有证券性质,但依另一国法律则可能不具有证券之性质。应当说,证券的可流转性表明了证券的本质特征,从法制实践来看,证券的有价性依存于其可流转性(市场决定价值),而证券上权利的独立性则是证券可流转性的必然结果。同时,从某种意义上说,证券的概念并非是纯粹的法律问题,还有赖于市场制度设施的建设情况,它是一个市场化的概念。在市场和交易制度不发达的条件下,证券只具有有限的意义。

通常所说的资产证券化,即是使文据性资产权利在法律上可自由流转,例如在国际金融交易中,安排使合同权利可流转、使房产权利可流转、使债权可流转等,其目的在于提高资产之质量。资产证券化中所称的"资产"是会计语言,其法律实质是请求权的证券化,或称合同权利的证券化。

证券不同于合同性财产权证书,如前所述,合同权利与证券权利有着明确的界限,在市场交易中应严格区别合同性产品和证券性产品。现实交易中,投资者往往遭受合同性产品的损害而无法得到足够的救济。

在近十年来某些国家的证券法制变革中,英国、韩国、日本的法律试图在证券概念的基础上建立"金融投资商品"的概念,并试图将证券法的传统调整方式贯彻于整个金融投资商品。依据这一变革,证券法将被金融商品法所取代,证券概念将被金融投资商品概念所取代,不仅具备有价性或投资性的高流动性产品属于金融投资商品,而且具备投资性的低流动性合同产品也属于金融投资商品。此类金融投资商品在发行与交易问题上均适用与传统证券法相类似的基本控制规则。在理论上,金融投资商品法制所面临的最大难题在于:尽管纳入金融投资商品的合同性产品可以通过私募规则、柜台交易规则、合同条款约定来改变该类产品的流动性条件,使之不再适用合同法的硬性约束规则;但对于大陆法系制度来说,在合同性产品与证券性产品之间作一界分是十分重要的,如果允许当事人在任何类型的合同中均以特约来改变合同权利变动条件(例如约定不再适用合同权利转让的通知规则或协议变更规则),显然将会对合同法秩序造成实质伤害。相信这将是金融投资商品法制所面临的最大问题。各国对金融投资商品法律规制所遇到的这一难题实际上也是其证券监管中始终面临的难题;在以美国为代表的证券监管体系中,始终将金融期货、金融期权、其他金融衍生品与证券列为大体相同的法律规范与监管对象。

二、证券的类型

对于证券,依不同的分类标准可以作不同的分类。例如依证券上记名与否,可将其分为记名证券和不记名证券;依证券上权利的法律性质,可将其分为债权证券、物权证券和社员权证券等。但是,对于理解证券本质最有意义的,是依据证券上权利的功能进行的分类。依此可将其分为资本证券、货币证券和商品证券三类。[①]

(1) 资本证券,是指代表一定资本权益的有价证券,例如股票、长期债券等。资本证券本质上是一种长期投资工具,具有生息或增值功能。实践中,许多国家仅将资本证券称为证券。

(2) 货币证券,是指代表定额货币的有价证券,它又称为票据,例如汇票、支票、本票等。货币证券本质上是一种短期信用工具,具有到期支付功能和提前贴现力,其流转多依背书规则。中国目前尚无确定的票据贴现市场。

(3) 商品证券,是指代表特定货物或商品所有权的有价证券,例如可流转的提单、仓单、期货合约等。商品证券本质上是某种商品交易特别是期货交易的工具,具有到期交割的功能。

应当说明的是,将上述权利证书称为证券,不仅意味着法律已经为其提供了可流转之规则,而且意味着它已经取得了市场化条件。在非市场化条件下,不仅

[①] 参见姚海放:《论证券概念的扩大及对金融监管的意义》,载《政治与法律》2012年第8期。

提单、仓单不能称为证券,就是票据和股权凭证也不具有证券之性质。在现代社会中,由于各国交易法制的长足发展,多数权利证书已经取得了市场化的交易条件。不仅传统的资本证券、货币证券和商品证券均已取得市场化的交易条件,而且层出不穷的金融投资合同、期货交易合同、结构性投资合同也都不同程度地取得了市场化的交易条件。

三、证券上权利保护

证券上权利的保护这一命题包含着双重含义。其一是证券上所载明的权利须得到法律保护。证券具有价值首先是由于它代表着一定的民事财产权利,如债权、股权、请求支付权、商品交割权,如果该权利得不到保护或法律保护不充分,就无所谓权利证书,证券就丧失了其存在的基础。其二是证券的公平流转权须得到法律保护。证券之所以不同于传统的民事权利证书,之所以具有吸引力,就在于其流转权受到交易法制的保护,如果该权利得不到保护或得不到公平保护,证券也将丧失其存在的基础。现代各国的民商法通常对证券提供以下两类保护:

(1) 基础性法律保护

基础性法律保护是指法律对于证券上所记载权利的保护,它是证券上权利保护制度的基础。任何有价证券首先须得到基础性法律的保护,例如公司法对于股票上股东权利的保护,债法和公司法对于债券上权利的保护,票据法对于票据上权利的保护,合同法对于商品证券权利的保护等。离开了这些权利保护制度,就不可能维持证券上权利义务关系所要求的基本法律秩序。根据大陆法系民商法的观念,对证券上权利提供基础性保护的法律制度并不属于证券法。但从实践来看,为实现此种基础性法律保护并使之与证券法相衔接,许多国家又不能不对其传统的公司法、债法、合同法、票据法进行相应的修订。

基础性法律保护就其内容而言,主要须解决证券上权利义务确定的问题、对于违反该权利义务行为的责任制裁问题、相关的司法制度和行政审查制度等。

(2) 证券交易法保护

证券交易法保护是指法律对于证券交易权利和交易条件的保护,它是证券权利保护制度中重要的内容。在现代各国的法律发展中往往受到特别的重视。证券交易法保护主要是为解决证券交易规则、交易市场与中介机构监管规则、证券交易信息披露规则等,以保障证券交易得以公平、公开、迅捷、便利地进行。

从理论上说,证券交易法制对于证券权利的保护是间接的,它求助于市场的作用。但从实践来看,证券持有人往往更重视此类法律手段,多数证券持有人在其证券上权利难于实现或有风险时,虽然可以求助于公司法、债法或票据法,但通常更希望通过交易市场迅速转手,从而使法律风险转变为商业风险。

从整体上看，基础性法律保护的作用更为根本，而证券交易法制的完善有赖于前者的健全，在信用低劣、三角债成灾的条件下，证券交易法制是难以发展的。中国证券监管部门目前对于证券发行人的规范化要求是十分必要的。

第二节 证券市场

一、证券市场的结构

狭义的证券市场主要指证券交易的场所，既包括有形的交易市场，也包括无形的证券交易系统，既包括场内的证券交易市场，也包括场外柜台市场。从功能角度，也可将证券市场分为发行市场（或称一级市场）与交易市场（或称二级市场）。[1]

国外证券市场的产生可以追溯到15世纪，世界上第一个股票交易所于17世纪初在阿姆斯特丹成立。相较而言，我国证券市场起步很晚，虽然在20世纪初叶的旧中国就出现了由外商开办的证券交易机构"上海股份公所"和"上海众业公所"，但其主要交易对象为外国证券。北洋政府时期颁布的《证券交易所法》推动了北平证券交易所、上海证券物品交易所等中国人自己创办的证券交易所的成立和发展，逐渐形成了当时的证券市场。

新中国的证券市场萌芽于20世纪80年代的经济改革大潮中。1982年，股票和债券的柜台交易陆续在全国各地出现。1987年，中国成立了第一家专业证券公司——深圳特区证券公司。1990年末，上海证券交易所与深圳证券交易所相继成立，这是我国证券市场建设中的标志性事件。[2] 随后，股票占据了证券市场的主导地位。不可否认，我国证券市场取得了举世瞩目的成就，在短时间内发展成为世界上的重要市场之一。然而，我国股票市场自其伊始就并非完全市场化，长期被人为地分为两个市场、两类股份和两种定价机制。同时，由于缺乏监管经验和整体制度框架的不完善，20世纪90年代初期就曾出现"8·10""327国债"等重大事件。另外，由于法律对交易场所、交易品种和交易制度进行了严格的限制，使得众多场外交易、其他品种的交易形式无法获得合法的地位，单一现货交易观念和单一集中竞价交易观念成为证券市场健康发展的大敌，造成了我国证券市场中坐庄横行、市场暴涨暴跌的不良现象。我国市场还存在其他一些影响其健康发展的障碍，包括上市公司改制不彻底，治理结构混乱，股权过于集中；证券商规模小，运作不规范；交易产品结构畸形，缺乏适合机构投资者的证券

---

[1] 参见唐佳祺：《我国证券市场结构风险及应对措施》，载《中国外资》2012年第14期。
[2] 杨昱星：《中国债券市场的历史性选择》，载《特区经济》2003年第7期。

品种和避险工具,等等。

我国证券市场的法制化过程始于20世纪90年代,1992年10月我国成立了国务院证券委和中国证监会;1993年4月,国务院颁布了具有重要意义的《股票发行与交易暂行条例》,与之相关的大量证券法规其后纷纷出台;1993年12月全国人大常委会审议通过了最初的《公司法》;1998年12月,全国人大常委会又审议通过了我国首部《证券法》;国务院于2004年1月发布了著名的《关于推进资本市场改革开放和稳定发展的若干意见》(下称"国九条"),为中国证券市场的发展和改革指明了市场化的方向。2005年10月,全国人大常委会修订颁布了《证券法》和《公司法》,为证券市场的顺利发展铺平道路。2005年开始,我国进行了影响深远的股权分置改革,逐步实现全流通,意图扫清阻止证券市场进一步发展的障碍。2009年创业板的推出和2010年融资融券业务、股指期货交易品种的运行都标志着我国证券市场在现代化、市场化的进程中迈出了坚实步伐。[1]

一般认为,健康成熟的证券市场能够实现筹措资本、发现价格、资源配置和创造投资渠道的功能,而我国证券市场同时还肩负着国有企业脱困、改制和促进公司治理的特殊使命。我国证券市场发展的特殊背景是导致其诸多问题的深层次原因。

"国九条"指出,要在"统筹考虑资本市场合理布局和功能定位的基础上,逐步建立满足不同类型企业融资需求的多层次资本市场体系"。这标志着我国关于资本市场的政策层面已经将发展多层次资本市场作为战略性的目标。建设多层次资本市场体系已经上升到日程高度,限制多层次资本市场建设的法律障碍逐渐在清除。

在全球范围内,美国的多层次资本市场体系最为健全,机制和功能发挥最为完善。其发达程度在市场规模、横向多元化以及纵向多层次化方面都得以充分体现。美国多层次资本市场体系主要包括:主板市场(纽约证券交易所)、创业板市场(纳斯达克市场)、三板市场(OTCBB和粉单市场)、区域性交易所及私募股票交易市场。[2]

英国证券市场包括伦敦证券交易所与交易所外市场两个层次。伦敦证券交易所内部又分为若干层次,第一层次是主板市场,为英国金融服务局批准正式上市的国内外公司提供交易服务;第二层次是选择性投资市场(AIM),在该市场挂牌的证券不需要金融服务局审批,属于未上市证券;第三层次是全国性的三板

---

[1] 2013年和2014年,全国人大常委会先后对《公司法》《证券法》进行了再次修正。
[2] 参见刘文娟:《多层次资本市场建设的国际比较与经验总结》,载《哈尔滨商业大学学报》2010年第4期。

市场(未上市证券市场)。英国的资本市场中,除了由伦敦证券交易所创办的、为中小企业进行股权融资服务的选择投资市场外,还有为更初级的中小企业融资服务的场外市场。

在日本,以创业板市场(JASDAQ)及多个中小企业市场的成立为标志,建立起了比较完善的多层次资本市场体系。日本证券市场包括交易所市场及店头市场两大层次,其内部又进一步分为若干层次。日本的证券交易所内部一般认为分为三个层次:第一层次是市场一部,即主板市场,具有较高的上市标准,主要为本国大型成熟企业服务;第二层次是市场二部,上市标准低于第一部市场,为具有一定规模和经营年限的本国企业服务;第三层次是外国部。市场一部、市场二部均以日本国内的公司为主要的上市对象,但市场一部的上市标准比市场二部的标准高许多,因此,大多数日本公司通常先在市场二部上市,待发展壮大后再到市场一部上市。外国部主要为创业板市场,又称 JASDAQ 市场,内部分为两个层次:第一层次为第一款登记标准市场;第二层次为第二款登记标准市场,指为未上市、上柜的公司,但经券商推荐具有成长发展前景的新兴事业的股票提供交易平台的市场。近年来,日本业界普遍认识到多层次资本市场合理构建的重要性,开设了包括 MOTHERS、TOKYO AIM 等针对创业型企业的市场。

我国证券市场经过近三十年的发展,在股票市场方面,初步形成了由沪深交易所的主板市场、以创业板市场为代表的二板市场、以全国中小企业股份转让系统为代表的全国性的三板市场和区域性股权交易市场所组成的多层次市场体系。

具体而言,主板市场是一个国家或地区证券发行、上市及交易的主要场所,其对发行人的营业期限、股本大小、盈利水平、最低市值等方面的要求标准较高,上市企业多为大型成熟企业,具有较大的资本规模以及稳定的盈利能力。我国主板市场集中于上海证券交易所和深圳证券交易所。2004 年 5 月,经国务院批准,中国证监会批复同意深圳证券交易所设立中小企业板块,从资本市场架构上也属于主板市场。沪深证券交易所主板市场在组织体系、上市标准、交易方式和监管结构方面几乎完全一致。我国创业板市场设立于深圳证券交易所,在上市门槛、监管制度、信息披露、投资风险等方面和主板市场有较大区别,其目的主要是扶持中小企业,尤其是高成长性企业,为风险投资和创投企业建立正常的退出机制。由于创业板基本上延续了主板的规则,其大部分上市条件和运行规则与主板相同,所以实质的上市门槛仍然不低。我国三板市场起源于代办股份转让系统,为解决主板市场退市公司及停止交易的法人股市场公司的股份转让问题而设立。全国中小企业股份转让系统,是经国务院批准设立的全国性证券交易场所,全国中小企业股份转让系统有限责任公司为其运营管理机构,2012 年 9 月注册成立,又被称为"新三板"。其宗旨在于为非上市股份公司股份的公开转让、融资、并购等相关业务提供服务。"新三板"市场主要采取了与沪深交易集中竞价制度不同的交易制度,即证券商报价制度,证券交易的买价和卖价都由报价券商给出,报价券商根据市场的买卖力量和自身情况进行证券的双向报价。区域性股权交易市场是为特定区域内的企业提供股权转让和融资服务的场外市场,一般由省级人民政府监管,是我国多层次资本市场的重要组成部分,对于促进中小微企业股权交易和融资、鼓励科技创新和激活民间资本、加强对实体经济薄弱环节的支持具有积极作用。但总体上看,中国的场外市场主要由各个政府部门主办,涉及各地方利益,存在市场定位不明确、分布不合理、缺乏统一规则、结构层次单一、监管缺失等问题,还有待进一步规范。

债券市场方面,主要由银行间债券市场、证券交易所债券市场和商业银行柜台市场组成。债券种类包括政府债券、公司信用类债券和资产支持证券等,债券交易方式主要包括现券交易和回购交易。长期以来,我国债券市场分割为银行间债券市场和交易所债券市场,这种市场分割的状态也是我国债券市场的一个显著特征。证券交易所市场主要由中国证监会管理,而银行间债券市场由中国人民银行下设的银行间市场交易商协会管理,两个市场在交易制度、结算制度、市场主体方面都存在较大差异。

投资人结构上,我国证券市场与发达国家或地区的市场相比,机构投资人比重过低,主板市场、创业板市场、股指期货市场中散户资金泛滥。虽然已有的研究成果无法普遍性地证实将散户交易人划分为非理性投资人这种假设的有效性,但实证检验表明以散户为主的市场与以机构投资人为主的市场在稳定性上确实存在差异。投资人结构的类同也是现阶段我国股票市场单一性的重要表现,而事实上,对于不同市场的投资人结构,现有的法律规定仍然未显示出足够的导向性。不同层次市场中的交易状况和风险状况对其中的投资人结构提出了不同的要求,法律规定应当引导和规范不同层次市场中的投资人群体。总体而言,发达国家的资本市场中,主板、创业板和三板市场分别呈现出不同的投资人结构:主板市场中,交投较为活跃,散户投资人比重相较其他市场而言最高;创业板市场中,散户投资人比重下降,呈现出以机构投资人为主的市场格局;三板市场中,机构投资人发挥着决定性作用,极少存在散户投资人。不仅如此,发达国家资本市场在法律制度上,通过投资者准入制度、交易单位限制和投资者适当性规定等,体现出在主板市场鼓励散户和各种类型机构投资人进入,在创业板市场和三板市场鼓励机构投资人进入,限制散户投资人交易的政策倾向。

综上,尽管从顶层设计上我国多层次证券市场的建立并不存在实质性障碍,但市场制度的建设仍然有赖于具体法律规范的设计。基本功能定位的区别应当成为界分不同层次市场的前提,在此基础上创造出适用的不同法律规则和规范体系,才能避免资源重复消耗,构建起实质意义上的多层次资本市场。多层次证券市场将提供全方位的融资功能、层次性的资源配置功能和大范围的资本风险定价的功能,并支持产品创新和制度创新。大力发展多重证券市场,既是证券市场自身完善的需要,也是促进经济发展的需要。各国资本市场发展的经验告诉我们,资本市场的层次性应当在满足不同交易主体需求的情况下,发挥特异性的具体功能,面对目前我国单一性、同质性的市场格局,法律制度建设仍然任重而道远。

二、证券市场的监管

各国的证券市场监管制度都在不同程度上受到本国证券法律制度的制约和影响。不同的证券法律制度体系创造出不同的证券市场监管体制,使证券市场管理方式存在着明显的差异。以集中立法为特点的美国证券市场,有完整的法律管理体制,建立了由联邦、州及证券自律组织所组成的既统一又相对独立的证券市场监管体系。其证券监管主体为美国证券交易委员会(SEC),负责全面监管美国证券市场。作为中央银行的美联储只是通过公开市场操作等手段引导证券市场。美国的证券监管机构主要由两级机构组成,第一级是联邦证券交易委员会,第二级是证券交易所和全国证券交易商协会。传统上,以自我管理为特点的英国证券市场监管制度则是以证券交易所的自律监管为核心,证券交易所是英国实施证券市场监管的重要力量。面对飞速发展的金融市场和层出不穷的新问题、新局面,1997年金融服务局的成立和2000年《金融服务和市场法》的颁布,奠定了英国集中统一的金融监管模式,强化了全面监管和集中立法。

我国的证券监管体制属于较为典型的政府主导型监管体制,强调自上而下的集中、统一监管。中国证监会为国务院直属正部级事业单位,依照法律、法规和国务院授权,统一监督管理全国证券期货市场,维护证券期货市场秩序,保障其合法运行。中国证监会在省、自治区、直辖市和计划单列市设立36个证券监管局,以及上海、深圳证券监管专员办事处。

依据有关法律法规,中国证监会在对证券市场实施监督管理中履行下列职责:

(1)研究和拟订证券期货市场的方针政策、发展规划;起草证券期货市场的有关法律、法规,提出制定和修改的建议;制定有关证券期货市场监管的规章、规则和办法。

(2)垂直领导全国证券期货监管机构,对证券期货市场实行集中统一监管;管理有关证券公司的领导班子和领导成员。

(3)监管股票、可转换债券、证券公司债券和国务院确定由证监会负责的债券及其他证券的发行、上市、交易、托管和结算;监管证券投资基金活动;批准企业债券的上市;监管上市国债和企业债券的交易活动。

(4) 监管上市公司及其按法律法规必须履行有关义务的股东的证券市场行为。

(5) 监管境内期货合约的上市、交易和结算;按规定监管境内机构从事境外期货业务。

(6) 管理证券期货交易所;按规定管理证券期货交易所的高级管理人员;归口管理证券业、期货业协会。

(7) 监管证券期货经营机构、证券投资基金管理公司、证券登记结算公司、期货结算机构、证券期货投资咨询机构、证券资信评级机构;审批基金托管机构的资格并监管其基金托管业务;制定有关机构高级管理人员任职资格的管理办法并组织实施;指导中国证券业、期货业协会开展证券期货从业人员资格管理工作。

(8) 监管境内企业直接或间接到境外发行股票、上市以及在境外上市的公司到境外发行可转换债券;监管境内证券、期货经营机构到境外设立证券、期货机构;监管境外机构到境内设立证券、期货机构、从事证券、期货业务。

(9) 监管证券期货信息传播活动,负责证券期货市场的统计与信息资源管理。

(10) 会同有关部门审批会计师事务所、资产评估机构及其成员从事证券期货中介业务的资格,并监管律师事务所、律师及有资格的会计师事务所、资产评估机构及其成员从事证券期货相关业务的活动。

(11) 依法对证券期货违法违规行为进行调查、处罚。

(12) 归口管理证券期货行业的对外交往和国际合作事务。

(13) 承办国务院交办的其他事项。

中国证监会会机关、派出机构和系统单位共同构成了统一有序的全国证券期货监管体系。中国证监会会机关负责制定、修改和完善证券期货市场规章规则,拟定市场发展规划,办理重大审核事项,指导协调风险处置,组织查处证券期货市场重大违法违规案件,指导、检查、督促和协调系统监管工作。在上市公司监管、证券经营机构监管、期货经营机构监管等工作中,中国证监会推行了辖区监管责任制,派出机构负责辖区内的一线监管工作。派出机构的主要职责是:根据中国证监会的授权,对辖区内的上市公司、证券期货经营机构、证券期货投资咨询机构和从事证券业务的律师事务所、会计师事务所、资产评估机构等中介机构的证券期货业务活动进行监督管理;查处监管辖区范围内的违法违规案件。各证券交易所和期货交易所、中国证券登记结算有限责任公司、中国证券投资者保护基金有限责任公司、中国证券金融股份有限公司、中国期货保证金监控中心有限责任公司、中证资本市场运行统计监测中心有限责任公司、全国中小企业股份转让系统有限责任公司、中国证券业协会、中国期货业协会、中国上市公司协会、中国证券投资基金业协会等单位,对其会员(及参与人、上市公司或挂牌公司)及证券期货交易活动进行一线监管和自律监管。这些一线监管和自律监管构成证券期货监管活动的有效补充。

我国的此种政府主导型证券监管体制是存在一定问题的。首先,它放弃了证券监管机构的中立性与专业性,而使政府成为投资人的对立面,使得任何证券市场的震荡都易于导致社会危机。其次,它使得证券监管机构及其行为从属于国家机关组织法与立法法,证券监管机构在未达到规定的行政级别时,不可以实施有效的监管行为或发布有法律效力的规范性文件。最后,它使得证券监管机构的发行审核沦为行政许可行为,使得未来的发行注册制改革(其中最重要的环节是交易所的上市审核)面临难以克服的矛盾。

三、证券服务机构

(一)证券交易所

根据我国法律的规定,证券交易所是为证券集中交易提供场所和设施,组织和监督证券交易,实行自律管理的法人。按照《证券交易所管理办法》的规定,证券交易所的职能包括:提供证券交易的场所和设施;制定证券交易所的业务规则;接受上市申请,安排证券上市;组织、监督证券交易;对会员、上市公司进行监管;设立证券登记结算机构;管理和公布市场信息等。[1]

我国的证券交易所包括上海证券交易所和深圳证券交易所。上海证券交易所创立于1990年11月26日,同年12月19日开始正式营业。按照"法制、监管、自律、规范"的八字方针,上海证券交易所致力于创造透明、开放、安全、高效的市场环境。其下设办公室、人事部(党委组织部)、党委办公室(党委宣传部)、纪检监察办公室、交易管理部、发行上市部、上市公司监管一部、上市公司监管二部、会员部、债券业务部、国际发展部、基金业务部、衍生品业务部、市场监察部、法律部、投资者教育部(企业培训服务中心)、信息中心、北京中心、财务部、风控与内审部、资本市场研究所、香港办事处、基建工作小组、自贸区交易平台筹备工作小组、花桥基地工作小组等内设部门或临时工作小组,以及全资子公司——上交所技术有限责任公司、上证所信息网络有限公司、上证金融服务有限公司。深圳证券交易所成立于1990年12月1日,坚持从严监管的根本理念,贯彻"监管、创新、培育、服务"八字方针,努力营造公开、公平、公正的市场环境。2004年5月,中小企业板正式推出;2006年1月,中关村科技园区非上市公司股份报价转让开始试点;2009年10月,创业板正式启动,内部层次体系架构基本确立。其下设公司管理部、中小板公司管理部、创业板公司管理部、会员管理部、基金管理

---

[1] 《证券交易所管理办法》第11条。

部、策划国际部、上市推广部、市场监察部、法律部等18个部门以及深圳证券通信有限公司、深圳证券信息有限公司等5个下属机构。根据我国交易所的章程，我国沪深交易所为会员制交易所，是非营利性组织，性质上属于社团法人和事业单位。相较于公司制证券交易所追求本身及其成员的利润，在目的上有较大差别。

证券交易所自律监管是我国证券市场监管体制的重要组成部分。证券交易所自律规则包括上市协议、上市规则、交易规则、交易所章程等。自律规则一方面为证券交易所自律监管提供法律依据，另一方面也是对证券交易所自律监管范围、方式和程序的限制。我国证券交易所自律监管的主要内容包括：一是对交易活动的监管，包括制定交易规则、即时行情发布、暂停和恢复上市、交易实时监控、违规交易查处等；二是对会员的管理，包括制定会员管理规则、对交易席位的管理、对会员自营业务、代理业务的监管等；三是对上市公司的日常监管，包括制定上市规则、订立上市协议、上市公司信息披露、股份减持锁定、公司治理等。

(二) 登记结算公司

根据我国法律的规定，证券登记结算机构是为证券交易提供集中登记、存管与结算服务，不以营利为目的的法人。根据《证券法》、证监会发布实施的《证券登记结算管理办法》，我国证券登记结算机构的职能包括：证券账户、结算账户的设立和管理；证券的存管和过户；证券持有人名册登记及权益登记；证券和资金的清算交收及相关管理；受发行人的委托派发证券权益；依法提供与证券登记结算业务有关的查询、信息、咨询和培训服务；中国证监会批准的其他业务。[①] 目前，我国的证券登记结算制度主要包括证券账户实名制、结算参与人制度、分级结算原则和净额结算原则。

经中国证监会批准，2001年，中国证券登记结算有限责任公司设立，法律规定的全国集中统一运营的证券登记结算体制由此形成。该公司总部内设15个部门，下设上海、深圳、北京三家分公司及中国证券登记结算（香港）有限公司、中证证券期货业信息基地建设公司两家全资子公司。目前，中国证券登记结算有限责任公司业务覆盖的范围包括：(1) 为上海、深圳证券交易所及全国中小企业股份转让系统公司全部上市或挂牌的证券提供登记、清算和交收服务；(2) 为上海、深圳证券交易所上市的股票期权等金融衍生品提供清算、交收服务；(3) 为沪港通等跨境证券交易提供登记、存管、清算、交收服务；(4) 为内地发行的开放式基金产品、证券公司资产管理产品及陆港基金互认产品提供登记、清算、交收及托管服务；(5) 为中国证券金融公司转融通业务提供登记结算服务；(6) 为中国金融期货交易所上市国债期货提供实物交割服务；(7) 为非上市公众公司提

[①] 《证券登记结算管理办法》第8条。

供集中登记存管服务;(8)为境外上市公司(主要在香港)非境外上市股份提供集中登记存管服务;(9)为债券在证券交易所市场与银行间市场流动提供转托管(转登记)服务。

中国证券登记结算有限责任公司的宗旨是作为中国资本市场最重要的金融基础设施,秉承安全、高效的基本原则,根据多层次市场加快发展的需要,健全完善集中统一的登记结算体系,为登记结算系统各类参与者参与场内场外、公募私募以及跨境证券现货和衍生品投融资提供规范、灵活、多样的登记结算基础设施服务。其对登记结算系统参与者提供的主要服务内容包括:(1)为上市公司等证券发行人提供持有名册、证券权益派发、公司行为网络投票、股权激励和员工持股计划等服务。(2)通过电子化证券簿记系统为证券持有人设立证券账户,提供登记、存管服务及证券交易后的证券交收服务。(3)为结算参与人设立担保和非担保资金交收账户,为证券、金融衍生品交易提供清算、交收服务。就场内集中交易的证券品种,公司作为中央对手方(CCP)以结算参与人为单位,提供多边净额担保结算服务。就非场内集中交易的证券品种,提供双边全额、双边净额、实时逐笔全额(RTGS)及资金代收付服务。(4)为公募、私募基金发行人提供基金资产的托管服务。

(三)证券经营机构

我国的证券经营机构主要包括证券公司、基金公司、期货公司等。以下以证券公司为代表进行简要介绍。

证券公司是按照公司法、证券法等法律法规规定的设立条件,经证券监管机构批准并经公司登记机关登记设立的,从事证券业务的有限责任公司或者股份有限公司。我国现行法律允许证券公司从事的证券业务范围包括证券经纪、证券投资咨询、与证券交易和证券投资活动有关的财务顾问、证券承销与保荐、证券自营、证券资产管理以及其他证券业务。证券公司是连接证券投资者和证券筹资者的桥梁和纽带,是证券市场必不可少的中介机构,是证券市场沟通买卖交易的重要的中间环节。

在证券公司的监管上,我国采取了分类管理制度,即按照证券公司的业务类型,将其分为经纪类证券公司和综合类证券公司。经纪类证券公司,只能从事证券经纪业务,即接受证券投资者委托,为投资者或者客户利益买卖证券;综合类证券公司除可从事经纪业务外,还可从事证券承销、自营及其他业务。为了显示证券公司的业务范围和种类,可将证券公司分为证券承销机构、证券自营机构和证券经纪机构。与普通公司相比,证券公司在市场准入、股东资格、股权转让、实际控制人资格、高管资格、注册资本、股东出资缴纳时间、公司治理、内部控制等方面接受更多的行政监管,强制性规范的比重较高。

(四) 证券服务机构

证券服务机构是指为证券的发行、上市、交易等证券业务活动制作、出具审计报告、资产评估报告、财务顾问报告、资信评级报告或者法律意见书等专业报告的服务性机构。根据有关规定,投资咨询机构、财务顾问机构、资信评级机构、资产评估机构和会计师事务所,属于法律规定的证券服务机构。目前,律师事务所从事证券服务无须取得证券监管机构批准,但承担相关的证券法责任,也属于证券服务机构。证券服务的专业性很强,根据委托人的委托,投资咨询服务机构负责提供证券投资分析、预测或者建议;会计师事务所负责评价委托人财务会计体系、审核财务会计凭证、出具审计报告;律师事务所负责向委托人提供法律服务并出具法律意见等。

我国法律规定,证券服务机构为证券的发行、上市、交易等证券业务活动制作、出具审计报告、资产评估报告、财务顾问报告、资信评级报告或者法律意见书等文件,应当勤勉尽责,对所制作、出具的文件内容的真实性、准确性、完整性进行核查和验证。其制作、出具的文件有虚假记载、误导性陈述或者重大遗漏,给他人造成损失的,应当与发行人、上市公司承担连带赔偿责任,但是能够证明自己没有过错的除外。由此可知,证券服务机构在提供有关专业服务活动过程中,首先应当承担勤勉尽责的法定义务。基于侵权法的基本理念,证券服务机构承担此类法律行为后果时,适用过错推定责任。除了民法方面的责任,我国证券法律对证券服务机构未勤勉尽责,所制作、出具的文件有虚假记载、误导性陈述或者重大遗漏的,还规定了相应的行政责任。

第三节 证券法概述

一、证券法的概念与宗旨

证券法是调整证券发行与证券交易过程中相关当事人之间发生的商事关系的法律规范的总称,其内容或者是规范证券发行当事人的行为,或者是规范证券交易过程中相关当事人的行为,或者是调整证券发行与交易过程中发生的相关社会关系;它是民商法律的特别法。

从理论上说,证券法的立法宗旨是保护投资者,特别是中小投资者的合法投资权益。许多学者在实践中都强调证券法的立法宗旨为"保护投资者利益""保障证券市场有效运行"以及"发展国民经济"等多重目的,这实际上冲淡了证券法的立法宗旨。

在实践中,采取多重立法宗旨的国家并不在少数。例如日本《证券交易法》规定其立法目的为:"为有助于国民经济的正常运行和保护投资者利益,保证有价证券的发行、买卖及其他交易公正进行,使有价证券顺利流通。"①韩国《证券和交易法》规定:"本法旨在通过维护证券广泛的和有条不紊的流通,通过保护投资者进行公平的保险、购买、销售或其他证券交易,促进国民经济发展。"②我国《证券法》也规定,证券法的宗旨为:"规范证券发行和交易行为,保护投资者的合法权益,维护社会经济秩序和社会公共利益,促进社会主义市场经济的发展。"这一规定反映了我国立法坚持证券法的多重宗旨立场;这在证券法立法中,受到许多学者的批评。

从性质上看,在民商分立的体系下,证券法属于商法的特别法。在商法发展早期,公司法是调整证券法律关系的主要规则;随着证券法逐步形成独立的法律制度,证券法也逐渐成为商法体系的重要组成部分。在民商合一体系下,证券法被视为民法的特别法。证券法作出特别规定的,适用证券法的规定;证券法没有规定的,适用民法典的一般规定。但无论是在民商分立的体系下还是在民商合一体系下,证券法均有其特殊属性;证券法为特别法,不能将民法的一般规则任意地适用于证券法律关系,例如关于民事法律行为有效性的规则、关于证券违法行为中因果关系要件的规则、关于民法中禁止流质的规则等;证券法又具有技术性,其法律规则中大部分规范复杂而不具有道德倾向,其禁止性规范的主要内容意在打击高技术侵权和犯罪。

应当说,证券法本质上是证券交易法,证券法的交易规则内容庞大而复杂,它是整个证券法制的基础。正是在复杂而具体的证券交易规则基础上才产生了各种层出不穷的证券违法行为或欺诈行为,也才产生了证券法对其的防范规则和制裁制度。

从总体上说,证券法应当遵从民商法的私法自治的原则;但涉及金融商品,涉及公众投资人的利益,为保护交易安全和市场效率,证券法又必须采用强行性规范手段干预市场。因此,它又兼具有任意性规范和强制性规范的双重特性。实际上,自1933年美国强力推行证券市场的改革以来,多数国家对证券法都采纳了含有强烈国家干预因素的商特别法模式;在市场方式可以有效调节商事关系的条件下,应当允许法律依私法自治原则调整民商事当事人之间的关系;而在以市场方式不能有效调整民商事当事人之间关系的条件下,就应当允许法律以强行法方式干预市场。

二、证券法的体系

我国证券法中最重要的法律是《证券法》,该法与我国原有的有关证券法规

---

① 参见杜宁、陈秋云:《日本证券监管机构的历史演变和特点》,载《现代日本经济》2010年第2期。
② 参见金仁权、金滋永:《韩国证券交易法》,载《商事法论集》2007年第1期。

共同组成我国证券法的体系。除《证券法》外,我国现有的有关证券的单行法规规章还包括《期货交易管理条例》《证券公司监督管理条例》《证券公司风险处置条例》《国库券条例》《企业债券管理条例》《证券投资基金管理公司管理办法》《证券交易所管理办法》《证券市场禁入规定》等。此外,证券监管部门还颁布了大量的部门规章和实施性文件。

从内容来看,我国目前的证券法制度主要包括以下几部分:

(1) 证券发行制度

证券发行是我国证券法的基本制度,现行证券法中关于此部分内容的法规、规章和规则较多。从实践来看,中国法目前对于证券发行采取的某些原则和规则不同于其他国家的证券法,其问题较多。按照世界各国的证券法制,证券发行受到监管部门发行注册与证交所上市审核的监管,在法律适用上不仅适用法律法规,而且适用交易所上市规则;在发行监管内容上,各国基于其多样化的交易体系建立了适用于公开发行、私募发行、小额发行的不同监管规则。我国目前的证券发行制度仍处于初期发展阶段。

(2) 证券交易制度

证券交易制度是我国证券法中最重要的基本制度,现行法制中此部分的内容比较单薄。我国目前较为成熟的交易制度仅为主板市场的集中竞价交易制度和相应的证券经纪制度;对于期货性产品交易制度、现货产品大宗交易制度、协议转让制度、创业板与三板的多层次交易制度均还在立法准备中。

(3) 证券监管制度

当前,我国实行的是"一行三会"的分业金融监管体系。中国人民银行("一行")主要负责制定和执行货币政策以维护金融市场稳定,同时承担支付清算、国库、反洗钱、征信管理等金融服务职能。银监会、证监会和保监会("三会")则分别负责存款类金融机构、证券机构和保险机构的监督管理。这种基于机构的分业监管模式是改革开放以来逐步形成的,为维护我国金融秩序的稳定、促进金融监管的专业化作出了积极贡献。但随着我国资本市场和金融行业的快速发展,原有的分业壁垒日渐消融,"一行三会"的分业监管体系的局限性日趋凸显;2017年11月国务院成立了金融稳定发展委员会,意图统筹协调"一行三会"的工作关系,但此与对资本市场的统一监管模式还有不小的距离。

与许多国家的证券监管架构不同,我国目前对于证券、期货市场和机构的监管统一由中国证监会负责,中国人民银行和财政部对于企业债券和国债的发行具有部分管理权限,此外国家发改委、国资委和地方政府机关对于证券的发行也具有一定的权限。需要特别指出的是,当前我国的债券市场存在着发改委、财政部、证监会和人民银行(银行间市场交易商协会)四个监管机构,各自负责审批不同类型的债券发行。2015年初,为了鼓励交易所债券市场的发展,证监会降低了对公司债发行的要求,公司债发行量不断创下历史新高。随后发改委与银行间市场交易商协会相继降低企业债和超短期融资债的发行要求,以期推动所辖子市场的发展。债券发行的监管竞争从整体上加大了金融市场的信用风险,传统上属于证券的债券品种,由于法制体系,特别是部门利益导致的市场分割也突显出我国行政监管理念的滞后。从整体来看,中国对证券期货的监管主要由国家机关负责,证监会的性质已经改变,而证券交易所几乎不具有实质管理权限。上述监管体制的核心在于法律赋予中国证监会和相关政府机关对于各类证券发行与交易具有审批权,令其对证券发行与交易进行实质性审查,而非注册备案。

(4) 证券市场机构管理制度

中国目前对证券交易仍采取场内交易原则,现有的证券交易市场主要为上海证交所与深圳证交所,已有的证券商交易市场全国证券交易自动报价系统(STAQ系统)和全国电子交易系统(NET系统)受到政策限制,目前一些地方存在的柜台交易(OTC)在法规上实际受到禁止。从交易证券来看,目前中国的交易证券主要为经审批在证交所上市的股票、债券和基金证券,此类证券不允许在证交所之外交易,故无大宗交易的条件;股份公司的非上市股票(法人股)可以以协议方式通过证券登记公司进行交易;另外某些不记名债券实际上可通过场外交易方式进行,但目前的政策仍加以限制。在目前的证券法条件下,中国的多重证券市场建设正在起步中,而多种交易制度改革尚未全面进行。应当指出的是,2012年9月成立的"新三板",旨在为非上市股份公司股份的公开转让、融资、并购等相关业务提供场所,其采取的证券商报价制度是多种交易制度的一项有益探索。

(5) 证券经营机构与证券从业人员管理制度

现行法规对于证券经营机构和证券从业人员采取较严格的营业资格许可制度。中国的证券经营机构均为经过特许批准而设立的证券公司或信托投资公司。此类公司除须取得证券金融业务许可证书外,还须分项申请取得证券自营业务许可证、证券承销业务许可证、证券主承销业务许可证、外资股承销业务许可证等,否则不能从事完整的证券经营业务。除上述之外,现行法对于从事证券业务的注册会计师、律师、证券投资咨询人员也采取资格特许制度,并令其承担严格的责任。

三、证券法的调整范围

我国《证券法》规定:在中华人民共和国境内,股票、公司债券和国务院依法认定的其他证券的发行和交易,适用本法;本法未规定的,适用《中华人民共和国公司法》和其他法律、行政法规的规定。政府债券、证券投资基金份额的上市交易,适用本法;其他法律、行政法规另有规定的,适用其规定。证券衍生品种发行、交易的管理办法,由国务院依照本法的原则规定。据此,我国证券法目前的调整范围限于股票、债券、基金证券和国务院依法认定的其他证券,其调整对象为该类证券发行与交易中产生的社会关系,该等社会关系既包括平等主体(如上市公司、证券公司、证券交易所、证券登记结算机构、证券服务机构与投资者)之间的民事关系,也包括证券市场主体与行政机关(如中国证监会、财政主管部门)之间的行政关系。

其中,法律明确规定:股票、公司债券和国务院依法认定的其他证券之发行与交易适用《证券法》,而政府债券与基金证券仅在上市交易事项上适用《证券法》。所谓政府债券又称公债,指的是政府为筹措财政资金,凭其信誉按照一定程序向投资者出具的,承诺在一定时期支付利息和到期偿还本金的一种格式化的债权债务凭证。这是由于政府债券(包括国库券等)的发行主体、发行程序、交易方式、决策层次等都有特殊性,需要另行制定法律、行政法规加以规范。除股票、公司债券之外,国务院依法认定的其他证券作为兜底性条款,主要是考虑到证券市场的复杂性和发展速度,在法律设计上留有余地,以便容纳一些新出现的品种。关于证券发行、交易活动的调整,法律明确了构成证券法律制度的,不仅仅是一部《证券法》,而是若干部有关的法律、行政法规,其中主要为《公司法》。作出该等规定是考虑到证券市场是现代公司制度和信用制度的产物,证券法是公司法的特别法,股票的产生来源于公司的设立,也即没有公司的设立就不会有股票的发行,因而按各国的通行做法,在《公司法》中规范股票的发行;公司债券是公司筹资的工具,因而也在规范公司行为时对其加以规范。《证券法》一方面重申和细化了《公司法》的规定,另一方面,对《公司法》的规定作了补充,并根据新情况、新需要作出了调整和补充。

四、证券法的基本原则

根据我国《证券法》总则的规定,许多学者将证券法的基本原则概括为"三公"原则、平等自愿有偿和诚实信用原则、严格守法和禁止不正当交易原则、分业经营与管理原则、集中统一监管原则、国家监管和自律管理相结合原则、依法审计原则等。[①] 我们认为,证券法的基本原则是指贯彻于证券法各项制度,反映证券法宗旨的最一般规则,它体现了证券法的基本精神,对于证券发行与交易的各项具体规则应具有指导意义和法律解释意义。依此原理,证券法的基本原则主要应包括以下几项:

(1)公开、公平与公正原则。公开原则是现代证券法的基础,而这一原则中

---

① 参见万国华、杨海静:《论反欺诈原则在证券法中的确立——对诚实信用作为证券法基本原则的反思》,载《法学研究》2015年第1期。

的公平与公正要求则具有从属性意义。自从美国1934年《证券交易法》首创这一原则以来,它在各国证券法中被一再强调。根据我国的证券法制度,任何类型的证券发行与交易都必须遵循公开性原则进行,以使得投资公众对于其拟购买的权利财产具有充分、真实、准确、完整且不受误导的了解。中国证券法规中关于招募文件必要条款和必要内容的规则、关于证券招募文件统一披露的规则、关于发行人负有持续性信息披露责任的规则、关于发行人与承销人对信息披露质量保证的规则都不过是这一原则的具体表现。在我国证券法规则尚不完善的条件下,"三公"原则的法律调整作用是不容忽视的。值得说明的是,公开性原则并不意味着证券发行仅应采取公开发行方式,也不意味着证券交易仅能采取证券交易所集中交易形式。但我国目前的法规尚排斥私募和多元化的交易市场。

(2) 平等自愿和诚实信用原则。我国现行《证券法》确认,证券发行与交易除受"三公"原则支配外,还应当遵循平等自愿和诚实信用原则。依此原则,证券发行与交易中的欺诈行为、内幕交易行为、大户操纵行为和其他一切不公平交易行为,均不具有合法效力,并应导致违法行为责任。在目前证券法规则不甚完善的条件下,证券发行与交易中许多不当行为的合法性显然应当依平等自愿和诚实信用原则来判断。

(3) 证券发行与交易统一监管与核准原则。我国目前对各种证券的发行和交易尚主要采取严格的审查批准制度而非注册制度。任何人发行任何证券,或者任何证券进入任何类型的交易市场都必须经过政府机关和证券监管部门的实质审查和批准,对于境外证券发行与上市实际上采取特许制度。根据《证券法》第7条、第8条、第10条、第22条、第23条、第24条、第26条、第37条、第38条、第39条、第40条、第188条等大量的规定,未经监管部门审查批准而进行的证券发行与交易均被视为违法行为,核准原则显然是支配现行证券法的基本原则。在《证券法》制定中,关于采取核准性原则问题曾引起了较大的争议,现行《证券法》实际上确立了由证券监管部门和国务院授权的机构共同负责证券发行与交易核准的规则(第10条),同时证券监管部门可以授权证券交易所对证券上市交易依法进行核准(第40条)。

除上述基本原则外,分业管理和计划管理也是现行证券法制度中的重要原则。分业管理原则实际上是证券市场管理和证券经营机构管理的基本规则;而计划管理原则实际上是目前我国证券法的基本原则。根据实践,我国目前对各类证券发行和交易均采取严格的计划管理制度,无论是股票发行与上市、债券发行与上市、基金证券的发行与上市,实际上均受到计划额度的限制,均须遵循计划管理的规则。一方面,计划外证券发行被严格禁止;另一方面,证券交易被限制于证券交易所的集中上市交易,各类场外交易受到严格的控制,其计划管理特征较为明显。尽管《证券法》中未对计划管理规则加以规定,但这一原则实际上决定着我国证券法制中的一系列特有规则,它对于我国证券发行与交易中的几乎每一项制度、每一个过程均具有重要的影响。

《证券法》在立法中对我国证券法实践中的一系列重要问题提出了争论,对证券法实践中的许多做法提出了批评。其中较大的问题为计划管理原则、审批核准制原则、片面保护国有大股东利益等,这表现了立法观念的进步,但是此类行政立法问题目前还不可能一下子就得到解决。此外,还有一些较重要的问题,如证券监管者的责任和监管公开化问题、统一监管体制问题、证券发行中虚假陈述的责任问题、证券经营机构体制问题等,这也是过去立法没有的。尽管我国目前的立法仍存在问题,但立法过程已经表现出了相当的民主性。证券行业是风险行业,必须谦虚谨慎,保守安全;发达国家是在经历了危机后,为避免政府责任才采取了目前的市场监管制、注册制或形式审查制。

本章参考文献:

1. 何杰:《证券交易制度论》,经济日报出版社 2001 年版。
2. 吴林祥:《证券交易制度分析》,上海财经大学出版社 2002 年版。
3. 董安生:《民事法律行为》,中国人民大学出版社 2002 年版。
4. 〔美〕托马斯·李·哈森:《证券法》,张学安译,中国政法大学出版社 2003 年版。
5. 〔美〕乔尔·塞利格曼:《华尔街变迁史》,田风辉译,经济科学出版社 2004 年版。
6. 贺显南、王元林:《中外投资银行比较》,中山大学出版社 2004 年版。
7. 黄红元、徐明:《证券法苑》,法律出版社 2005 年版。
8. 邹德文等:《中国资本市场的多层次选择与创新》,人民出版社 2006 年版。
9. 周正庆主编:《证券知识读本》,中国金融出版社 2006 年版。
10. 王国刚:《建立多层次资本市场体系研究》,人民出版社 2006 年版。
11. 夏冬林主编:《会计学》,清华大学出版社 2006 年版。
12. 金仁权、金滋永《韩国证券交易法》,载《商事法论集》2007 年第 1 期。
13. 赵中孚主编:《商法总论》,中国人民大学出版社 2007 年版。
14. 周友苏:《新证券法论》,法律出版社 2007 年版。
15. 王国刚:《中国金融改革与发展热点》,社会科学文献出版社 2007 年版。
16. 叶林:《证券法》,中国人民大学出版社 2008 年版。
17. 康书生:《证券市场制度比较与趋势研究》,商务印书馆 2008 年版。
18. 张陆洋、傅浩:《多层次资本市场研究:理论、国际经验与中国实践》,复旦大学出版社 2009 年版。
19. 蓝寿荣、李成:《美国证券法之证券含义探讨》,载《光华法学》2009 年第 2 期。
20. 胡经生:《证券场外交易市场发展研究》,中国财政经济出版社 2010 年版。
21. 郭锋:《金融发展中的证券法问题研究》,法律出版社 2010 年版。
22. 李文莉:《证券发行注册制改革:法理基础与实现路径》,载《法商研究》2014 年第 5 期。

23. 万国华,杨海静:《论反欺诈原则在证券法中的确立——对诚实信用作为证券法基本原则的反思》,载《法学研究》2015年第1期。
24. 李东方:《上市公司危机法律规制研究》,载《中国政法大学学报》2016年第1期。
25. 郭锋:《证券法律评论—2016年卷》,中国法制出版社2016年版。

第二章　证券发行制度

第一节　证券发行的原理

一、证券发行的概念与性质

证券发行是指符合发行条件的企业组织或政府组织以筹集资金为直接目的,依照法律规定的程序向社会投资人公开要约出售代表一定权利的资本证券的行为。在其他国家中,证券发行还包括以非公开要约进行的证券私募方式,实践中称之为"证券配售"。①

我国的证券发行具有以下特征:

(1) 证券发行是符合条件的企业组织或政府组织依法从事的以筹资为目的的商业行为。我国目前的证券法对于证券发行人规定有一定的资格和条件限制,其中股票发行人须为符合一定条件的股份公司,基金证券发行人须为经特批而设立的基金组织,债券发行人主要为政府组织和经特许的企业组织。

(2) 证券发行是发行人向社会投资人以公开募集方式从事的筹资行为。证券发行要约实质上表现为发行人向不特定多数人的募集要约,其要约内容和程序受到特别法的规制;证券发行的标的实际表现为同等单位、同等面值和同等发行价格的标准证券;故证券发行和认购实际上是一标准化交易和公开交易的过程,这与单个筹资主体吸收个别投资人的投资或贷款的协议行为有本质差别。根据我国《股票发行与交易管理暂行条例》第81条第10项的规定,证券要约是向特定人或非特定人发出购买或销售某种股票的意思表示;这里所说的向特定人要约是指私募要约或大宗交易要约。

(3) 证券发行本质上是指发行人发行资本证券的行为,发行人所承诺的证券上权利以投资收益请求权为核心,但其相关权利的内容较为广泛,例如股票所代表的股东权利、债券所代表的长期债权、基金证券所代表的信托受益人权利等;并且我国的证券发行,特别是股票发行,通常不以单纯的一次性发行为内容,发行人往往追求证券发行与上市的双重后果,其目的在于提高证券发行的效率,

---

① 参见傅承:《中国证券发行管制与资本配给——寻租理论的视角》,载《当代经济科学》2014 年第 1 期。

建立某种长期稳定的融资渠道,由此使得证券发行与证券上市规则具有了相关性,造成实践中对证券发行与证券上市概念混用的情况。

(4)前述特征决定了证券发行行为具有较强的技术性和复杂的程序性。我国法律对于证券发行准备、证券发行中介机构、证券发行信息披露和证券发行方式均设有较严格的条件规则和程序规则。实际上,在现代证券法实践中,凡说到证券公开发行,通常意味着这一行为是遵循公开和公正原则进行的,是在证券中介机构协助下进行的,并且是依照特别法规定的程序进行的。因而证券发行行为在性质上不同于普通的投资行为、借贷行为或其他合同行为。

证券发行依照不同的标准可作不同的分类。例如按照证券发行对象的不同,可将其分为公募与私募;按照证券发行标的之不同,可将其分为有纸化发行和无纸化发行;按照发行股份与存量股份的关系,可将股权证券发行分为新股发售和原有股份供售;按照发行证券的品种,可将其分为股票发行、债券发行和基金证券发行,等等。

二、证券公开发行与私募发行

我国《证券法》目前接受的是证券公开发行加私募配售的制度,它是指对于募集规模达到一定数量的证券发行,允许承销人在招股章程依法披露前向一定数量的合格的机构投资人以私募配售方式先行配售一定比例股票,并于公开发行时与公募证券一并交付投资人的制度。在国际资本市场上,证券公开发行加私募配售是为各国证券市场所普遍采用的基本惯例,许多国家的法律还对其加以规范确认。在多数国家中,证券公开发行加私募配售的配售人通常不超过50人,并有转售限制规则约束;配售人通常为合格的机构投资人,称 QIB(Qualified Institutional Buyer);其配售中通常使用信息备忘录(Information Memorandum),适用非公开要约性质的合同法规则;其证券发行前须根据证券发行地与上市地法律进行双重注册和上市审核;其公开发行价与配售价可以有合理的差异。

证券公开发行加私募配售的制度具有极其重要的意义,它是早已为各国法制实践所证明了的扩大证券发行规模与数量的基本方式和基本手段;为了保证首次证券发行的规模与认购的稳定性,许多国家的证券交易所甚至明确规定,发行人在首次公开发行股票(IPO)时,其私募配售比例可以达到该次发行总额的75%至90%;我国目前的《证券法》尚未对证券公开发行加私募配售作出明确的规定,在我国已经实现了股权分置改革的情况下,要想单纯扩展我国证券发行人的首次发行规模而不采用公开发行加私募配售的方式是根本不可能的。我国目前证券发行中许多投资人对于试点中的证券公开发行加私募配售制度的批评是毫无道理的。

应该说明的是,我国目前试点的证券公开发行加私募配售的制度是存在诸多缺陷的。

首先,我国目前并不存在针对证券公开发行和证券私募发行的发行注册制度。相反,我国目前实行统一的发行实质审核制度,而上市审核形同虚设,这实际上与世界各国发行注册中的法律与审计要求并不衔接。它阻碍了未来我国的证券公开发行与全球配售的实践发展。

其次,我国目前实行的证券公开发行加私募配售的制度并未规定使用不同的招股章程与信息备忘,亦未规定两者间的协调规则。这就难免产生发行人在证券公开发行前于私募配售中使用招股章程草稿的非法制状况。

再次,我国目前在证券私募配售中的配售人通常为200人以内,并且法律上并无合格的机构投资人概念,在实践中此类配售人实际上往往限于大型国有企业。这实际上错误估计了证券发行中的风险,使国有企业未来处于可能的高风险状况。

最后,我国目前实行的股票发行方式是存在很大问题的,在我国目前的网上发行方式下,发行形式实际上抹杀了不同证券商承销能力的差别,抹杀了不同证券的品质差别,抹杀了不同发行人的素质差别,它使得证券承销协议失去了意义,使得证券发行价格很大程度上失去了意义。

三、证券发行的审核

由于各国经济、法律、文化等方面存在较大差异,加上证券发行及上市所在的证券市场乃至金融市场的特殊性,各国在证券发行审核制度方面存在较大的差别。通常,学界将现行主要的发行审核制度区分为两类,一是以美国1933年《证券法》和日本《证券交易法》为代表的公开主义为基础形成的注册制(registration),也称登记制或申报制,以美国证券市场为典型代表;二是以欧洲大陆国家公司法为代表的核准制(substantive regulation or merit standard)。[1] 在美国的注册制下,发行人遵循完全公开原则(full disclosure philosophy),就拟发行的证券向证券监管机构申请所谓"暂搁注册"并依法公开公司财务、业务等信息,证券监管机构对其申报公开的材料作形式审查,在一定期限内,主管机构未提出异议的,其证券发行注册即发生效力。[2] 但从投资银行角度来看,仅仅取得证券监管机构核准的发行注册后,仍不能进行未来可以上市的股份发行(IPO);为了保障未来需要的股票交易,发行人还必须向拟上市的证券交易所申请取得上市审

---

[1] 参见汤欣、魏俊:《股票公开发行注册审核模式:比较与借鉴》,载《证券市场导报》2016年第1期。

[2] 参见白玉琴:《中美证券发行审核制度的比较及启示》,载《经济学研究》2008年第4期。

核核准,并且美国法上有极其严格的规则限制未经上市核准的股份发行(虚假陈述规则);不仅如此,为保障发行人在发行注册披露与上市审核后的披露之间的一致性,美国法还以极严格的方式禁止两次披露之间发行人有任何"实质性"变化,一旦发行人有此类实质性变化,其发行注册作废。与之相类似,相当部分国家或地区的证券发行监管也采取了大体相同的法律体制(如我国香港)。与之不同的,在实行核准制的国家中,法律一般要求证券监管机构在审查证券发行人的发行申请时,不仅充分公开地披露企业的真实情况,而且必须符合有关法律和证券监管机构规定的必备条件;申请在经过证券监管机构或其授权单位的审查并获批准后,发行人方可发行。

我国的发行审核制度改革经历了从审批制到核准制的发展过程。1993年,我国证券市场建立了全国统一的股票发行审核制度。从1993年到2000年为审批制阶段。其中,1993年到1995年间,我国实行的是有额度管理的政府主管部门审批制,即由国务院有关主管部门制定每年的股票发行额度,再将额度进行分割,分到各省市和中央产业部委。发行人要想通过发行审核,首先需争取到推荐发行的额度指标,然后进行改制及发行申请材料的准备,最后由证监会审批合格后才可发行股票。1996年至2000年,我国废弃额度管理,实行家数指标管理,即由中国证监会具体向各省级地方政府和中央企业主管部门下达企业家数指标,由地方政府和中央企业主管部门负责选择股票发行企业,数量不得超过下达的家数。这一时期,发行人的发行审核仍需由地方政府或中央企业主管部门初审,初审合格后再报证监会复审。该时期也被称为"指标管理"阶段。不难看出,无论是额度管理,还是指标管理,这种审批制都带有浓厚的计划经济色彩,政府的行政干预非常强烈。从2001年开始,我国正式实施核准制。发行人在发行股票时,不需要各级政府批准,只需符合公司法和证券法的要求即可申请发行,但是发行人要充分公开企业的真实状况,证监会有权否决不符合条件的股票发行申请。发行审核由审批制改为核准制后,由于具备发行上市条件的企业数量剧增,在供求极不平衡的情况下,大量企业被快速包装上市,暴露出很多问题。为了实现对上市公司数量及扩容节奏的控制,2001年,中国证监会开始推出"通道制"的发行制度,"通道制"虽然起到了一定的积极作用,但这种核准制仍是建立在以政府干预为特点的集中性管理体制上,仍是计划经济的表现形式,且"通道制"抑制了券商之间的有效竞争。由于缺乏对券商责任的追究机制,导致了券商和发行人联合造假的违法事件时有发生。2004年至今,我国股票发行审核采取的是核准制下的保荐人制度。2003年12月,中国证监会发布了《证券发行上市保荐制度暂行办法》,2004年2月1日正式施行,其宗旨在于建立以市场力量对证券发行上市进行约束的机制。与"通道制"相比,保荐制度增加了由保荐人承担发行上市过程中连带责任的内容,通过中介机构的专业工作,发现、培育并筛选出适合上市的企业。

通过与美国的典型注册制比较,从发行审核的角度,我们可以发现如下差异:一是在审核重点方面,美国证监会重点关注信息披露质量,我国监管部门则重视持续盈利能力、披露信息真实性、经营的合规性等实质性条件;二是审核方式上,美国主要关注注册文件是否符合信息披露规则和会计准则的要求,而我国主要围绕法律法规规定的发行条件展开;三是对于信息披露的要求,审核关注的具体方面存在差异,我国对于同业竞争、关联交易、公司治理、发行人历史沿革等方面的披露要求更高;四是我国在审核决策程序上采取了类似香港联交所上市委员会的发行审核委员会票决制,而美国证监会不存在类似制度。

2013 年 11 月 15 日中共中央发布的《关于全面深化改革若干重大问题的决定》提出,健全多层次资本市场体系,推进股票发行注册制改革,多渠道推动股权融资,发展并规范债券市场,提高直接融资比重。我国正在进行的《证券法》修订中,相当一部分立法人员提出了变核准制为注册制的问题,这说明实行注册制是我国未来证券发行体制发展的趋势。与目前核准制相联系的三个问题值得重视:首先,它与发行审核机构的责任有关,多数国家采取注册制更主要是为了避免政府责任,避免将证券发行中的问题政治化,在责任明确的情况下,监管者更希望以注册方式保存证据,令发行人承担责任。其次,在法律适用上,多数国家通过宪法性手段使得证券监管部门不再具有政府机关性质;并且通过上市协议与司法确认保障上市规则具有相当于法律的效力。最后,证券发行审核制应当留有弹性和缺口,将审核重点移向上市核准,且允许小额发行和私募发行采取注册制,这关系到公司法中的募集设立制度。从公司法实践来看,任何募集设立中必定含有发行行为,如果对任何类型的发行均采取计划额度制和监管部门审批制,将会使募集设立规则的调整作用大为减弱。多数国家正是考虑到这一问题,通常允许小额的股票发行和向少量机构投资人的发行不须履行注册或仅履行简单的注册,条件是此类发行在募集文件中必须说明,且其募集股份在当时规模下不能上市。例如,在美国公开发行 500 万美元以下的股份可不予注册,通常的私募仅须向 SEC 作宽松的 F-6 表格注册,144A 私募可免予注册[①];在日本,发行 1 亿日元以下的股份可不予注册;在欧洲,私募通常不须注册;这些规则在多数招募文件中均有披露。我国过去采取的定向募集,实际上也是考虑到这一机制。应当说,在多重证券市场体制下,以政府审批为特征的证券监管模式是越来越不适应实践的要求。

在我国证券法理论中,许多学者对证券发行注册制给予关注。在我国现有

---

① 144A 私募是美国法上特定类型的私募,该类私募在会计审计标准、信息披露标准上均较为宽松,详见后章。

的条件下,从目前的证券发行审核制向证券发行注册制度改革中需要解决的问题有如下三项:其一,原有的证券发行审核将改变为发行注册与上市审核两个环节,中国证监会将仅负责以形式审查与信息披露为内容的发行注册核准行为。其二,众多交易所将负责以实质审查与核准上市为内容的上市审核工作,这不仅难以保证上市申请人的合规性品质,而且使得我国原有的发行行政审核的固有矛盾激化。其三,我国证券法必须建立旨在保障发行注册披露文件与上市审核核准日招股文件不得有实质性变化的制度,必须禁止未经上市审核核准(仅得发行注册核准)者的公开发行行为,否则就无法严格禁止证券发行中的虚假陈述行为。

从国际发达市场的发展经验来看,发行审核注册制是成熟证券市场的标志之一,但是从理论上来说,要发挥注册制的市场准入门槛灵活、竞争力强以及满足资源配置效率对资本市场公平性的先决要求等优势,必须是以健全的市场机制、完善的法律环境和理性的投资者等为基础条件的。如果缺乏上述条件而盲目实行注册制,必然导致道德风险和逆向选择等机会主义行为的泛滥。我国证券市场的发展时间尚短,不论是从上市公司质量、法律制度的匹配、监管措施的完备还是投资者的资质来看,与国际发达市场相比均有着较大差距,加之我国特点鲜明的政策与市场环境,在走向审核注册制的过程中必然存在过渡性时期。回顾西方证券市场监管的历史进程,以国家作为证券市场唯一的监管主体,政府承担所有的证券监管收益与风险的监管模式早已远去,各国证券监管的发展模式都经历了一个以政府单边治理为主到证券市场各方主体共同参与的过程。可以肯定的是,结合我国证券市场发展的实际情况,吸收国外发达证券市场监管模式的历史经验,我国证券市场未来的发行审核体制必然朝着基于信息披露的、市场各方有效组织和参与的共同治理模式方向发展。

四、证券发行当事人的法定责任

根据我国现行证券法的要求,证券发行当事人在信息形成与披露中所负担的责任不尽相同,其中发行人负有无过错或推定过错责任,而其他专业性中介机构则负有针对专业人士的较为严格的过错责任。具体地说,在证券发行准备中当事各方实际上负有以下义务:

(1)根据《证券法》第20条、第26条、第63条、第193条的规定,股票发行人负有全面保证其招股书和招股文件内容真实、准确、完整、无虚假、无误导、无重大遗漏的义务,该招股书和招股文件实际上是股票发行人向投资人发出的要约,并且按照现行法规的要求,股票发行人及其董事在招股书中已经签署了承诺和保证。

(2)根据《证券法》第31条、第69条、第192条、第78条、第207条的规定,股票承销人应当对公开发行募集文件的真实性、准确性、完整性进行核查,发现含有虚假记载、误导性陈述或者重大遗漏的,不得进行销售活动。这就是说,承销人负有全面担保招股书内容真实、准确、完整、无虚假、无误导、无重大遗漏的义务,并且按照现行法规的要求,承销人在招股书中也已经做了担保承诺。

(3) 根据《证券法》第 20 条、第 173 条、第 223 条的规定:为证券的发行、上市或者证券交易活动出具审计报告、资产评估报告或法律意见书等文件的专业机构和人员,必须按照执业规则规定的工作程序严格履行法定职责,对其所出具报告内容的真实性、准确性和完整性进行核查和验证,并就其负有责任的部分承担连带责任。

应当说,上述原则规定大体明确了证券发行与上市中各方当事人的尽责审查义务、文件出具义务、招股书验证义务和招股书内容保证责任。在过错责任判断问题上,各国均采用针对专业人士的尽职调查(Due diligence)标准。但是从目前我国的证券法律法规的规定和业务实践来看,对于招股书内容验证和验证笔录的责任划分仍处于不明确状态。实际上,由于我国目前的股票发行中存在的非市场化发行方式问题,我国上市公司的股票发行价始终处于不合理的区间,这使得承销协议、发行价格、发行中的虚假陈述等问题基本失去了实质意义。

从《证券法》第 27 条的规定来看,只有在股票依法发行后,因发行人经营与收益变化引起的风险和责任,才适用买方自慎原则。

根据我国证券法律法规的要求,股票发行人境内发行股票使用的招股书均应采取招股章程(prospectus)形式,其必要条款、责任承诺、验证方式和披露方式均依法规规定。招股书通常由主承销人或其律师负责起草,经验证定稿后的招股书须经证券监管部门审查批准,招股书披露须在证券监管部门批准后进行。

根据国资部门和证券监管部门的要求,对发行人原有资产做出的资产评估报告往往被作为招股书的附录。如果该资产原为国有资产,则该评估报告必须经国资局确认;并且发行人拟进行的股票发行之价格不得低于发行人原有股份的每股净资产值。

根据证券法规的要求,由中国注册会计师出具的关于发行人公司过去三年财务状况的审计报告和未来一年盈利预测的审核函是招股书的法定附录。其中,审计报告中不附保留意见是股票发行申请获得监管部门批准的前提,而盈利预测审核结论又是目前常用的市盈率(P/E)定价技术的基础,因此审计报告和盈利预测审核函的结论往往是发行人关注的要点。与国际会计师不同,中国注册会计师目前在审计结论中较少使用免责文句,实践中也较少出现赔偿责任诉讼。

根据证券法规的要求,由中国证券律师出具的法律意见书和律师工作报告也是招股书的法定附录,并且是发行送审的必备文件。按照证券监管部门的要求,中国律师的法律意见书内容较之境外律师意见书内容为多,并且禁止使用免责文句和含混用语。这实际上要求中国律师在公司重组和发行准备中做更多的工作,以避免保留意见结论。

除上述之外,在发行准备阶段,有关各方还应当准备股票发行与上市所需的一切合同文件、法律文件、政府批准文件,以使得股票发行申请和承销工作可以顺利进行。

第二节 股票发行制度的基本内容

一、股票发行的基本前提

股票发行是证券发行的基本类型,也是最复杂、最具技术性的类型。按照我国法律的要求,股票发行人在股票发行前须成为已经设立或经批准拟设立的股份有限公司;核准制实施以前,发行人进行股票发行准备工作还须取得了股票公开发行的计划额度。上述前提条件与境外募股不尽相同。[1]

由于我国拟进行股票融资的企业组织可能并不具备股份公司的主体资格,某些进行了股份制改组的公司往往也存在着不符合股票发行与上市法律条件的情况,因此在进行股票发行准备之前,通常要进行原有企业的公司化或公司重组工作,实践中又称为"企业股份制改组"。此项工作的基本目标在于设立符合要求的股票发行人公司主体,解决所有妨碍股票发行与上市的财务、法律障碍,实现整体工作方案中确定的其他商业性目标。其工作内容通常包括资产重组、机构重组与人员重组和非经营性资产安排等。根据我国法律和法规的要求,原有企业股份制改组工作的过程包括但不限于:由公司发起人签署发起人协议并签署企业重组决议;由土地评估机构受托进行土地评估,并使评估报告得到土地管理部门确认;由资产评估机构进行资产评估,国有资产的评估报告应当得到国资管理部门的确认;向土地管理部门申请取得对拟上市公司土地使用权处置方案的批文;向国资管理部门申请取得对拟上市公司国有股权管理方案的批文;制定拟上市公司的公司章程,特定行业或涉及国有资产的,还需向相关政府主管机关申请取得批准公司设立的批文;由发起人实施投资折股行为,并取得会计师机构出具的验资报告;拟上市公司进行公司建账和调账,并办理产权变更手续、土地租赁手续、债务变更手续等;向工商管理部门办理公司设立登记注册并取得营业执照等。

简单地说,我国原有企业股份制改组的合理完成,意味着以下工作的完成:
(1)股份公司的发起人或原有股东按约应投资的资产已合法地经过资产评

---

[1] 徐英倩:《我国证券发行审核制度选择的法经济学分析》,载《金融研究》2014年第2期。

估、土地评估和评估确认,并已经依法定程序和授权折为股份公司的股份,该项投资已经经过独立会计师机构的验证,并已出具验资报告;

(2) 股份公司对其应当拥有的资产权利已经取得,其中的不动产权利证书已经办理完变更登记手续;

(3) 股份公司所占用的土地已经得到了合法安排,并已取得土地管理部门应有的批准确认;

(4) 股份公司的人员、机构及其费用范围已经合理地确定,不存在归属不明或费用负担不清的情况;

(5) 股份公司在原有资产和人员范围内已经完成了公司建账和调账工作,并且其经审计的会计报表将符合股票上市地会计准则与规则的要求;

(6) 规范股份公司内部关系、外部关系及其与下属企业关系的公司章程和其他法律文件已经合法设立,并且已经符合股票上市地法律的要求;

(7) 阻碍股份公司进行股票发行与上市的法律障碍和财务问题(特别是与公司结构及利益冲突有关的问题)已经解决或可以顺利解决,而相关合同文件和法律文件的签署将保障发行人在公司结构上已符合股票上市地法律的要求;

(8) 股份公司已经取得或可以顺利取得为从事其营业所需的一切来自政府部门应有的批准或许可。

从实践来看,原有企业的股份制改组往往涉及各种复杂的具体问题,其改组目的也往往具有复合性。但对于拟进行股票发行与上市的企业来说,其股份制改组方案的确定应当遵循三项原则:其一,其股份制改组工作应当确保改组设立后的股份公司在各重要方面符合股票上市地法律关于股票发行与上市的基本要求,以避免股改目的之落空;其二,其股份制改组工作应当尽可能地保障改组设立后的股份公司具有不劣于改组前企业的资产条件和经营条件,以提高筹资效率,保障公司未来的发展;其三,其股份制改组工作应当公平合理地解决发起人之间及股份公司与关联企业之间的利益关系,避免造成未来难以解决的遗留问题。

从商业角度讲,股票融资方式与发行人公司所控制或拥有的资产、营业、损益和成长性有着内在的联系;投资人购买发行人公司所募集的股份首先要考虑该股份所实际代表的净资产回报率、实际利润总量和公司未来的成长性,而各国有关的法律制度和会计制度的首要作用正在于保障对发行人拟发行股份的质量作出客观公平的评价和信息披露。

根据我国股票发行实践普遍采取的市盈率定价(P/E)技术,在市场宏观因素不变的情况下,资本市场所接受的新发行股份通常须具备以下品质:具有明显高于信贷利息率的净资产回报率;具有足以支持正常募股规模的利润总量和预测利润总量,以保障符合商业条件的市值;具有营业发展前景或良好的成长性。

可见,证券市场对于股权证券的购买本质上是购买发行人企业的现有业绩和未来业绩。此外,在其他国家的股票融资实践中,也可根据具体情况采取净现值法或现金流量贴现法确定发行价格,它们不过是针对不同企业的情况强调发行人公司未来业绩之不同卖点。

正鉴于上述因素构成股票融资的基础,因此它们往往成为发行人公司募股前进行重组的基本目标,但是根据多数国家的法律和国际融资惯例,负责对发行人公司进行资产估值、财务审计和盈利预测审核的专业性中介机构将依保守审慎原则对发行人的资产业绩作出客观公允的评价。

二、股票发行准备

股票发行准备是指由主承销人、其他专业性中介机构和股票发行人在招股文件依法披露前,以发行确定数量的股票为目的而从事的全部准备工作。从实践来看,股票发行中的大部分专业性工作是在发行准备阶段完成的,发行准备工作的质量对于股票发行与上市的成功具有至关重要的影响。

根据中国法律的要求,参加股票发行准备的承销人和专业性中介机构有责任首先对发行人公司的状况进行尽职调查,并在尽职调查的基础上根据法律要求准备招股说明书和作为其附件的各种专业性报告和法律文件。尽职调查是国际融资实践中的一项惯例,并且被许多国家的法律所确认。依此惯例,金融中介人在为企业承销新股、决定基金投资或者在购买企业产权之前,必须组织投资专业人员、专业律师、注册会计师对受资企业或卖方企业进行专业性审查,这种由各类专业人员依本行业公认的审慎尽责标准,对卖方企业进行的专业调查称为尽职调查。① 按照多数国家的法律,如果卖方企业权益的售卖是由金融中介人通过证券市场以集资方式进行的,该金融中介人和相关专业机构即负有了证券法上的责任。这就是说,该金融中介人和专业性中介机构有责任以"合理的审慎"对受资企业及其欲售卖的权益进行客观合理的评价和审核;各专业性中介机构有责任依"合理审慎"之标准,确保其专业性结论(作为招股书附件)具有合法、真实和无误导之性质;而金融中介人只有在真实、准确、完整并且不加误导地披露了受资企业全部有关信息的条件下,方可将其包销的企业权益分售于公众投资人或者机构投资人。

原则上,股票发行人及其董事对于招股文件及相关材料的真实性、准确性和完整性负有更为直接的责任,但其主观注意标准不同于专业机构所适用的专业审慎标准。我国目前的法规中虽未使用"尽职调查"一词,但《股票发行与交易管理暂行条例》第18条也同样对相关的专业中介机构规定了此项调查义务与责

---

① 参见陈仟子:《并购业务尽职调查问题》,载《中国金融》2016年第13期。

任。《证券法》疏于此规定可能是由于难以理解"中介机构在履行职责时,应当按照本行业公认的业务标准和道德规范"一语,该法第173条将其改为:"应当勤勉尽责,对所依据的文件资料内容的真实性、准确性、完整性进行核查和验证。其制作、出具的文件有虚假记载、误导性陈述或者重大遗漏,给他人造成损失的,应当与发行人、上市公司承担连带赔偿责任,但是能够证明自己没有过错的除外"。

在发行准备阶段,股票发行当事人的实质性工作是在尽职调查的基础上,准备招股说明书、资产评估报告、审计报告、盈利预测审核函、法律意见书和其他法律文件。这实际上是现行法律对送审文件的基本要求。根据我国证券法规的要求,股票发行人境内发行股票使用的招股书均应采取招股章程形式,其必要条款、责任承诺、验证方式和披露方式均依法规、规章规定。招股书通常由主承销人或其律师负责起草,经验证定稿后的招股书须经证券监管部门审查批准,招股书披露须在证券监管部门批准下文后方可进行。

根据国资部门和证券监管部门的要求,对发行人原有资产做出的资产评估报告往往被作为招股书的附录。如果该资产原为国有资产,则该评估报告必须经国资管理部门确认;并且发行人拟进行的股票发行之价格不得低于发行人原有股份的每股净资产值。

根据证券法规的要求,由中国注册会计师出具的关于发行人公司过去3年财务状况的审计报告和未来一年盈利预测的审核函是招股书的法定附录。其中,审计报告中不附保留意见是股票发行申请获得监管部门批准的前提,而盈利预测审核结论又是目前常用的市盈率(P/E)定价技术的基础,因此审计报告和盈利预测审核函的结论往往是发行人关注的要点。与国际会计师不同,中国注册会计师目前在审计结论中较少使用免责文句,实践中也较少出现赔偿责任诉讼。

根据证券法规的要求,由中国证券律师出具的法律意见书和律师工作报告也是招股书的法定附录,并且是发行送审的必备文件。按照证券监管部门的要求,中国律师的法律意见书内容较之境外律师意见书内容为多,并且禁止使用免责文句和含混用语。这实际上要求中国律师在公司重组和发行准备中做更多的工作,以避免保留意见结论。

除上述之外,在发行准备阶段,有关各方还应当准备股票发行与上市所需的一切合同文件、法律文件、政府批准文件,以使得股票发行申请和承销工作可以顺利进行。在发行准备的最后阶段,主承销人或其专业性律师还必须收集招股说明书依据的证据材料,对招股说明书进行多次验证,确保招股书的全部内容真实、准确、完整。

三、股票发行的审核

根据我国现行《证券法》的规定,任何类型证券的发行和上市均必须经过审批与批准。但在审核机关的权限上,则根据目前实践作了灵活的规定。按照《证券法》的要求,证券发行审核由中国证监会负责,而证券上市审核将由证券交易所负责。[①] 其中,《证券法》和我国目前有关法规对股票发行核准规定了以下基本规则:

(一) 审核机构与审核程序

根据证券法的规定,股票发行审核由证券监管部门负责,该审核实际分为工作人员初审和发审委复审及票决两部分;发行人的股票发行申请在送审后,首先应报经证券监管部门的工作人员初审,在经过反馈意见补充披露材料后,由抽选专家组成的发审委以投票方式复审批准。该审批期限为自受理申请之日起的 3 个月内;不予审批的,应当作出说明。但这一期限不同于暂搁注册,且不具备事先聆讯性质,它对承销过程也有影响。

《证券法》第 23 条明确规定,证监部门的发行审核应依照法定条件进行,遵循核准程序公开原则,依法接受监督;参与核准发行申请的人员不得与发行申请单位有利害关系,不得接受发行申请单位的馈赠,不得持有所核准发行申请的股票,不得私下与发行申请单位进行接触。

监管部门在发行审批后,如发现有不符合法律规定的,应撤销该批准;尚未发行证券的,不予发行;已经发行的,应予退款。依该条规定,国务院授权部门对于公司债券发行的审批,也应参照上述规则执行。这一规定实际上确认了证监部门的一贯做法,具有积极意义。

根据我国的实践和多数国家或地区的做法,我国的股票发行审批实际上也对拟进行的股票上市作出预先核准,故发行送审文件中实际应包括上市公告书摘要。在多数国家和地区,股票发行注册较为简单,而上市审核由证交所进行,该审核为主要程序,且具有一定弹性。

(二) 发行送审文件

根据有关法规和规章的要求,发行送审文件包括:(1) 发行申请报告;(2) 股份公司章程或草案;(3) 股份公司发起人协议;(4) 股份公司及其发起人的营业执照、发起人认购股份数额、验资证明;(5) 收款银行名称与地址证明;(6) 发起人会议或股东大会同意本次股票发行的决议;(7) 招股说明书及招股书概要的草案;(8) 募集资金运用的可行性报告和计划管理部门同意投资立项的批准文件;(9) 资产评估报告及国资局立项确认批文;(10) 土地评估报告及

[①] 参见曹凤岐:《推进我国股票发行注册制改革》,载《南开学报》2014 年第 2 期。

土管局确认批文;(11)国资局关于股份公司国有股权管理方案的批文;(12)土管局关于股份公司土地处置方案的批文;(13)注册会计师出具的股份公司近3年的审计报告和未来1年的盈利预测审核函;(14)发行人律师出具的法律意见书和律师工作报告;(15)股票发行承销方案与承销协议;(16)交易所同意公司股票上市的承诺函;(17)保荐人出具的发行保荐书;(18)证监会要求公司报送的其他法律文件和支持文件。发行人须完整报送上述文件,方符合程序条件。

(三) 股票发行核准条件

我国目前对于股票发行采取分类管理制度,现行法对于股份公司首次公开发行(IPO)、上市公司配股发行、上市公司增资公开发行、上市公司增资定向发行采取了不同的核准规则。从长远来看,随着我国多重市场的发展,我国法律肯定还将对于主板市场、创业板市场和柜台交易市场的不同股票发行上市采取不同的审核规则。

根据目前证券法律法规的规定,我国对于股份公司首次股票公开发行规定了以下实质性条件:(1)发行人公司的组织机构健全,运行良好。具体包括:其公司章程合法,组织机构健全,其董监事和高级管理人员符合任职资格和法定条件,公司与其控股股东或实际控制人实行了"三分离",公司最近12个月内不存在违规对外提供担保的行为等。(2)发行人公司的盈利能力具有可持续性。具体包括:最近3个会计年度连续盈利(扣除非经常性损益后的净利润);其业务和盈利来源相对稳定,不存在严重依赖于控股股东或实际控制人的情形;其现有主营业务或投资方向能够可持续发展,其行业经营环境和市场需求不存在现实或可预见的重大不利变化;其高级管理人员与核心技术人员稳定,最近12个月内未发生重大不利变化;公司合法拥有其重要资产、核心技术或其他重大权益,能够持续使用;不存在可能严重影响公司持续经营的担保、诉讼、仲裁或其他重大事项;最近24个月内曾公开发行证券的,不存在发行当年营业利润比上年下降50%以上的情形等。(3)发行人公司的财务状况良好。其具体要求包括:公司的会计基础工作严格符合国家统一会计制度的规定;其近3年及一期财务报表未被注册会计师出具保留意见的审计报告;公司资产质量良好,不存在严重的不良资产状况;公司的经营成果真实,其营业收入和成本费用的确认严格遵循国家有关企业会计准则的规定,不存在操纵经营业绩的情形;其最近3年以现金或股票方式累计分配的利润不少于最近3年实现的年均可分配利润的20%。(4)发起人公司最近36个月内财务会计文件无虚假记载,且公司不存在重大的违法违规、应受到行政处罚或刑事处罚行为。(5)发行人公司募集资金的用途符合国家产业政策、环保政策,并且其募集数量不超过经审批的拟建项目用资,也不得违规用于金融资产投资。(6)除上述之外,相关法规还规定了禁止核准公开募集的若干种情况,包括发行人公司提交的发行申请文件有虚假记载、误导性陈述或重大遗漏,发行人公司擅自改变前次公开发行证券募集资金的用途而未作纠正,发行人公司最近12个月内受到过证券交易所的公开谴责,发行人公司及其控股股东或实际控制人最近12个月内存在未履行向投资者作出公开承诺的情形,发行人公司或其现任董事、高级管理人员因涉嫌犯罪被司法机关立案侦查或涉嫌违法违规被中国证监会立案调查,等等。

根据我国目前证券法律法规的规定,对于已上市公司配股发行的审核,除遵循上述一般规则外,还适用以下条件规则:(1)发行人公司拟配售股份数量不超过其公司股份总额的30%;(2)其控股股东应当在股东大会召开前公开承诺认配股份的数量;(3)其配股发行只能采用证券法规定的代销方式。控股股东不履行认配股份的承诺,或者代销期限届满,原股东认购股票的数量未达到拟配售数量70%的,发行人应当按照发行价并加算银行同期存款利息返还已经认购的股东。

根据我国目前证券法律法规的规定,对于已上市公司增资公开发行股票的审核,除遵循上述一般规则外,还适用以下条件规则:(1)发行人公司最近三个会计年度加权平均净资产收益率平均不低于6%,并按孰低原则以扣除非经常性损益后的净利润计。(2)除金融类企业外,公司最近一期末不存在持有金额较大的交易性金融资产和可供出售金融资产的情形。(3)公司本次发行的价格应不低于公告招股意向书前20个交易日公司股票平均价或前一个交易日的平均价。

根据我国目前证券法律法规的规定,对于已上市公司向特定对象定向发行股票的审核,除遵循上述一般规则外,还适用以下条件规则:(1)其发行对象为符合公司股东大会决议要求的不超过10名的特定对象;发行对象为境外战略投资者的,应当经国务院相关部门事先批准。(2)其发行价格不低于定价基准日前20个交易日公司股票均价的90%。(3)公司定向发行的股份自发行结束之日起,12个月内不得转让;控股股东、实际控制人及其控制的企业认购的股份,36个月内不得转让。(4)公司募集资金的用途符合前述关于募集资金使用的要求。

从我国现行法律法规的要求来看,股票发行审批中的程序条件要严于实质条件;而在实质条件中,财务条件要严于法律条件,特别是在目前的法定条件中,缺少关于发行人公司在资产权利、同业竞争、关联交易、上市适宜性方面的法律规则;在审批程序上,我国的股票发行与上市统一由证监会在发行准备完成后审核,缺少事前聆讯程序。

四、股票承销

证券承销或狭义上的证券发行是指自证券发行文件披露始至证券销售交割

完毕的整个过程。依各国的实践,此阶段留有的待确定因素应仅为证券发行价格、承销协议签署、招募文件披露、有效认购之确认(发行方式)、超额配售选择权问题。由于我国对上述大部分问题采取实质审批,故其相关的规则和制度均有特色。根据我国证券监管部门的要求,发行人在其拟发行证券的申请获得必要的批准后,方可按照预定的发行方案发行证券;这一过程对于股票发行、债券发行和基金证券发行来说,是大体相同的。

(一)股票发行方式

按照我国的证券法规和股票发行实践,股票发行行政管制色彩浓厚,主要经历了以下三种方式:

(1)认购证抽签发行。依此种发行方式,承销人在招募证券时须首先向社会投资人无限量公开发售认购申请表(认购证),每一单位的认购证代表一定数量的认股权,并载明认购证号码;在认购证发售期限终止后,承销人应在规定日期,在公证人监督下对证券认购证号码进行尾数抽签;凡持有中签认购证者,方可按照招募文件披露的证券发行价格认购定量证券,而未中签认购证将作废。

(2)存单抽签发行。依此种发行方式,承销人在招募时须首先通过银行机构向社会投资人无限量发售专门的定额定期存款单,每一定额存款单同时代表一定数量的证券认购权,并载明存单号码;在存单发售期限终止后,承销人应在规定的日期,在公证人监督下对上述存单号码进行尾数抽签;凡持有中签存单者,可按照招募文件披露的证券发行价格认购定量证券,而未中签的存单将转变为单纯的定期存款单。

(3)上网定价发行。这是近年来普遍采取的方式,依此发行方式,承销人须通过证券交易所的交易系统进行证券定价招募;每个已在两大证券交易所开设了证券账户的投资人可以认购规定数量的证券,每认购 10 手证券标明一个认购号;在认购期限终止后,承销人应在规定期间内在公证人监督下对认购号进行尾数抽签,中签者的认购将生效并交割证券,而未中签者的认购资金将返还。

上述证券发行方式反映了中国证券市场的热销特点,与国际资本市场不同。应当说,我国目前所采取的网上定价发行方式是存在问题的,其基本缺陷在于:首先,其法律行为形式过于随意,缺少必要的行为成本,证券公司需推定所有开设了证券账户的二级市场投资人均进行了申购,这在未来新股上市价普遍跌破发行价的情况下将会引发申购纠纷。其次,在我国目前证券申购实名制难以推行的条件下,将难免有大量的银行资金、限制类存款资金进入申购市场,这在任何国家的证券市场都是应当严格禁止的。

2005 年初,我国开始采取股票发行询价制度。询价制采用累计投标询价方式向机构投资者(网下)配售一部分股票以确定新股发行价格,同时按该价格向公众(网上)发售其余股票。累计投标询价是国际上新股发行的主要方式,基本做法是发行人和承销商向机构投资者进行询价,并对询价中所有投标结果进行汇总登记,根据不同价格下相应的申购数量,确定最能反映市场需求的发行价格。

(二) 承销协议

按照国际融资惯例,证券承销协议通常是在发行准备阶段起草,并且在证券发行和招募文件披露前的最后时刻方签署(特别是发行价格条款)的,其目的在于避免市场风险,保障协议效力的确定性,保障承销协议与招股书披露的一致性。但按照目前我国证券监管部门的要求,证券承销协议和承销团协议须预先获取批准,这在一定程度上加大了承销风险。

我国《证券法》和《公司法》对于承销协议的必要条款要求比较简单,《证券法》第 30 条规定了 7 项必要条款,但在证券法实践中其内容往往要更多些。我国实践中使用的承销协议与国际证券市场中使用的承销协议在基本条款上大体相同,但有以下内容区别:(1) 证券承销通常采取包销或余额包销方式;(2) 对于不可抗力和免责条款的规定较为简单,且有利于发行人;(3) 协议中通常不规定陈述与保证;(4) 证券发行价格条款须经证券监管部门批准,并通常受到政策限制。这些特点实际上与中国证券市场目前的热销状况有关。

(三) 发行价格

证券发行价格的确定是证券承销中最复杂的问题之一,也是发行人与承销人在承销协议中争议的焦点,这对于股票发行来说表现得最为明显。从整体来看,影响证券发行价格的因素主要包括市场因素、行业因素和发行人公司因素三方面。按照我国的法规,证券市场中目前主要采取市盈率法确定股票发行价格,证券监管部门对于发行市盈率和发行价格实际上采取政策控制。在国际证券市场中,确定股票发行价格除采取市盈率法、净现值法(NVA)和现金流量贴现法(DCF)等定价技术之外,还广泛采取路演(Road Show)方式和市场调研方式协助确定发行价格。

按照目前的政策控制,证券发行人和承销人在确定证券发行价格时,首先须考虑证券监管部门依据市场因素所确定的发行市盈率上限,并在该限制下选择拟发行证券的 P/E 值;然后根据盈利预测审核结论所预测的每股当年税后利润乘以发行市盈率,以此确定发行价格。由于目前的市场始终未脱离热销状况,故承销人的商业风险较小。

我国目前在股票发行准备中,通常采取全面摊薄法计算公司发行当年预测的每股税后利润,依此股票发行价格的计算如下:

$$股票发行价格 = 发行当年预测的每股税后利润 \times 发行市盈率$$

即: $$股票发行价格 = \frac{发行当年预测的税后利润}{公司发行后的总股份} \times 发行市盈率$$

（四）招募文件的披露

根据证券法律法规的要求，在中国的任何证券发行均须采取公开发行方式，其招募章程须在指定报刊以登载方式披露。从理论上说，招募文件的披露通常应包括三项行为：(1) 经验证后正式签署；(2) 依规定程序公开刊登或私募送达；(3) 向有关部门履行注册备案手续。但由于我国对招募文件内容的确定采取实质审批程序，就使得招募书披露过程进一步复杂化。在多数情况下，招募文件的披露须经过以下程序：(1) 经验证后初步签署；(2) 送证券监管部门审批并取得批文；(3) 对招募文件修改后再签署，并再送证券监管部门审核备案；(4) 依规定程序公开刊登和披露；(5) 向证交所履行备案手续。

按照我国《证券法》第21条的规定，发行人在首次股票发行的募集文件提交申请后，应当按照国务院证券监督管理机构的规定进行预先披露，这就是证券发行预披露制度。[①] 根据我国的证券发行实践和美国等国的证券发行经验，证券发行预披露制度对于揭露证券发行中的虚假陈述，保护投资人的利益有着重要的作用。

根据我国《证券法》的规定，发行人申请首次公开发行股票的，在提交申请文件后，应当按照国务院证券监督管理机构的规定预先披露有关申请文件，包括本次发行的申请书，招股说明书，招股文件的主要支持文件。其预披露方式为网上公开。在第一次书面反馈意见回复后，发行人还需要就根据证券监管部门的反馈意见修改后的招股说明书进行更新披露。根据我国的实践，证券发行预披露对于发挥社会监督，鼓励公司知情人揭发内幕有着不可替代的作用。但与美国的同类做法相比，我国的证券发行预披露制度仍存在重大欠缺。主要是缺少揭发者保护或证人保护制度，以及商业秘密泄露的责任豁免制度，这两项制度对于证券发行预披露来说是极端重要的。

根据我国《证券法》和现行法规，招股文件的刊登披露应遵循以下基本规则：

(1) 招股文件的披露行为包括：在承销期开始前2至5个工作日内，将招股书概要刊登于证监会指定的全国性报刊上；将招股书全文置于发行人公司所在地、证交所和承销网点；将发行公告和其他招股信息刊登于证监会指定的全国性报刊上。

(2) 在招股文件公开披露前，任何人不得以任何形式泄露招股书内容。在获准公开募股后，发行人和承销商应当在规定期限内同时披露招股书概要、招股书全文和发行公告等文件。

(3) 招股文件的有效期为3个月，自招股书签署之日起计算；招股书失效

---

① 我国《证券法》第21条规定：发行人申请首次公开发行股票的，在提交申请文件后，应当按照国务院证券监督管理机构的规定预先披露有关申请文件。

后,股票发行必须立即停止。

(4) 发行人和承销商在证监会指定的全国性报刊上披露招股文件的同时,也可以自主选择其他非指定报刊披露招股文件,但须保证不同报刊的披露内容一致,且在非指定报刊的披露不得早于指定报刊披露。

(5)《证券法》强调任何招募文件的披露必须经过审批,并且上述规则也同样适用于公司债券发行、企业债券发行、基金证券发行。

五、股票发行上市保荐制度

保荐制度产生于英国,其英文名称为 sponsorship,目前英国、加拿大、美国以及我国香港地区等国家和地区的市场均对保荐制度有明确的规定。① 英国伦敦证券交易所是最早引入保荐人制度的证券交易所。1995 年 6 月,伦敦证券交易所建立了另类投资市场(AIM)市场,主要用于接纳成长型中小企业股票的公开发行和上市交易。AIM 市场根据自身的特征设立了各种制度以确保市场的运转,其中包括颇具特色的"终身"保荐人制度,即持续聘任保荐人是企业上市的先决条件。所谓"持续聘任保荐人",实质上是企业在任何时候都必须聘请符合法定资格的公司作为其保荐人,以保证企业持续地遵守市场规则,增强投资者信心。保荐人的任期以上市企业的存续时间为基础,如果保荐人因辞职或被解雇而导致缺位,被保荐企业的股票交易将被立即停止,直至新的保荐人到任正式履行职责,才可以继续进行交易。②

此后,保荐制度又被效仿并移植到香港证券交易所等创业板市场和主板市场。香港在主板市场和创业板市场上均实行保荐制度,不过两者略有不同。在联交所的主板上市规则中,规定保荐人的主要职责是将符合条件的企业推荐上市,并对申请人申请上市、上市文件等所披露信息的真实、准确、完整以及申请人董事知悉自身应尽的责任义务等负有保证的责任。尽管联交所建议保荐人在发行人上市后至少一年内还要继续维持对发行人的服务,但保荐人的责任原则上随着股票上市而终止。香港推出创业板后,保荐人的责任被法定延续到发行人上市后的两个完整的会计年度之内。这是香港主板市场与创业板市场保荐制度最大的区别所在。

我国保荐制度是发行制度市场化改革的产物,是借鉴其他国家和地区的发行监管经验,从我国证券市场发展的实际出发,建立和逐步完善起来的规范证券发行的一整套规章制度。2001 年 3 月,我国对新股发行正式实施核准制,将政府推荐企业发行上市改为由证券公司选择、推荐企业发行上市,发行审核体制从

---

① 参见黄复兴:《我国保荐人制度的实施功效与机制缺陷》,载《上海经济研究》2010 年第 11 期。
② 参见何以:《我国保荐人制度存在的问题及其完善》,载《江西社会科学》2012 年第 2 期。

审批制过渡到了核准制。这就改变了过往审批制下行政额度分配、指标管理和政府推荐企业的做法,由担任主承销商的证券公司负责选择、推荐企业。推行核准制的本质在于建立"各司其职、各尽其能、各负其责、各担风险"的发行监管机制,实行强制性信息披露和相应的事后追究机制。为保障核准制的实施,在发行上市前端实行对拟上市公司的中介辅导制度,在推荐申报环节实行"通道制",在审核方面强调合规性审核和督促信息披露,在发行上市后实行主承销商回访制度和发行人的承诺问责制度。实施核准制基本上确立了市场导向的发行上市机制,为市场在长期资本资源配置中起基础性作用确立了基本的制度。但通道制的缺陷也较为明显,除了通道数目对券商投行业务发展形成瓶颈外,最主要的问题是由于通道制下券商同时能够推荐的股票家数受到严格的限制,因此必须用有限的通道尽可能创造最大的收益,从而忽视了对发行人应有的尽职调查和督导责任。核准制下的证券公司职责发生了实质性变化,在客观上需要证券公司具备筛选企业的水准和严格的内部控制制度,同时也能为其行为承担责任。2003年底,中国证监会发布了《证券发行上市保荐制度暂行办法》,并于2004年2月1日起正式开始施行,这标志着酝酿已久的保荐制度在我国证券市场正式建立。

从业务范围来看,根据现行规则,发行人应当就下列事项聘请具有保荐机构资格的证券公司履行保荐职责:首次公开发行股票并上市;上市公司发行新股、可转换公司债券;中国证监会认定的其他情形。我国保荐制度的主要内容包括:

一是建立了保荐人和保荐代表人的注册登记管理制度。对企业发行上市提出了"双保"要求,即企业发行上市不但要有保荐机构进行保荐,还需具有保荐代表人资格的从业人员具体负责保荐工作。这样既明确了机构的责任,又将责任具体落实到了个人。

二是明确了保荐期限。企业首次公开发行股票和上市公司再次公开发行证券均需保荐机构和保荐代表人保荐。保荐期间分为两个阶段,即尽职推荐阶段和持续督导阶段。其中,首次公开发行股票并在主板上市的,持续督导的期间为证券上市当年剩余时间及其后两个完整会计年度;主板上市公司发行新股、可转换公司债券的,持续督导的期间为证券上市当年剩余时间及其后一个完整会计年度;首次公开发行股票并在创业板上市的,持续督导的期间为证券上市当年剩余时间及其后三个完整会计年度;创业板上市公司发行新股、可转换公司债券的,持续督导的期间为证券上市当年剩余时间及其后两个完整会计年度。持续督导的期间自证券上市之日起计算。持续督导期届满时保荐工作尚未完结的,保荐机构应当继续履行保荐职责。保荐机构在履行保荐职责期间未勤勉尽责的,其责任不因持续督导期届满而免除或终止。

三是确立了保荐责任。保荐机构应当建立健全证券发行上市的尽职调查制度、对发行上市申请文件的内部核查制度、对发行人证券上市后的持续督导制度,并遵守相关法律法规,诚实守信,勤勉尽责,尽职推荐发行人证券发行上市,持续督导发行人履行相关义务。保荐机构履行保荐职责应当指定保荐代表人具体负责保荐工作。在保荐期间,保荐机构和保荐代表人应承担首次公开发行股票前的辅导,尽职推荐发行人证券发行、上市,独立、审慎地核查和判断,履行承诺和担保义务,持续督导发行人履行法定义务,协助配合监管部门等职责。若违反上述职责,则应承担相应的法律责任。

四是引进了持续信用监管和相应惩罚措施。中国证监会建立保荐信用监管系统,对保荐机构和保荐代表人进行持续动态的注册登记管理,将其执业情况、违法违规行为、其他不良行为等记录予以公布。同时,有关法规规定了不能尽职履行保荐责任的各种情形,并规定了相应的处罚措施。我国保荐制度在对法律责任的规定上,在明确划分各主体的责任、区分监管事项轻重的前提下适用如暂停、撤销业务资格、市场禁入等不同的监管措施或者行政处罚的同时,还引入了责令相关责任人进行业务学习、出具警示函、责令公开说明、认定为不适当人选等监管措施。

根据现有规定,我国证券公司申请保荐机构资格,应当具备下列条件:(1) 注册资本不低于人民币1亿元,净资本不低于人民币5000万元;(2) 具有完善的公司治理和内部控制制度并能够有效执行,风险控制指标符合相关规定;(3) 保荐业务部门具有健全的业务规程、内部风险评估和控制系统并能够有效执行,内部机构设置合理,具备相应的研究能力、销售能力等后台支持;(4) 具有良好的保荐业务团队且专业结构合理,从业人员不少于35人,其中最近3年从事保荐相关业务的人员不少于20人;(5) 符合保荐代表人资格条件的从业人员不少于4人;(6) 最近3年内未因重大违法违规行为受到行政处罚;(7) 中国证监会规定的其他条件。证券公司取得保荐机构资格后,应当持续符合前述条件。保荐机构因重大违法违规行为受到行政处罚的,中国证监会得撤销其保荐机构资格;不再具备前述条件的,中国证监会可责令其限期整改,逾期仍然不符合要求的,中国证监会得撤销其保荐机构资格。

我国对保荐机构、保荐代表人进行注册登记管理。保荐机构的注册登记事项包括:(1) 保荐机构名称、成立时间、注册资本、注册地址、主要办公地址和法定代表人;(2) 保荐机构的主要股东情况;(3) 保荐机构的董事、监事和高级管理人员情况;(4) 保荐机构的保荐业务负责人、内核负责人情况;(5) 保荐机构的保荐业务部门负责人情况;(6) 保荐机构的保荐业务部门机构设置、分工及人员配置情况;(7) 保荐机构的执业情况;(8) 中国证监会要求的其他事项。保荐代表人的注册登记事项包括:(1) 保荐代表人的姓名、性别、出生日期、身份证号码;(2) 保荐代表人的联系电话、通讯地址;(3) 保荐代表人的任职机构、职务;

(4) 保荐代表人的学习和工作经历、保荐代表人的执业情况;(5) 中国证监会要求的其他事项。

应当说明的是,证券主承销商是受证券发行人的委托,借助自己在证券市场中的信誉和网点,在规定的发行有效期限内为证券发行人销售股票或债券的证券专营机构。保荐人与主承销商的区别:第一,资格要求不同,保荐人的资质条件比主承销商要严格,保荐人不仅要具备证券公司应具备的成立条件,还应具备适合保荐人自身业务和职责特点的资质条件。第二,职责不同,保荐人为上市公司承担了全面的职责,其中包括为公司的上市申请活动提供推荐和代理的职责,以及更为严格的辅导、监督、报告职责等,而这一切都基于保荐人对保荐对象承担的担保责任,即向投资者担保其权利不受违法性信息披露行为的损害,也即向投资者担保上市公司的初始性披露信息和持续性披露信息的合法性。而主承销商的核心职责则是为上市公司销售股票。第三,职责期限不同,保荐人的职责期限比较长,从证券发行准备阶段开始,包括了证券承销阶段、证券发行完毕、证券上市以及证券上市后的持续督导时期。而主承销商的职责履行期限则从承销合同成立并生效起到承销期满时止。第四,免责条件不同,在保荐期间内,对于上市公司信息披露的违法行为给投资者造成的经济损失,保荐人要承担较多的法律责任,其免责条件是极其严格的,保荐人不仅要证明自己无过错,而且要证明自己已勤勉尽责。而主承销商在承销协议期间内,若上市公司因违法披露信息行为给投资者造成经济损失,只要证明自己无过错,就不需要承担民事赔偿责任。

总体而言,保荐制度的实施对我国证券发行上市的规范化及投资者保护起到了巨大的助推作用。然而,屡现不止的公司上市前后业绩"变脸"、保荐人与发行人欺诈投资人事件,暴露出我国保荐制度存在大量亟须完善之处。例如,根据我国现行法律规则,追究证券市场相关主体的民事赔偿责任,投资人必须以有关的行政处罚决定或者人民法院的刑事裁判文书为依据。由于我国采取集权式的政府监管体制,证监会和证券交易所在一定程度上行使行政主体的职能,因此保荐责任往往被视为行政责任。民事诉讼对行政或刑事处罚的前置性程序要求,导致大量未受处罚的违规行为或欺诈行为得以逃脱制裁,受害投资者无法通过民事诉讼手段保护个人权利。又如,我国保荐人制度采"双重保荐"责任形式,即保荐机构和保荐代表人既作为一个责任共同体,对发行上市企业进行推荐和保证,又分别作为单独的责任个体承担责任。从法律性质上说,保荐代表人和保荐机构的法律地位显然不相同,保荐机构的功能无法完全由作为个人的保荐代表人承担。然而,从目前的有关制度设计来看,两者的法律责任却是"连坐"的或者仅仅处罚保荐代表人。现行规则对保荐代表人和保荐机构在保荐义务和法律责任上模糊不清,对于责任范围和分担比例缺少基本的规定。我国保荐制度对保荐代表人过分倚重,这样不仅使得保荐机构责任游离于监管之外,而且容易造成上市公司质量高低完全取决于保荐代表人个人素质的局面。

第三节 债券发行制度的基本内容

债券是政府、金融机构、工商企业或公司等机构直接向社会借债筹措资金时,向社会投资者发行,并且按照债券发行文件承诺于到期时按一定利率支付利息并偿还本金的债权债务凭证。其中,债券发行人为债务人,而购买债券的债券持有人为债权人。

我国目前的债券种类比较混乱,按照不同的分类标准可以将债券分为不同的类别。根据债券发行上市的不同场所和监管体制的差别,可以将债券分为证券交易所发行上市债券和银行间债券市场发行上市债券(两者在管理体制上有重要差别,且在具体债券品种上有复杂的重叠交叉)。根据发行主体的信用程度,可以将债券分为利率债和信用债。①

我国目前对于各种债券采取强制性无纸化交易制度,这与世界各国的债券管理体制根本不同。在我国的债券强制性无纸化交易体制下,债券发行文件、债券上记载条款、正当持券人规则、债券担保抵押规则与各国法制均有不同。由于利率债券多由政府及类似机构发行,风险比较小,发行条件比较宽松,因此本书将重点介绍信用债券的发行。

一、债券发行的基本条件

(一)公司债券的发行条件

公司债指的是公司制法人发行的债券。根据发行对象不同,公司债可以分为公募公司债和私募公司债,而公募债又分为大公募债和小公募债。大公募公司债面向公众投资者,而小公募和私募公司债仅面向合格投资者发行。从交易场所来看,超过98%的公司债在沪深交易所交易,部分私募债在地方股交所交易。

《证券法》第16条规定了公开发行公司债券的积极条件:(1)股份有限公司的净资产不得低于人民币3000万元,有限责任公司的净资产不低于人民币6000万元;(2)累计债券余额不超过公司净资产的40%;(3)最近3年平均可分配利润足以支付公司债券1年的利息;(4)筹集的资金投向符合国家产业政策;

---

① 利率债是发行人为国家或信用等级与国家相当的机构发行的债券,其信用风险极低,收益率变动主要受到利率变动的影响;信用债是指没有国家信用背书的发行人发行的债券,其收益率受到发行人的信用情况的影响。具体地说,利率债券一般包括国债、地方政府债券、央行票据、政策银行债券等;信用债券一般包括企业债、公司债、短期融资券、中期票据等。

(5)债券的利率不超过国务院限定的利率水平;(6)国务院规定的其他条件。

《公司债券发行与交易管理办法》(以下简称《管理办法》)规定了公开发行公司债券的消极条件:(1)最近 36 个月内公司财务会计文件存在虚假记载,或公司存在其他重大违法行为;(2)本次发行申请文件存在虚假记载、误导性陈述或者重大遗漏;(3)对已发行的公司债券或者其他债务有违约或者迟延支付本息的事实,仍处于继续状态;(4)严重损害投资者合法权益和社会公共利益的其他情形。

《证券法》第 18 条明确了再次公开发行公司债券的消极条件:(1)前一次公开发行的公司债券尚未募足;(2)对已公开发行的公司债券或者其他债务有违约或者延迟支付本息的事实,仍处于继续状态;(3)违反本法规定,改变公开发行公司债券所募资金的用途。

根据发行对象的不同,大公募债、小公募债以及私募债除需满足一般公司债券的发行条件外,还需满足下列条件:

项目	大公募	小公募		私募
		单边挂牌	双边挂牌	
发行条件	1. 最近三年无违约或延迟支付本息情况; 2. 最近三年净利润不低于一年利息 1.5 倍; 3. 信用评级 AAA; 4. 规模不超过净资产 40%	满足证券法要求即可,核心要求是两点: 1. 最近三年平均利润覆盖一年利息; 2. 发债规模不超过净资产 40%	1. 符合单边挂牌条件; 2. 债券评级达到 AA 级及以上; 3. 资产负债率低于 75% 或净资产达 5 亿元; 4. 最近三年平均利润覆盖一年利息 1.5 倍	法规无硬性要求

监管机构对非公开发行公司债券(私募债)项目承接实行负面清单管理。承销机构项目承接不得涉及负面清单限制的范围。根据中国证券业协会 2015 年公布的《非公开发行公司债券项目承接负面清单指引》,具体规定如下:(1)最近 12 个月内公司财务会计文件存在虚假记载,或公司存在其他重大违法行为的发行人;(2)对已发行的公司债券或者其他债务有违约或迟延支付本息的事实,仍处于继续状态的发行人;(3)最近 12 个月内因违反《公司债券发行与交易管理办法》被证监会采取监管措施的发行人;(4)最近两年内财务报表曾被注册会计师出具否定意见或者无法表示意见审计报告的发行人;(5)擅自改变前次发行债券募集资金的用途而未做纠正,或本次发行募集资金用途违反相关法律法规的发行人;(6)存在严重损害投资者合法权益和社会公共利益情形的发行人;(7)地方融资平台公司。本条所指的地方融资平台公司是指根据国务院相关文件规定,由地方政府及其部门和机构等通过财政拨款或注入土地、股权等资产设

立,承担政府投资项目融资功能,并拥有独立法人资格的经济实体;(8) 国土资源部等部门认定的存在"闲置土地""炒地""捂盘惜售""哄抬房价"等违法违规行为的房地产公司;(9) 典当行;(10) 非中国证券业协会会员的担保公司;(11) 未能满足以下条件的小贷公司:经省级主管机关批准设立或备案,且成立时间满 2 年;省级监管评级或考核评级连续两年达到最高等级;主体信用评级达到 AA 或以上。

此外,依据公司债审核的窗口指导意见,公司债发行人的主体资格存在下述情形之一的,不得发行公司债券:(1) 被列入中国银监会地方政府融资平台名单的;(2) 最近三年(非公开发行的为最近两年)来自所属地方政府的现金流入与发行人经营活动现金流入占比平均超过 50%,且最近三年(非公开发行的为最近两年)来自所属地方政府的收入与营业收入占比平均超过 50%。

(二) 企业债的发行条件

企业债指的是具有法人资格的企业发行的债券,在我国发行主体多为国企,且多为非上市公司。根据发行主体是否属于城投平台类公司,企业债又可细分为城投债和产业债。随着 2008 年以来地方政府投融资平台的扩张,近年来城投债的发行规模已占到企业债发行总量的 70% 以上。企业债可以在交易所市场和银行间市场交易,可以单个市场上市交易,也可以跨市场上市交易。

企业债的一般发行条件如下:(1) 股份有限公司的净资产不低于人民币 3000 万元,有限责任公司和其他类型企业的净资产不低于人民币 6000 万元;(2) 已发行的企业债券或者其他债务未处于违约或者延迟支付本息的状态;(3) 发行人成立时间满三年,最近三年没有重大违法违规行为;(4) 发行人累计债券余额不超过合并报表所有者权益的 40%;(5) 盈利能力良好,最近三年平均净利润足以支付本期债券一年的利息;(6) 前一次公开发行的债券已募足,未擅自改变前次企业债券募集资金的用途;(7) 募集资金的投向应符合国家产业政策和行业发展方向,所需相关手续齐全。

城投债的特殊规定如下:(1) 发行人已退出银监会监管平台名单或满足退出平台条件,正在办理退出手续;(2) 最近三年来自于政府补贴收入占比平均值不超过 30%;(3) 资产负债率超过 65%,需提供担保措施;专项债券放宽至 70%;(4) 对政府及其有关部门的应收账款、其他应收款、长期应收款合计超过企业净资产规模 40% 的,需进行详细的风险分析;超过 60% 的,不予受理;(5) 发行人 2013 年以后的短期高利融资综合成本达到银行相同期限贷款基准利率 1.5 倍以上的,确认该项累计额度未超过总负债规模 10%,累计额度超过 10% 的,不予受理。

(三) 短期融资券和中期票据的发行条件

短融(包括一般短期融资券和超短期融资券)和中期票据都是具有法人资格

的非金融企业在银行间债券市场发行并约定在一定期限内还本付息的债务融资工具。短融的期限为1年以内(其中超短融为270天以内),中票期限为1年以上,3—5年为主,7—15年的相对较少。

根据《银行间债券市场非金融企业债务融资工具管理办法》《银行间债券市场非金融企业短期融资券业务指引》等规定,短期融资券的发行条件如下:(1)发行人为中国境内设立的非金融企业或者金融企业,发行企业均应经过在中国境内工商注册且具备债券评级能力的评级机构的信用评级,并需将评级结果向银行间债券市场公示;(2)具有稳定的偿债资金来源,最近一个会计年度盈利;(3)流动性良好,具有较强的到期偿债能力;(4)发行融资券募集的资金用于该企业生产经营;(5)近三年没有违法和重大违规行为;(6)近三年发行的融资券没有延迟支付本息的情况;(7)具有健全的内部管理体系和募集资金的使用偿付管理制度;(8)发行和交易的对象是银行间债券市场的机构投资者,不向社会公众发行和交易;(9)融资券的发行由符合条件的金融机构承销,企业不得自行销售融资券,发行融资券募集的资金只能用于本企业的生产经营;(10)对企业发行融资券实行余额管理,待偿还融资券余额不得超过企业净资产的40%。

根据《银行间债券市场非金融企业债务融资工具管理办法》《银行间债券市场非金融企业中期票据业务指引》等规定,中期票据的发行条件如下:(1)具有法人资格的非金融企业;(2)具有稳定的偿债资金来源;(3)拥有连续三年的经审计的会计报表;(4)最近一个会计年度盈利;(5)待偿还债券余额不超过企业净资产的40%。

二、债券发行的流程与中介机构

(一)债券发行的基本流程

债券的发行是发行人以借贷资金为目的,依照法律规定的程序向投资人发行代表一定债权和兑付条件的债券的法律行为,债券发行是证券发行的重要形式之一。债券发行的基本流程如下(以公开发行公司债/企业债为例,私募债券采备案制):

申报阶段:发行人形成发债意愿、聘请各中介机构(通常包括证券公司、律师、审计机构、评级机构)→各中介机构尽职调查→发行人内部审批程序(董事会、股东会决议程序等)→如需增信,确定符合市场需求的增信方式→相关中介机构完成现场工作→完成债券资信增级相关手续→发行人和证券公司签订正式的债券承销协议→证券公司作为主承销商,组建承销团→以证券公司为主的中介机构制作完成债券发行申请材料、履行各机构内核程序→发行申请文件申报审核部门。

审核阶段:审核部门审核后反馈→发行人及中介机构进行反馈回复→获得审核部门的发行核准。

发行阶段:主承销商向投资者初步询价,根据询价结果与发行人协商确定发行价格→公告募集说明书等发行申请文件→主承销商组织簿记,确定发行规模与最终利率→投资人缴款,债券募集资金到达发行人账户,发行结束→向中央国债登记公司或证券交易所提出债券交易流通申请。

发行人收到审核部门的发行批文后,主承销商就会择机安排债券的簿记发行工作,与债券发行有关的时间安排如下:

日期	工作事项
T-2日	刊登募集说明书及其摘要、发行公告、评级报告
T-1日	网下询价(簿记)、确定票面利率
T日	公告最终票面利率、网下认购日首日
T+2日	网下认购截止日 网下合格投资者在当日 16:00 前将认购款划至簿记管理人专用收款账户
T+3日	刊登发行结果公告

(二)中介服务机构的作用

债券发行工作是一项系统、复杂的工作,在发行的过程中需要很多中介机构的介入,其中主要包括债券主承销商、会计师事务所、信用评级机构、律师事务所、信用增进机构等。各中介机构具体作用如下:

1. 主承销商

主承销商是债券发行人聘请的最重要的中介机构。它既是债券发行的主承销商,又是发行人的财务顾问,作为发债业务的整体协调人参与其中,负责沟通律师事务所、会计师事务所、评级机构、托管人等各方中介参与机构,整体推进债券发行与审批流程,同时又选择恰当的发行窗口承销债券,目前常见的承销方式为余额包销。

2. 会计师事务所

会计师事务所主要为发行债券提供近三年财务报告的审计服务,需具备证券期货业务资格。

3. 律师事务所

律师事务所为债券发行提供法律合规性评估与调查,拟定交易过程中的相关协议和法律文件,并提示法律风险。

4. 信用评级机构

信用评级是债券发行过程中的重要环节,专业的评级机构通过收集资料、尽职调查、信用分析、信息披露及后续跟踪,对发行人资产的信用质量、产品的交易结构、现金流分析与压力测试进行把关,从而为投资者提供重要的参考依据,保护投资者权益,起到信用揭示功能。根据目前的审核政策,公开发行债券强制要求评级,非公开发行债券可以选择不评级,一般评级需要时间一个月左右。

5. 增信机构

增信就是采取一定措施让个人或是企业的信用等级提高,以便在金融活动中能顺利筹集有效资金。从广义上理解,所有与信用风险的分散分担有关的金融服务都可以叫做信用增进。

目前常见的增信方式主要包括专业担保公司担保、第三方企业担保、股权质押担保、土地抵押担保等。

三、债券发行审核

(一) 公司债券发行审核

我国 2015 年颁布的《管理办法》对交易所公司债券发行审核实行分类管理。与原来的《公司债券发行试点办法》相比,公募债的发行审核取消了原来的保荐制和发审委制度,简化了发行审核流程。具体而言,大公募债由证监会核准;小公募债由证券交易所预审核通过后报证监会按简易程序核准;私募债则由发行人向中国证券业协会事后备案。

1. 大公募债的发行审核

大公募债的发行审核,主要包括文件齐备性审核、发行条件审核和信息披露审核三部分。文件齐备性审核的主要依据为《公开发行证券的公司信息披露内容与格式准则第 24 号——公开发行公司债券申请》(以下简称"《24 号准则》")。发行条件审核部分主要依据为《证券法》《管理办法》的相关规定。信息披露审核部分则主要依据《公开发行公司债券募集说明书》的相关规定。

文件齐备性审核,主要关注发行人是否按照《24 号准则》的相关要求报送申请文件,以及发行人申请文件中有关《24 号准则》中不适用部分说明的依据是否充分。发行人应按照《24 号准则》的规定,报送以下申请文件:(1)募集说明书(申报稿);(2)募集说明书摘要;(3)发行人关于本次公司债券发行的申请报告、发行人董事会决议、股东会或股东大会决议(或者法律法规以及公司章程规定的有权机构决议);(4)主承销商核查意见;(5)发行人律师出具的法律意见书;(6)发行人最近三年的财务报告和审计报告及最近一期的财务报告或会计报表(截至此次申请时,最近三年内发生重大资产重组的发行人,同时应当提供重组前一年的备考财务报告以及审计或审阅报告和重组进入公司的资产的财务报告、资产评估报告和/或审计报告);(7)发行人董事会(或者法律法规及公司章程规定的有权机构)及会计师事务所、注册会计师关于非标准无保留意见审计报告的补充意见（如有）；(8) 本次公司债券发行募集资金使用的有关文件；(9) 债券受托管理协议；(10) 债券持有人会议规则；(11) 资信评级机构为本次发行公司债券出具的资信评级报告；(12) 本次发行公司债券的担保合同、担保函、担保人就提供担保获得的授权文件（如有）；担保财产的资产评估文件（如为抵押或质押担保）；(13) 担保人最近一年的财务报告（并注明是否经审计）及最近一期的财务报告或会计报表；(14) 特定行业主管部门出具的监管意见书；(15) 发行人全体董事、监事和高管对发行申请文件真实性、准确性和完整性的承诺书。

发行条件审核，主要关注发行人是否符合《证券法》《管理办法》规定的公开发行公司债券的相关条件（主要包括《证券法》第 16 条、《管理办法》第 17—19 条规定的积极和消极条件），主承销商的核查意见及发行人律师的法律意见书是否对符合发行条件发表明确意见。

信息披露审核，主要关注发行人是否已按照《公开发行证券的公司信息披露内容与格式准则第 23 号—公开发行公司债券募集说明书》的相关要求进行信息披露，主要包括以下方面：(1) 风险因素的披露；(2) 重大事项提示；(3) 发行人的资信状况；(4) 担保；(5) 偿债计划及其他保障措施；(6) 债券持有人会议；(7) 债券受托管理人；(8) 发行人基本情况；(9) 财务会计信息；(10) 募集资金运用。

大公募债的审核流程为：受理→审核→反馈→行政许可→期后事项，具体如下：(1) 受理。证监会公司债券监管部收到证监会受理部门转发的发行申请文件后，对申请材料进行形式审查。需要发行人补正的，按规定提出补正要求；认为申请材料形式要件齐备，符合受理条件的，通知受理部门作出受理决定；发行人未在规定时间内提交补正材料，或提交的补正材料不符合法定形式的，通知受理部门作出不予受理决定。(2) 审核。申请受理后，公司债券监管部将根据回避要求等确定审核人员。审核人员分别从财务和非财务角度对申报材料进行审核，并适时启动诚信档案查询程序。审核工作遵循双处双审、书面反馈、集体讨论的原则。(3) 反馈。审核人员审阅发行人申请文件，提出初审意见，提交反馈会集体讨论。反馈会主要讨论初步审核中关注的问题、拟反馈意见及其他需要会议讨论的事项，通过集体决策方式确定反馈意见。原则上反馈会按照申请文件受理时间顺序安排。反馈会后形成书面反馈意见，履行内部程序后转受理部门通知、送达发行人。自申请材料受理至首次反馈意见发出期间为静默期，审核人员不接受发行人来电来访及其他任何形式的沟通交流。发行人应当在规定时间内向受理部门提交反馈意见回复材料。期间，如有疑问可与审核人员通过电话、邮件、传真、会谈等方式进行沟通。当面会谈沟通的，公司债券监管部应指定两名以上工作人员在办公场所与发行人及其中介机构会谈。(4) 行政许可决定。公司债券监管部召开审核专题会,集体讨论形成审核意见。原则上依据受理时间顺序安排审核专题会。审核专题会对发行人的基本情况、审核中发现的主要问题以及反馈意见回复情况进行集体讨论,形成公司债券发行申请的审核意见。审核专题会审核意见分为通过、有条件通过和不予通过。对于发行申请材料仍存在尚需进一步落实的重大问题的,公司债券监管部可以按规定再次发出书面反馈意见。证监会应自受理申请文件后3个月内作出是否核准的决定,在履行核准或者不予核准公司债券发行行政许可的签批程序后,审结发文,公司债券监管部及时完成申请文件原件的封卷归档工作。发行人领取核准发行批文后,无重大期后事项或已履行完期后事项程序的,可按相关规定启动发行。

(5) 期后事项。对于发行人和主承销商领取批文后发生重大事项(简称"期后事项")的,发行人及相关中介机构应按规定向公司债券监管部提交期后事项材料,对该事项是否影响发行条件发表明确意见。审核人员按要求及时提出处理意见,需提交审核专题会重新审议的,按照相关规定履行内部工作程序。①

2. 小公募债的发行审核

小公募债的发行审核,由沪、深交易所从申请材料齐备性、发行上市条件合法性、信息披露完整性以及特殊行业规范性四方面进行。根据市场化原则,审核重点仍然是信息披露,即需满足齐备性、一致性和可理解性的要求,除法定发行条件外,审核人员并不对发行人的经营风险、盈利能力进行实质审核,但发行人应当在募集说明书中就可能影响投资人决策的重大事项进行充分披露。

与大公募债审核最长3个月的审核期相比,小公募债审核时限短。交易所内部一般程序的预审核工作时间总计不超过20个工作日,包括受理时限(2个工作日)、审核时限(10个工作日)、决定时限(5个工作日)和封卷时限(3个工作日)。

根据沪、深证券交易所《公司债券预审核工作流程》,小公募债的发行审核流程为:交易所受理上市预审核申请→交易所上市预审核→交易所上市预审核意见→证监会受理发行申请→证监会核准批复。具体如下:

预审核申请。小公募债的发行人、承销机构应当通过沪、深交易所的电子申报系统提交以下公司债券上市预审核申请文件:(1) 发行人关于本次公司债券上市的申请;(2)《公开发行证券的公司信息披露内容与格式准则第24号——公开发行公司债券申请文件》规定的申请文件;(3) 交易所要求的其他文件。交易所收到申请文件后,在2个工作日内对申请文件是否齐全和符合形式要求进行核对。要件齐备的,予以受理;要件不齐备的,一次性告知补正事项。

---

① 中国证监会:《证监会公开发行公司债券审核工作流程》,载中国证监会官网 http://www.csrc.gov.cn/pub/zjhpublic/G00306225/201505/t20150508_276492.htm,2016年10月25日最后访问。

交易所上市预审核。交易所受理申请文件后，根据回避制度要求确定两名审核人员进行审核。审核人员对申请文件进行审核并查阅证监会和交易所相关诚信档案，提出审核意见提交反馈会集体讨论。反馈会主要讨论审核中关注的主要问题，确定需要发行人补充披露、解释说明和中介机构进一步核查落实的问题及其他需讨论的事项，并通过集体决策方式确定书面反馈意见。发行人、承销机构应当于收到交易所书面反馈意见之日起15个工作日内提交书面回复文件，对反馈意见进行逐项回复，并由发行人、承销机构加盖公章；回复意见涉及申请材料修改的，应当同时提交修改后的申请文件及修改说明。回复意见及经修改的申请文件不符合要求的，交易所可再次出具书面反馈意见。

交易所上市预审核意见。经反馈会确定对发行人申请材料无反馈意见，或者发行人和承销机构提交的回复意见及经修改的申请文件符合要求的，审核人员应当于5个工作日内提请召开审核专家会议，并提交相关申请文件和审核意见。审核专家会议主要关注审核中提出的反馈意见、反馈意见回复情况及其他重大问题，集体讨论确定预审核意见。审核专家认为需要就申请文件中的特定事项询问发行人、承销机构及其他相关中介机构的，由审核人员通知发行人及相关中介机构参加审核专家会议，并告知拟询问事项。审核专家会议意见分为"通过""有条件通过"和"不通过"三种。交易所于审核专家会议召开之日后2个工作日内通知发行人和承销机构审核专家会议的审核意见，并办理相关会后事项：(1)审核意见为"通过"的，发行人应在3个工作日内向交易所报送申请文件原件，及发行人和承销机构关于报送的申请文件原件与电子文档一致的承诺函。交易所收到上述文件后予以封卷，并向发行人出具同意上市的预审核意见，同时报送证监会。(2)审核意见为"有条件通过"的，审核人员将会议意见书面反馈给发行人和承销机构。发行人和承销机构应于5个工作日内提交书面回复文件并修改相关申请文件，经交易所确认后履行前述封卷、发文程序。发行人和承销机构未能及时回复的，应在到期日前提交延期回复申请，说明理由和具体回复时间。回复延期时间最长不超过10个工作日。自书面反馈意见发出之日起至接收申请人书面回复的时间，不计算在内部审核期限内。(3)审核意见为"不通过"的，交易所向发行人出具不同意上市的审核文件并说明理由。

证监会受理及核准。根据证监会《公开发行公司债券审核工作流程》，小公募债发行人在交易场所预审同意后正式向证监会提交发行申请，证监会通过交易场所接收并受理。申请受理后，公司债券监管部以交易场所上市审核意见为基础简化核准程序，并作出核准或者不予核准公司债券发行行政许可的签批程序后，审结发文。发行人到交易场所领取核准发行批文后，无重大事项或已履行完重大事项程序的，即可按相关规定启动发行。

3. 私募债的发行备案

根据中国证券业协会发布的《非公开发行公司债券备案管理办法》,证券业协会负责对私募债备案实施自律管理,中证机构间报价系统股份有限公司具体承办私募债备案工作。备案流程如下:(1) 报送备案登记表。拟在证券交易场所挂牌、转让的非公开发行公司债券,承销机构或自行销售的发行人应当在每次发行完成后5个工作日内向证券业协会报送备案登记表。备案登记表应当包括但不限于如下内容:发行人相关信息;债券发行相关信息;中介机构相关信息;债券持有人保护相关安排信息;承销机构或自行销售的发行人关于报备信息内容真实、准确、完整的承诺;承销机构或自行销售的发行人关于非公开发行公司债券的销售符合适当性要求的承诺;承销机构对项目承接符合负面清单规定的承诺。(2) 证券业协会复核、备案。证券业协会对备案材料进行齐备性复核,并在备案材料齐备后5个工作日内予以备案。备案材料不齐备的,证券业协会在收到备案材料后5个工作日内,一次性告知承销机构或自行销售的发行人需要补正的全部内容。承销机构或自行销售的发行人按照要求补正的,证券业协会在文件齐备后5个工作日内予以备案。证券业协会可以通过书面审阅、问询、约谈等方式对备案材料的齐备性进行复核,并在其网站公示非公开发行公司债券的发行备案确认情况。发行人及其他信息披露义务人按照法律法规的规定或相关约定履行信息披露义务的,相关信息披露文件应当由受托管理人向证券业协会备案。①

(二) 企业债券发行审核

根据国务院《企业债券管理条例》、国家发改委《关于进一步改进和加强企业债券管理工作的通知》《关于推进企业债券市场发展、简化发行核准程序有关事项的通知》等相关规定,企业债发行由国家发改委核准,中国证监会、中国人民银行会签。具体而言,由国家发改委财金司负责发行方案的核准,中国人民银行货币政策金融司负责企业债最终定价方案、最终发行利率的会签核准,中国证监会负责审核企业债承销团承销资格的核准及会签。

企业债发行审核流程主要分为材料报送—审查—核准三个阶段,具体如流程如下:(1) 材料报送。不同发行主体,有不同的报送材料要求。中央直管企业的申报材料,由其直接报送国家发改委;国务院行业管理部门所属企业的申报材料由行业管理部门转报国家发改委;地方企业的申报材料由所在省、自治区、直辖市、计划单列市发展改革部门转报国家发改委。(2) 审查、核准。国家发改委首先对申报材料是否齐全、是否符合法定形式等作形式审查,并决定是否受理。受理后对申报材料进行实质审核,并应在3个月内作出是否核准的决定。国家

---

① 中国证券业协会《非公开发行公司债券备案管理办法》第7—13条。

发改委发现申报材料不足或需要补充时,向发行人和主承销商提出反馈意见,提出反馈意见及补充材料的时间不在3个月的核准期限内。①

(三)短期融资券、中期票据的发行审核

根据中国人民银行《银行间债券市场非金融企业债务融资工具管理办法》第13条及中国银行间市场交易商协会《银行间非金融企业债务融资工具发行注册规则》第3条的规定,中国银行间市场交易商协会(以下简称"交易商协会")负责短期融资券、中期票据的发行注册。交易商协会设立注册委员会,通过注册会议决定是否接受发行注册。注册委员会下设注册办公室,负责接收、初审注册文件和安排注册会议。

具体审核流程:(1)企业通过主承销商将注册文件送达注册办公室,由注册办公室初审。(2)注册办公室在初评过程中可建议企业解释、补充注册文件内容,并可以调阅相关中介机构的工作报告、工作底稿或其他有关资料。中介机构未能尽职而导致注册文件不符合要求的,注册办公室可要求其重新开展工作。(3)注册办公室初审后,应至少提前2个工作日将经过初评的拟披露注册文件送达参加注册会议的注册专家。(4)参加会议的注册专家就发行注册作出独立判断,意见分为"接受注册""有条件接受注册""推迟接受注册"三种。5名注册专家均发表"接受注册"意见的,交易商协会接受发行注册;2名(含)以上注册专家发表"推迟接受注册"意见的,交易商协会推迟接受发行注册;不属于以上两种情况的,交易商协会有条件接受发行注册,企业按照注册专家意见将注册文件修改完善后,交易商协会接受发行注册。(5)交易商协会接受发行注册的,向企业出具《接受注册通知书》,注册有效期2年;推迟接受发行注册的,企业可于6个月后重新提交注册文件。

四、债券持有人权益保护

债的本质是法律上可期待的信用②,而债券是债权证券化的载体,故债券发行人资信的变化对债券持有人(债权人)权益影响极大。本节拟以交易所公开募集公司债券为例,就此展开论述。由于公司债券向大量社会公众募集,属于团体性、长期性的债务,因此公司债券持有人(公司债债权人)的权益保护和集团处理非常必要。③ 为保护公司债券持有人利益,中国证监会《管理办法》及沪、深证券交易所的《公司债券上市规则》(以下简称《上市规则》)、证券业协会《公司债券受托管理人执业行为规则》(以下简称《行为规则》)等共同确立了债券受托管理人

---

① 国家发改委《关于推进企业债券市场发展、简化发行核准程序有关事项的通知》第4—5条。
② 董安生:《民事法律行为》,中国人民大学出版社2002年版,第83页。
③ 参见〔日〕近藤光男:《最新日本公司法》(第7版),梁爽译,法律出版社2016年版,第366页。

制度、债券持有人会议制度和偿债保障义务与措施三大制度。

(一) 债券受托管理人制度

债券受托管理人是在发行公司债券的过程中,受让债券有关的财产权利并允诺代债券持有人进行管理、处分的人。① 债券受托管理人制度源于英美法中的债券信托,最初是作为解决铁路抵押借款中抵押权人登记问题的一种重要手段,满足债券违约前的转让和支付、违约后进行诉讼和按比例清偿本金与利息的需要。② 鉴于公司债债权债务关系的集团性、长期性,债券受托管理人的存在可解决债券持有人人数众多、分散产生的集体行动问题,监督债券发行人所需的专业知识欠缺问题,并缓和债券发行人与债券持有人的冲突。③ 因此,各国法一般强制要求公司在公开发行公司债券时必须确定公司债券受托管理人,为了保护公司债券持有人的权益必须将受领、债权保全及其他公司债的管理委托给公司债券受托管理人。④

中国证监会 2007 年颁布的《公司债券发行试点办法》首次引入"债券受托管理人",并参照域外立法确立了公司债券受托管理人设置强制制度。2015 年颁布的《管理办法》进一步细化了债券受托管理人的资格,明确了债券受托管理人在履职过程中的利益冲突披露问题,强化了受托管理人的职责。

债券受托管理人实行资格法定。我国债券受托管理人的遴选资格比较狭窄,《管理办法》《行为规则》规定了公司债券受托管理人资格的积极条件和消极条件。(1) 积极条件:公司债券受托管理人应当是证券业协会的会员,且受托管理人资格仅限于本次发行公司债券的承销机构及其他经证监会认可的机构。⑤ (2) 消极条件:为本次发行提供担保的机构以及自行销售的发行人不得担任本次债券发行的受托管理人。原则上,公司债券受托人不得转委托。在公司债券存续期内,债券受托管理人除在履行法定及受托协议约定的职责或义务时可以聘请律师事务所、会计师事务所等第三方专业机构提供专业服务外,不得将其受托管理人的职责和义务委托其他第三方代为履行。

基于债券信托的法理,债券受托管理人负有公平且诚实地管理公司债券的义务,对于公司债券持有人负有基于善良管理人的注意进行管理的义务。⑥ 《管理办法》第 49 条第 2 款规定:"债券受托管理人应当勤勉尽责,公正履行受托管

---

① 习龙生:《公司债券受托管理制度的国际比较及立法建议》,载《证券市场导报》2005 年 2 月号。
② 参见王文宇:《新公司与企业法》,中国政法大学出版社 2003 年版,第 382 页。
③ 参见廖大颖:《公司债法理之研究——论公司债制度之基础思维与法律调整》,台湾正典出版文化有限公司 2003 年版,第 60 页。
④ 参见〔日〕前田庸:《公司法入门》(第 12 版),王作全译,北京大学出版社 2012 年版,第 499 页。
⑤ 境外一般由专业的金融机构或信托机构担任,如美国为公司制机构,日本为银行、信托公司及法务省令规定的其他担任者。See e.g. 15 U.S.C § 77jjj;日本《公司法》第 703 条。
⑥ See e.g. Restatement (Second) of Trust § 17(1979);日本《公司法》第 704 条。

理职责,不得损害债券持有人利益。"以勤勉义务为核心,《管理办法》《上市规则》和《行为守则》发展出债券受托管理人的义务[1]。

1. 持续关注发行人资信。在公司债券存续期内,受托管理人应当持续关注发行人的资信状况,监测发行人是否出现《行为准则》列明的重大事项。出现重大事项的,受托管理人应当按照规定和约定履行受托管理职责。

2. 持续关注增信措施。受托管理人应当持续关注公司债券增信机构的资信状况、担保物价值和权属情况以及内外部增信机制、偿债保障措施的实施情况,并按照受托协议的约定对上述情况进行核查。

3. 监督专项账户。受托管理人应当对发行人指定专项账户用于公司债券募集资金的接收、存储、划转与本息偿付情况进行监督。受托管理人应当在募集资金到位后一个月内与发行人以及存放募集资金的银行订立监管协议。

4. 监督募集资金使用情况。在公司债券存续期内,受托管理人应当持续监督并定期检查发行人募集资金的使用情况是否与公司债券募集说明书约定一致。

5. 信息披露。受托管理人应当真实、准确、完整、及时、公平地披露信息,不得有虚假记载、误导性陈述或者重大遗漏。受托管理人应当将披露的信息刊登在本期债券交易场所的互联网网站,同时将披露的信息或信息摘要刊登在至少一种证监会指定的报刊,供公众查阅。披露的信息包括但不限于定期受托管理事务报告、临时受托管理事务报告、证监会及自律组织要求披露的其他文件。

6. 出具受托管理事务定期报告。受托管理人应当建立对发行人的定期跟踪机制,监督发行人对公司债券募集说明书所约定义务的执行情况,并在每年 6 月 30 日前向市场公告上一年度的受托管理事务报告。

7. 出具受托管理事务临时报告。公司债券存续期内,出现以下情形的,受托管理人在知道或应当知道该等情形之日起 5 个工作日内向市场公告临时受托管理事务报告:(1)受托管理人在履行受托管理职责时发生利益冲突;(2)发行人募集资金使用情况和公司债券募集说明书不一致;(3)内外部增信机制、偿债保障措施发生重大变化;(4)《行为守则》第 11 条规定的情形。

8. 督促信息披露。公司债券存续期内,受托管理人应当持续督促发行人履行信息披露义务。

9. 督促履约。受托管理人应当至少提前 20 个工作日掌握公司债券还本付息、赎回、回售、分期偿还等的资金安排,督促发行人按时履约。

10. 预计不能偿还债务的处理。受托管理人预计发行人不能偿还债务时,

---

[1] 参见《管理办法》第 49—50 条,《行为守则》第 10—26 条及沪、深《上市规则》"受托管理人义务及职责"部分。

应当要求发行人追加担保,督促发行人等履行受托协议约定的其他偿债保障措施,或者可以依法申请法定机关采取财产保全措施,并应当在受托协议中约定相关费用的承担方式及财产保全担保的提供方式。受托管理人预计发行人不能偿还债务时,在采取上述措施的同时告知债券交易场所和债券登记托管机构。

11. 不能偿还债务的处理。发行人不能偿还债务时,受托管理人应当督促发行人、增信机构和其他具有偿付义务的机构等落实相应的偿债措施,并可以接受全部或部分债券持有人的委托,以自己名义代表债券持有人提起民事诉讼、参与重组或者破产的法律程序。

12. 谈判诉讼。在公司债券存续期内,受托管理人应当勤勉处理债券持有人与发行人之间的谈判或者诉讼事务。

13. 取得并妥善保管权利文书。发行人为公司债券设定担保的,受托协议可以约定担保财产为信托财产,受托管理人应当在债券发行前或公司债券募集说明书约定的时间内取得担保的权利证明或者其他有关文件,并在担保期间妥善保管。

14. 利益冲突防范机制。对于受托管理人在履行受托管理职责时可能存在的利益冲突情形及相关风险防范、解决机制,发行人应当在公司债券募集说明书及债券存续期间的信息披露文件中予以充分披露,并同时在受托协议中载明。受托管理人在履行职责时可能存在的利益冲突情形及相关风险防范、解决机制,由受托管理人与发行人在受托协议中自行约定。

债券受托管理人享有以下权利:(1)知情权与保密义务。受托管理人对为履行受托管理职责所需的相关信息享有知情权,但应当依法保守所知悉的发行人商业秘密等非公开信息,不得利用提前获知的可能对债券持有人权益有重大影响的事项为自己或他人谋取利益。(2)信息查询。受托管理人为履行受托管理职责,有权代表债券持有人查询债券持有人名册及相关登记信息,专项账户中募集资金的存储与划转情况。(3)费用约定。受托管理人有权按照受托协议的约定,收取公司债券受托管理费用及受托协议约定的其他费用。

公司债券受托管理人因发挥着保护公司债权人的重要功能,如允许其无论何时均可自由辞任,会损害公司债券持有人的利益,故债券受托管理人的变更有一定限制。① 《行为守则》第27条规定,在公司债券存续期内,出现下列情形之一的,应当召开公司债券持有人会议,履行变更受托管理人的程序:(1)受托管理人未能持续履行本准则或受托协议约定的受托管理人职责;(2)受托管理人停业、解散、破产或依法被撤销;(3)受托管理人提出书面辞职;(4)受托管理人不再符合受托管理人资格的其他情形。

---

① 参见〔日〕近藤光男:《最新日本公司法》(第7版),梁爽译,法律出版社2016年版,第379页。

（二）债券持有人会议制度

由于债券持有人比较分散,且单个持有人的债券数额较小,为集合债券持有人的力量,平衡债券持有人集体与发行人之间的力量对比,监督发行人切实履行债务,保护债券持有人利益,有必要设立债券持有人会议制度。① 公司债券持有人会议对有关公司债权人重大利害关系的事项实行多数决,其地位与股东大会类似,主要的区别在于没有成为像股东大会那样的公司内的常设机关。②《管理办法》《上市规则》相关规定如下③：

1. 持有人会议规则。发行人应当在债券募集说明书中约定债券持有人会议规则；债券持有人会议规则应当公平、合理；应当明确债券持有人通过债券持有人会议行使权利的范围,债券持有人会议的召集、通知、决策机制和其他重要事项。

2. 持有人召集。出现下列情形之一的,受托管理人应当及时召集债券持有人会议：(1) 拟变更债券募集说明书的重要约定；(2) 拟修改债券持有人会议规则；(3) 拟变更债券受托管理人或者受托管理协议的主要内容；(4) 发行人不能按期支付本息；(5) 发行人减资、合并、分立、解散或者申请破产；(6) 增信机构、增信措施或者其他偿债保障措施发生重大变化且对债券持有人利益带来重大不利影响；(7) 发行人管理层不能正常履行职责,导致发行人债务清偿能力面临严重不确定性,需要依法采取行动；(8) 发行人提出债务重组方案；(9) 发行人、单独或者合计持有本期债券总额 10% 以上的债券持有人书面提议召开的其他情形；(10) 发生其他对债券持有人权益有重大影响的事项。

3. 持有人会议召开。受托管理人应当自收到书面提议之日起 5 个交易日内向提议人书面回复是否召集持有人会议。同意召集会议的,受托管理人应于书面回复日起 15 个交易日内召开会议。受托管理人应当召集而未召集债券持有人会议的,发行人、单独或者合计持有本期债券总额 10% 以上的债券持有人有权自行召集债券持有人会议。

4. 持有人会议公告。召集人应当至少于持有人会议召开日前 10 个交易日发布召开持有人会议的公告,公告内容包括但不限于下列事项：债券发行情况；召集人、会务负责人姓名及联系方式；会议时间和地点；会议召开形式；会议拟审议议案；会议议事程序；债权登记日应当为持有人会议召开日前的第 5 个交易日；提交债券账户资料以确认参会资格的截止时点；委托事项。

5. 持有人会议征集、见证、表决。受托管理人可以作为征集人,征集债券持

---

① 参见廖大颖：《公司债法理之研究——论公司债制度之基础思维与法律调整》,台湾正典出版文化有限公司 2003 年版,第 225 页。
② 参见〔日〕近藤光男：《最新日本公司法》（第 7 版）,梁爽译,法律出版社 2016 年版,第 381 页。
③ 《管理办法》第 48 条第 2 款、第 50 条及沪、深交易所《上市规则》"债券持有人会议"部分。

有人委托其代为出席债券持有人会议,并代为行使表决权。持有人会议应当由律师见证,见证律师原则上由为债券发行出具法律意见的律师担任。债券持有人进行表决时,每一张未偿还的债券享有一票表决权。债券持有人会议对表决事项作出决议,经超过持有本期未偿还债券总额且有表决权的二分之一的债券持有人同意方可生效。募集说明书、债券持有人会议规则等另有约定的,从其约定。债券持有人会议通过的决议,对所有债券持有人均有同等约束力。受托管理人依据债券持有人会议决议行事的结果由全体债券持有人承担。

(三)偿债保障义务与措施制度

债券本质上是一种信用工具。公司债券发行人能否届期还本付息,核心在于公司的财务状况。为管控发行人债务不履行的风险,各国法往往允许发行人在法律规定的基础上,通过"附加条款"(covenants)的特约方式确定各类增信机制,锁定发行人债务不履行的风险。常见的特约条款有:(1)投资行为的特约条款。如对发行人的对外投资活动、购买固定资产、长短期股权投资、提供担保等进行限制。(2)处分资产与财务行为的特约条款。如对发行人再次举债、出售主要资产等的限制。(3)盈余分派的特约条款。如对公司异常分红的限制。①

《管理办法》第 56 条也采取类似做法,允许发行人通过公司债券合同特别条款,采取内外部增信机制等偿债保障措施,用于提高偿债能力,包括第三方担保、商业保险、资产抵押或质押担保、限制发行人债务及对外担保规模、限制发行人对外投资规模、限制发行人向第三方出售或抵押主要资产、设置债券回售条款等。此外,《上市规则》除了倡导发行人应当按照规定和约定按时偿付债券本息,履行回售、利率调整、分期偿还等义务外,还规定在发行人无法按时偿付债券本息时,增信机构和其他具有偿付义务的机构,应按照募集说明书及相关协议的约定及时向债券持有人履行偿付义务。承销机构、受托管理人均应当协助债券持有人维护法定或者约定的权利。发行人无法按时偿付债券本息时,还应当对后续偿债措施作出安排,并及时通知债券持有人。②

本章参考文献:

1. 赵万一主编:《证券法学》,中国法制出版社 1999 年版。
2. 高如星、王敏祥:《美国证券法》,法律出版社 2000 年版。
3. 何杰:《证券交易制度论》,经济日报出版社 2001 年版。
4. 陈耀先:《中国证券市场的规范与发展》,中国金融出版社 2001 年版。
5. 董安生:《民事法律行为》,中国人民大学出版社 2002 年版。

---

① 参见廖大颖:《公司债法理之研究—论公司债制度之基础思维与法律调整》,台湾正典出版文化有限公司 2003 年版,第 180—186 页。
② 沪、深《上市规则》"偿债保障义务与措施"部分。

6. 王文宇:《新公司与企业法》,中国政法大学出版社 2003 年版。

7. 廖大颖:《公司债法理之研究——论公司债制度之基础思维与法律调整》,台湾正典出版文化有限公司 2003 年版。

8. 阙紫康:《多层次资本市场发展的理论与经验》,上海交通大学出版社 2007 年版。

9. 范健、王建文:《证券法》,法律出版社 2007 年版。

10. 黄复兴:《我国保荐人制度的实施功效与机制缺陷》,载《上海经济研究》2010 年第 11 期。

11. 刘俊海:《现代证券法》,法律出版社 2011 年版。

12. 〔日〕前田庸:《公司法入门》(第 12 版),王作全译,北京大学出版社 2012 年版。

13. 史际春、张悦、毛小婉:《从证券市场看"错法"及其纠正机制》,载《政治与法律》2013 年第 11 期。

14. 傅承:《中国证券发行管制与资本配给——寻租理论的视角》,载《当代经济科学》2014 年第 1 期。

15. 北京大学课题组、吴志攀:《证券发行法律制度完善研究》载《证券法苑》2014 年第 1 期。

16. 曹凤岐:《推进我国股票发行注册制改革》,载《南开学报》2014 年第 2 期。

17. 徐英倩:《我国证券发行审核制度选择的法经济学分析》,载《金融研究》2014 年第 2 期。

18. 李文莉:《证券发行注册制改革:法理基础与实现路径》,载《法商研究》2014 年第 5 期。

19. 〔日〕近藤光男:《最新日本公司法》(第 7 版),梁爽译,法律出版社 2016 年版。

20. 汤欣、魏俊:《股票公开发行注册审核模式:比较与借鉴》,载《证券市场导报》2016 年第 1 期。

21. 姜雪莲:《信托受托人的忠实义务》,载《中外法学》2016 年第 1 期。

22. 李文莉:《上市公司私有化的监管逻辑与路径选择》,载《中国法学》2016 年第 1 期。

23. 陈仟子:《并购业务尽职调查问题》,载《中国金融》2016 年第 13 期。

第三章 国际股票发行与上市

国际的证券发行主要是股票发行,它是近年来国际资本市场上发展极为迅速的基本融资形式,是发展中国家大范围利用国际资本市场的热点之一。此类国际融资在融资条件与机制上较为复杂,其发行准备工作具有非常强的技术性。

第一节 国际股票融资概述

一、国际股票融资的概念与特征

国际股票融资是指符合发行条件的公司组织依照规定的程序向境外投资者发行可流转股权证券的国际融资方式,它是国际股票发行与上市行为的泛称。国际股权融资在性质上不同于国际债权融资,它本质上是股票发行人将公司的资产权益和未来的资产权益以标准化交易方式售卖于国际投资人的行为;与此相对应,投资人认购股份的行为本质上是一种直接投资,依此交易,认股人将取得无期限的股东权利,其内容中不仅包括旨在实现资本利益的股东自益权,而且包括旨在控制、监督发行人公司的股东共益权。

国际股票融资具有以下基本特征:(1)根据多数国家的公司法和证券法,国际股票发行人仅限于资本业已股份化的特定类型的公司组织,通常为股份有限公司或特定类型的有限责任公司;(2)国际股票发行人与投资人分属于不同的国家或地区,其股票发行或上市交易行为受到不同国家法律的支配,由于其法律适用较为深入地涉及不同国家的公司法、财产法和证券法规则,故其法律冲突问题的解决较为复杂;(3)国际股票本质上是一种可自由流转的股东权利凭证,它具有权利无期限性,采取记名证券形式,其权利内容又具有复合性与复杂性,故国际股票的发行、交易与权利争议解决均不同于国际债券;(4)国际股票融资通常不以单纯的一次性股票发行为内容,发行人往往追求国际股票发行与股票上市的双重后果,其目的在于提高国际股票发行的效率,建立某种长期稳定的国际融资渠道,由此又造成实践中对于股票发行与股票上市概念混用的情况;(5)国际股票融资具有较强的技术性和复杂的程序性,多数国家的证券法或公司法对于股票发行与上市规定有条件规则、上市聆讯规则和程序规则,因而在现代社会中,凡提到股票发行与上市,通常意味着这一行为是在金融中介人和专业机构协助下进行的,是遵循公开和公正原则进行的,并且是在法律规定的条件规则和程序规则控制下进行的。综上所述,国际股票融资不仅在性质上不同于传统的投资行为(如中外合资合同行为)、贷款行为或其他类似合同行为,而且不同于国际债券融资行为,可以说,现代各国证券法对于国际证券发行与交易的规则更主要是为控制股票融资行为而设置的。

国际股票融资的核心内容是国际股票发行,它是指符合发行条件的公司组织以筹集资金为直接目的,依照法律和公司章程的规定向外国投资人要约出售代表一定股东权利的股票的行为。根据多数国家证券法的规定,股票发行应当符合公开、公平与公正的基本原则,某些国家的法律甚至对于股票发行方式也设有概括性规定(如我国法对于股票发行方式加以列举式概括)。但总的来说,多数国家的法律对于国际股票公开发行和私募发行设有不同的规则。

股票公开发行(public offer),是指发行人根据法律规定,以招股章程形式向社会公众投资人公开进行募股的行为,其发行程序、信息披露和有效认股之确认均受到特别法规则、要式行为规则的规制。股票私募发行(placement),又称为"配售",则是指发行人根据法律的许可,以招股信息备忘录或类似形式向特定范围和特定数量的专业性机构投资人以直接要约承诺方式进行售股的行为,其发售程序、信息披露和有效认股之确定仅受到较为宽松的法律控制。简要地说,股票公募与私募的主要区别在于:(1)发行申请规则不同,股票公募须向证券市场所在国的证券监管部门履行股票发行申请注册、备案和审核程序;而股票私募通常不须向证券市场所在国证券监管部门履行发行注册申请或审核程序,或者仅须履行较为简单的注册备案程序。(2)信息披露要求不同,股票公募依多数国家的法律须使用正式的招股章程,在必要条款内容、验证标准和披露程序上受到较严格的法律控制;而股票私募则仅需使用法律要求较为宽松甚至没有要求的信息备忘录,许多国家的法律对其必要内容和验证标准不设要求而交由惯例控制,其披露可以采取分别派送的方式,对其披露时间的要求也较为宽松,这使得发行准备工作大为简省。(3)售股对象不同,股票公募是发行人向不特定公众发出的售股要约,其要约和有效认股之确认须遵循严格的公开性规则;而股票私募则是发行人向特定范围和特定数量的机构投资人发出的售股要约,其要约承诺原则上遵循合同法规则。(4)上市审核规则不同,股票公募通常谋求在境外的正式证交所上市股票之目的,故发行人除须履行发行申请程序外,还须接受证交所的上市条件审核,接受上市规则的约束;而单纯的私募股票不能在正式的证交所上市,通常仅可在证券商交易系统或店头市场交易,其上市审核程序较为简单,一般受到惯例的支配。

为了充分利用证券市场所在国的法律条件,典型的国际股票融资(特别是在筹资规模较大的情况下)通常采取股票公募与私募相结合的方式,保障公开发售和私募的股票共同上市,实践中称之为"公开发售与全球配售"。依此方式,发行人通过承销人在股票上市地进行一定比例的公募,又通过承销团在世界其他地区进行一定比例的私募;在此类募股中,发行人和承销人根据法律的要求需准备公募使用的招股章程和在不同地区私募使用的信息备忘录,须根据上市地法律的要求协调公募与私募的比例,须使股票公募与私募所遵循的申请审核程序和信息披露程序相衔接。按照英美等国的证券法规则,在采取公开发售与全球配售的情况下,公开发售的比例原则上不得低于同次发行总额的 25%。我国香港地区原则上也遵循这一比例,但在实践中通常可酌情降低这一要求。

应当说,国际股票融资是我国科学利用国际资本市场法制与市场设施的成功范例,它在原则上不改变两地原有法律的条件下,仅通过衔接性规则与国际私法规则解决两地的相关法律适用,为我国企业的国际化发展创造了条件,而全部问题的核心仅在于:对此类衔接性规则与国际私法规则究竟是采取鼓励立场还是限制立场。不仅如此,合理地使用国际股票融资方式还能够解决我国证券市场目前尚不能解决的许多技术问题与困难。例如,我国的 A 股上市公司在配发 H 股的条件下,不仅能极大地解决大盘股上市公司的大规模融资需求(如中国石油与工商银行),而且能够合理地平抑股价市场波动且降低风险;又如,我国目前的证券市场仅能有效地采取市盈率发行定价技术,这对于高速路公司和尚无利润的高科技公司来说显然是无法适用的;排斥国际资本市场明显是错误的。

二、国际股票融资的结构与类型

国际股票融资依照其发行与上市结构可分为不同的类型,其中我国的境外股票融资中较普遍采用的类型主要包括境内上市外资股结构、境外上市外资股结构、间接境外募股上市结构和存托证境外上市结构等几种。

(一) 境内上市外资股结构

境内上市外资股结构是指发行人通过承销人在境外募集股票(通常以私募方式),并将该股票在发行人所在国的证券交易所上市的融资结构。我国证券法规将依此类结构募集的股份称为"境内上市外资股",实践中通常称为"B股"。

在我国,境内上市外资股的发行人仅限于根据《公司法》合法设立的股份有限公司;有关发行人公司章程、境内上市外资股的发行条件与审批、境内上市外资股的上市和交易制度均适用中国有关法律和法规;境内上市外资股的股票主承销人和上市保荐人应当由中国的金融中介人担任,但其承销通常由国际性金融中介人(称"国际协调人")按照私募惯例组织;境内上市外资股的发行须根据股票发行地和国际融资惯例的要求采用信息备忘录形式并应符合其信息披露的要求,经审计的发行人会计报表(调整表)应当符合股票发行地国家会计准则的要求;此外,境内上市外资股结构在公司发起人责任、同业竞争和关联交易等合同安排上也应考虑满足股票发行地法律和国际融资惯例的要求。由上可见,我国的境内上市外资股结构主要是依据我国的法律和会计准则构建的,在承销组织上采用了国际股票融资惯例中的私募方式,并在不违反中国法律的基础上遵循了国际会计准则和股票发行地的有关法律要求;但这更主要的是为了满足境外投资人的投资偏好,增强其投资信心。由于多数国家的法律对于国际股票私募并没有严格的限制,因而境内上市外资股结构所需解决的法律冲突和障碍也较少,其结构相对简单。

总的来说,我国目前的境内上市外资股实践仍处于试点和不成熟阶段,影响这一结构有效发挥作用的主要因素包括外汇管制制度的制约、公司法制之不完善、因私募而形成的股权结构不合理、交易制度和信息披露制度之欠缺,等等。

(二) 境外上市外资股结构

境外上市外资股结构是指发行人通过国际承销人在境外募集股份,并将该股票在境外的公开发售地的证券交易所直接上市的融资结构,此类募股通常采取公开发售与配售相结合的方式。我国的证券法规将依此类结构募集的股份称为"境外上市外资股",实践中所称的"H 股""N 股""S 股"等均属之。

我国境外上市外资股结构的特点在于:(1) 其发行人为根据我国有关公司法规设立的股份有限公司,即为中国法人,但规范公司行为的公司章程已根据股票上市地法律进行了必要的补充,因而大体解决了中外法律差异;(2) 其股票发行与承销通常由国际性金融机构担任主承销人和保荐人,并且按照股票上市地法律的要求采取公募与私募相结合的方式进行;(3) 其招股说明书须采取股票上市地法律要求的招股章程和信息备忘录形式,并且须符合该法律要求的必要条款规则和信息披露规则;(4) 经审计的发行人会计报表通过国际调整表须符合股票上市地会计准则,同时应符合中国会计准则;(5) 有关发行人公司的发行申请、上市审核等行为实际受到股票上市地和发行地法律的支配,但发行人公司首先须履行中国有关的申请审批手续;(6) 有关发行人公司及其股东的持续性责任、上市承诺、同业竞争、关联交易和交易规则等安排应符合股票上市地法律的要求。

境外上市外资股结构充分利用了市场所在国的外汇制度、法律制度、证券交易制度和信息披露制度,采用了国际股票融资实践中惯常的组织方式,故其发行效率和股票流动性均优于境内上市外资股。

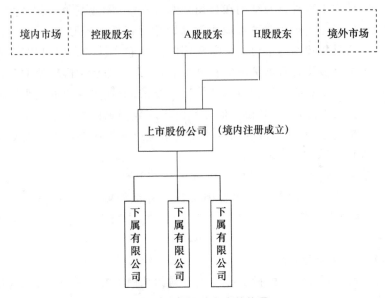

图 3-1　H 股两地上市结构图

(三) 间接境外募股上市结构

间接境外募股上市是指一国的境内企业通过其在境外的控股公司向境外投资人募集股份筹资，并将该募集股份在境外公开发售地的证券交易所上市的股票融资结构。依其公司重组方式又可分为通过境外控股公司申请募集上市和通过收购境外上市公司后增募股份①两种。我国目前已在境外募股上市的上海实业、北京控股、航天科技、中国制药等公司均采取此类结构。

在我国，间接境外募股上市是利用中外合营企业（joint venture）法制创造的融资工具，其基本特征在于：(1) 其发行人为根据股票上市地法律要求设立或收购的境外有限责任公司，为境外法人，其公司章程与公司设立均适用相应的外国法律；(2) 其股票发行申请、上市审核、招股说明书、信息披露责任、股票交易等均适用股票上市地的法律，发行人经审计的会计报表也仅采用股票上市地要求的会计准则；(3) 发行人公司作为境外投资人将通过中外合资企业法制控股境内的企业，该类境内企业为中外合资有限公司或中外合作有限公司，其公司章程、会计准则、利润分配和境外资金投入均适用中国的有关法律；(4) 根据我国目前的法律规定，间接境外募股上市虽不受计划额度制度的支配，但境内机构（特别是国有机构）对境外控股公司的投资须取得商务部的批准和许可，以境内机构控股而实施的间接境外上市还须经证券监管部门批准后方可实施。间接境

---

① 国务院《关于进一步加强在境外发行股票和上市管理的通知》对于通过收购境外上市公司股权而进行的间接上市作了限制。

外募股上市的结构见图 3-2:

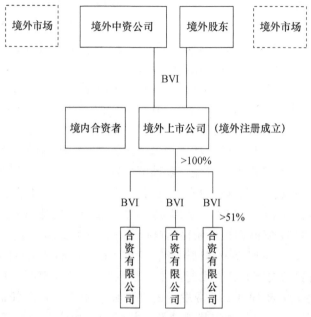

图 3-2　间接上市外资股结构图

间接境外募股上市结构充分利用了境内合资法制和境外市场所在国法制的条件,使境外投资人对境外上市公司有较强的认同感和法制信心,而其股权利益则由境外上市公司代表股东向境内的合资企业主张。依此类结构组织的国际股票融资在发行效率、股票流动性和市场表现上均优于境外上市外资股结构。

(四) 存托证境外上市结构

存托证(depositary receipt)又称"存股证",它是由一国存托银行向该国投资者发行的一种代表对其他国家公司证券所有权的可流转证券,是为方便证券跨国界交易和结算而创制的原基础证券之派生工具。存托证所代替的基础证券通常为其他国家公司的普通股股票,但目前已扩展于优先股和债券,实践中最常见的存托证主要为美国存托证(ADR)及英国存托证(EDR)。我国目前已在境外上市的上海石化、上海二纺机、马鞍山钢铁等公司均采取 ADR 境外上市结构。

存托证结构依其具体内容可分为不同类型,例如在 ADR 中,一级有担保的 ADR 和二级有担保的 ADR 不具有筹资功能,而三级有担保的 ADR 和 144A 私募①ADR 则具有募股筹资功能,我国公司境外上市实践中通常采用的 ADR 类

---

① 144A 私募意指根据美国证券交易委员会 144A 条款(SEC Rule 144A)在美国进行的证券私募。

型多为三级 ADR 和 144A 私募 ADR。概括地说,存托证境外上市结构是指一国的发行人公司通过国际承销人向境外发行的股票(基础证券)将由某外国的存托银行代表境外投资人统一持有,而该存托银行又根据该基础证券向该国投资人或国际投资人发行代表该基础证券的存托证,并且最终将所发行的存托证在该国证券交易所上市的国际股票融资方式。

存托证上市结构的当事人除包括发行人和基础证券承销人之外,还包括存托银行①、存托证承销人、托管银行等。这一结构的基本特征在于:(1) 发行人公司通过国际承销人向境外配售的基础证券(股票)由某外国的存托银行代表境外投资人认购,并委托基础证券市场所在国的托管银行机构(通常为存托银行的附属机构或代理行)负责保管和管理该基础证券;(2) 存托银行依据基础证券通过承销人向其本国投资人或国际投资人发行代表该基础证券的存托证,每一单位存托证依发行价代表一定数量的基础证券,并将发行存托证的筹资用于认购基础证券的支付;(3) 安排存托证在存托银行所在国证券交易所上市,负责安排存托证的注册和过户,同时保障基础证券在其市场所在国的可流转性;(4) 由存托银行透过托管银行向基础证券发行人主张权利,并以此向存托证持有人派发股息;(5) 存托银行负责向基础证券发行人质询信息,并负责向存托证持有人披露涉及基础证券发行人的信息和其他涉及存托证利益的信息;(6) 存托证注销的过程通常为,首先由存托银行以回购要约通过市场向存托证持有人购回存托证,其次由存托银行通知基础证券市场的经纪商售出基础证券,再次由存托银行将购回的存托证注销,最后将基础证券售卖收入偿付存托证原持有人。由上可见,存托证上市结构是由存托银行提供金融服务的某种衍生证券发行与上市结构,存托银行在其中仅提供中介服务并收取服务费用,但不承担相关的风险。

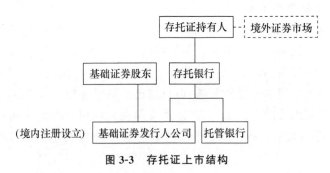

图 3-3 存托证上市结构

---

① 在国际证券融资中,发行存托证的存托银行通常为具有雄厚实力、广泛的国际性网络和存托业务经验的著名银行机构,例如美国的存托银行主要包括纽约银行、花旗银行、摩根银行等。

三、国际股票融资的基础

尽管不同类型的股票融资结构具有迥然不同的形式特征,并且所适用的法律规则也可能有极大的差异,但从整体上说,各种类型的国际股票融资结构却具有共同的本质,形成共同的股权融资机制,并且它们与债权性融资工具有性质的差别。这就是说,至少在某些基本点上,各国有关股票融资的法律制度均确认和接受以下原则或原理。

首先,股票融资方式与发行人公司所控制或拥有的资产、营业、损益和成长性有着内在的联系;国际投资人购买发行人公司所募集的股份首先要考虑该股份所实际代表的净资产回报率、实际利润总量和公司未来的成长性,而各国有关的法律制度和会计制度的首要作用正在于保障对发行人拟发行股份的质量作出客观公平的评价和信息披露。根据国际股票融资实践普遍采取的市盈率定价(PE)技术,在市场宏观因素不变的情况下,国际资本市场所接受的新发行股份通常须具备以下品质:具有明显高于信贷利息率的净资产回报率;具有足以支持正常募股规模的利润总量和预测利润总量,以保障符合商业条件的市值;具有营业发展前景或良好的成长性。可见,国际资本市场对于股权证券的购买本质上是购买发行人企业的现有业绩和未来业绩。此外,在国际股票融资实践中,也可根据具体情况采取净现值法或现金流量贴现法确定发行价格,它们不过是针对不同企业的情况强调发行人公司未来业绩之不同卖点。正鉴于上述因素构成国际股票融资的基础,因此它们往往成为发行人公司募股前进行重组的基本目标,但是根据多数国家的法律和国际融资惯例,负责对发行人公司进行资产估值、财务审计和盈利预测审核的专业性中介机构将依保守审慎原则对发行人的资产业绩作出客观公允的评价。

其次,股票融资方式与股票上权利的基础保护有着内在的联系,脱离了有关国家公司法、财产法、合同法、侵权法对于股东权利的基础保护,上述股权融资机制也就丧失了意义,就不可能发挥其作用。从广义上说,任何证券上权利都须受到双重法律保护,一是法律对证券上权利的基础保护,例如公司法和公司章程对于股东权利的保护,债法和债权契约对于债券上权利的保护,合同法对于远期合约或期货合约的保护,票据法对于票据上权利的保护,等等;二是法律对证券流转权利的保护,即所谓交易法保护,例如证券交易制度、期货交易制度和票据交易制度的保护等。但是,由于股票上权利具有无期限性,其权利内容又具有复杂性,它与债券上有期限的信用权利根本不同,这就决定了对股票上权利的基础保护具有更为重要的意义,它是限制股权投资风险的基本因素。从国际股票融资的实践来看,发行人所在国基础法制的完善性和执法状况对于其股票发行效率有着重大影响,在发行人公司所适用的基础性法律不完善的情况下,通常需要通过以意思自治为主旨的公司章程手段[①]、不竞争承诺合同手段和其他责任承诺合同手段来解决法律救济不足或法律冲突问题。

再次,股票融资方式又与证券市场交易条件和证券交易法制有着内在的联系,脱离了证券交易法对股票流转权的保护,脱离了证券交易市场,脱离了有效的交易条件,股票证书就丧失了其可流转证券之本质属性,股票融资手段就不可能发挥其作用。实际上,许多发展中国家谋求使用国际股票融资工具更主要是为解决本国证券交易制度不完善、证券交易市场规模和流动性之不足、新兴证券市场交易条件不成熟等问题,而国际投资人则通常认为证券交易法对于股票上权利的保护较之基础法律保护更为有效和便利。理论上通常认为,证券发行市场与证券交易市场有着相辅相成的关系,一方面证券发行市场在形式上构成二级市场的基础;但另一方面,证券交易市场的发展实质上又构成一级市场发展的基础。后一作用主要表现为:二级市场的发展和供不应求状况实际创造着一级市场的投资需求;二级市场的价格水平和市场状况决定着一级市场的发行价格和发行方式;二级市场的市值容量和流动性决定着一级市场的发行规模,等等。从实践来看,发行人公司选择国际股票融资方式(特别是境外上市方式)通常须考虑所选择市场的一般价格水平、市场容量、市场流动性和对外国公司股票的接受程度等因素。

最后,股票融资方式与现代法制中的信息披露制度也有着内在的联系。从各国证券法制的发展来看,信息披露制度正在成为一项独立的系统的制度,它不仅令股票发行人和承销人负担募股信息披露责任,而且令发行人公司及其控股股东负担上市后的持续性信息披露责任,某些学者和专业人员甚至主张将其进一步扩展为内容更为广泛的"持续性责任"制度。依据这一制度,发行人公司及与之相关的当事人有责任真实、准确、完整且无误导地披露与拟发行股票有关的一切信息,有责任及时、准确、持续地披露与已上市股票价格和利益有关的一切信息,有责任抑制和避免一切影响持股人重大利益的欺诈或误导行为、内幕交易行为、损害小股东利益的行为、同业竞争行为、关联交易行为和其他利益冲突行为,以保障上市股票在公开、公平和充分知情的市场中交易。应当说,在国际股票融资中,发行人公司充分理解其将要承担的持续性责任,充分理解违反此类责任的后果,对于公平有效地利用股票融资手段,增加企业的发展后劲,保障融资渠道的继续利用都具有重要意义。

---

① 参见《到境外上市公司章程必备条款》。在我国,对新的股票资本市场的利用往往须由证券监管部门首先确认发行人公司章程内容或制定符合市场所在国要求的公司章程必备条款规范性文件。

四、国际股票融资的程序

国际股票融资依其结构类型不同，其工作程序也有很大差别。但对于我国和其他发展中国家的发行人来说，典型的境外上市外资股融资程序通常包括以下几个工作阶段。

（一）中介机构选择与整体方案确定

由于我国对于境内上市外资股和境外上市外资股采取计划额度管理和主体特许审批制度，因此拟进行国际股票融资的企业组织在正式开始股票融资程序前已实际进行过多次境外募股初步方案的送审，并通常已与众多的国际性投资银行和专业性中介机构进行了接触和磋商。因此，在拟募股企业得到境外募股的计划额度或被许可进行境外上市工作后，通常须进行的首要工作即选定主承销人和国际协调人，其中境内上市外资股的主承销人通常由有外资股承销资格的中国证券金融机构担任，境外上市外资股的主承销人和国际协调人通常由市场所在国有实力的投资银行担任。此选择过程通常采用类似于国际债券融资的议标方式。在主承销人和国际协调人得到确定的情况下，拟募股企业应及早聘请财务顾问（不同于审计师）和发行人律师，以推动整体方案的准备；此后应依项目进程聘请资产评估机构、土地评估机构、中外审计师和承销商律师参与工作。

在各中介机构进厂初步了解发行人各方面材料和情况的基础上，通常由国际协调人组织由各方参加的项目协调会，其作用在于综合各中介机构的实质性建议，修改确定符合国际股票融资要求的整体方案，它通常包括公司重组设立和股票发行上市方案等内容。在整体方案得到确定后，通常须制定旨在指导项目工作进程的工作时间表，它不仅应指明工作任务，还应指明负责机构和预计时间，并应由所有的负责机构确认。

（二）公司重组与设立阶段

由于我国拟进行国际股票融资的企业组织通常不具备境外募股公司的主体资格，某些业已进行股份制改组的公司往往也存在着不符合拟上市国家财务法律要求的情况，因此在进行股票发行准备之前，通常要进行原有企业的公司化或公司重组工作，实践中又称为"企业股份制改组"。此项工作的基本目标在于设立符合中外法律要求的股票发行人公司主体，解决所有妨碍国际股票发行与上市的财务法律障碍，实现整体工作方案中确定的其他商业性目标；其工作内容通常包括资产重组、机构重组与人员重组和非经营性资产安排等。根据我国法律和法规的要求，原有企业股份制改组工作的过程为：由公司发起人签署发起人协议并签署企业重组决议；由土地评估机构受托进行土地评估，并使评估报告得到土管局确认；由资产评估机构进行资产评估，并使评估报告得到国资局确认；向土管局申请取得对拟上市公司土地使用权处置方案的批文；向国资局申请取得对拟上市公司国有股权管理方案的批文;制定拟上市公司的公司章程并向政府主管机关申请取得批准公司设立的批文;由发起人实施投资折股行为,并取得中国会计师机构出具的验资报告;拟上市公司进行公司建账和调账,并办理产权变更手续、土地租赁手续、债务变更手续等;向工商管理部门办理公司设立登记注册并取得营业执照。

由于原有企业的股份制改组或公司设立往往过程较长,故这一工作阶段通常与股票发行准备阶段相交错,从理论上说,公司设立过程最迟可以在招股文件定稿之前完成;而实际上,自中介机构代表拟上市公司向境外证券监管机构报送募股注册申请表格(例如香港的 A-1 表或美国的 F-1 表)后,拟上市公司的财务法律结构应不再发生变更。

(三) 发行准备阶段

发行准备是国际股票融资工作的最重要阶段,这一阶段的工作主要包括以下几项。

首先,由国际协调人、主承销人和其他专业性中介机构在尽责调查的基础上,完成对发行人公司的财务审计、盈利预测审核、物业估值、法律审查与调整、准备招股书草稿、协助拟定用资计划等。

其次,由发行人向所在国政府机关和证券监管部门申请取得为进行境外募股和上市所应取得的一切许可、批准和授权文件,此项工作应当于境外法律程序结束之前完成。根据我国的法律和法规,中国的股份有限公司从事境内上市外资股发行和境外上市外资股发行应当取得的批准与许可主要包括国家机关对发行人公司境外募股的计划额度许可或者境外上市特许批准、国家机关对发行人公司章程的批准、证券监管部门对境外募股与上市(方案)的批准、外经贸部门对发行人公司转为外商投资股份公司的批准(募股后完成)等;在间接境外募股上市的结构中还须取得对发起人机构境外投资权的许可。

再次,由国际协调人、主承销人和发行人境外律师代表发行人公司向股票上市地(及发行地)的证券监管部门和证券交易机构办理股票发行注册和上市申请手续,接受相关的审核、聆讯或听证会,并根据要求使招股说明书、招股书附录文件、依法应签署的合同文件和法律文件定稿,以取得上市地证券监管部门和证券交易所应有的许可、批准或承诺。简要地说,发行准备阶段的基本任务是准备股票境外发行与上市的各种招募文件和相关文件,使此类文件得到相关的法律文件和政府批准文件的支持,同时使此类文件符合股票上市地法律的要求并使之得到上市地监管机构的核准或承诺。

(四) 发行与上市阶段

根据国际股票融资惯例,在股票发行开始之前,主承销人通常须根据发行方案组织对拟配售的股票进行全球推介,即所谓"路演",并根据路演后的预订单确定发行价格。正式的股票发行工作始自招股说明书和承销协议的签署;在此工作阶段,发行人、主承销商和相关当事人应当使业已定稿的招股文件、各类协议文件和有关法律文件均得到签署,发行人还应与拟上市的证交所签署上市协议和责任承诺声明;在招股说明书签署后,应根据公开募集地的法律要求将其公开披露,以使得股票发行和承销工作开始进行。

在市场状况无不可预见情势的条件下,股票发行的主承销人将组织全部拟发行股票的发售与认购,并在规定的终结日(closing day)停止认购过程,剩余的股票将由承销人根据承销协议包销或退还发行人。在有效认购被确认后的规定日期内,所有已发售的股份应完成交割登记,所有认股款项将依协议集中于收款银行,其中扣除发行成本费用后的部分将由收款银行汇至发行人。根据多数国家或地区证券法规的要求,已获上市承诺的发行股份应当在规定的较短期限内在证券交易所挂牌上市交易,发行人应当履行相应的信息披露责任。

五、国际股票融资的国内法管制

对于一些发展中国家来说,发行人所在国往往对于国际股票融资设有不同程度的法律和政策管制。由于我国目前的国际股票融资尚处于初期试点阶段,故有关的法律政策管制比较严格;但由于国际股票融资毕竟主要取决于发行人公司的经营业绩和财务状况,因而我国目前对国际股票融资的管制框架仍然为企业的商业性融资和直接融资提供了重要的途径。简要地说,我国目前对国际股票发行与上市的管制主要包括以下四类。

(一) 计划额度许可和境外上市资格许可

我国目前对境内上市外资股的发行采取计划额度许可制度,任何符合条件的股份公司欲发行境内上市外资股均须在国家下达的计划规模中安排,即取得额度批文;对于境外上市外资股的发行也采取较为严格的资格特许制度,拟发行境外上市外资股的企业须首先申请取得国务院主管部门的特许(我国目前已经许可了四批境外上市外资股企业),其具体条件暂时仍受到政策的支配;而对于间接境外募股上市,我国目前也采取较为严格的境外投资(在境外设立拟上市公司)特许政策,其具体条件和境外投资规则目前尚无系统规定。

为了取得上述计划额度许可和境外上市资格许可,拟进行国际股票融资的企业须在未经改制的条件下,以未经评估和审计的会计报表和经营业绩为依据向国务院主管部门申报境外募股申请、计划额度申请、可行性报告、境外募股与上市方案及相关的申报材料,并由主管部门逐级推荐。

(二) 企业股份制改组中的政府审批

拟进行境外募股的企业在取得了计划额度许可和境外上市资格许可后,可以进行原有企业的股份制改组工作,在此过程中,企业须得到政府机关的一系列复杂的批准或许可。主要包括：拟改制企业须取得省级以上国资部门的评估立项批准和评估确认批文；须取得省级以上土地管理部门的土地评估立项和确认批文；须取得省级以上国资部门对于股份公司国有股权管理方案的批准；须取得省级以上土地管理部门对于股份公司国有土地处置方案的批准；还须取得省级以上体改部门对于股份公司章程和公司设立的批文，等等。这些批准和许可是股份公司登记设立的前提条件。对于拟进行间接境外募股的企业来说，原有企业的改制实际上等同于中外合资企业或中外合作企业的设立审批程序。

（三）特殊营业许可与外商投资准入政策

根据我国目前的法律法规，从事国际股票融资的股份公司在外资股超过公司股本总额的25%时（通常如此），可向对外经贸部门申请转为外商投资股份有限公司，取得外商投资企业的待遇，这对于多数企业来说实际上是必须履行的程序。正鉴于此，从事国际股票融资的发行人公司还须受到三方面政策管制。第一，发行人公司须依外商投资产业目录于改制前向政府主管部门申请取得从事特殊营业的许可；第二，发行人公司须依外商投资产业目录中关于鼓励外商投资或限制外商投资的要求，接受对于境外股东持股比例的管制；第三，发行人公司于募股完成后还须向对外经贸部门履行外商投资企业资格审批程序，以取得必要的外汇许可资格。

（四）国际股票发行审批

除上述管制外，从事国际股票融资的企业在发行准备阶段还应向国务院证券监管部门申报境外募股与上市方案，申报股票发行与上市的文件，以取得从事股票境外发行之许可。由于发行人公司取得所在国政府部门应有的一切批准和许可实际上是进行和完成境外募股法律程序的先决条件，而在发行人公司申请取得国际股票发行批准时，发行准备工作实际上并未完成，因此发行人公司履行境外募股国内审批所申报的文件其实并未定稿，这一矛盾通常以事后补报备案的方法来解决。此外，从事间接境外募股的中国企业在发行准备阶段也须履行严格的审批程序，其具体规则在实践中通常被称为"红筹股指引"。

从理论上说，发展中国家在本国证券金融法律与资本市场设施均有待发展的情况下，通过国际股票融资方式推动本国企业走向国际，是一合理有效的政策途径；它科学地利用了发达国家的法律条件与市场设施条件，为本国企业的国际化发展提供了基础，我国目前许多高科技企业都是通过在 NASDAQ 市场发行与上市股票得到了融资支持。在我国早期的证券政策上，对于境外上市外资股与间接上市企业均给予了应有的支持，极大地推动了我国企业利用境外资本市场的进程。但随着后来一系列政策法规的出台，境外上市外资股与间接上市外资股的发行与上市均受到不应有的阻碍。学界通常认为，对于此类阻碍我国企业利用境外上市外资股与间接上市外资股发行的政策法规应当重新检讨。

第二节　境外股票发行与上市中的问题

一、国际股票发行人的主体资格

如前所述,国际股票发行是符合条件的公司组织,依照法律规定的程序向境外投资者发行可流转的股权证券的行为。因而,国际股票发行所面临的首要法律问题是保障股票发行人具备股票上市地和发行地的公司法和证券法所认可的主体资格。在多数国家中,解决这一问题主要须解决三类法律冲突。

首先,为使国际股票发行行为和发行准备中的一系列法律文件得到合法签署,必须保障发行人在国际股票正式发行前(特别是有关审批程序完成前)取得发行人所在国(地区)的合法法人主体资格。而按照不同国家或地区的法律,公司在法律上的成立时间是有很大差异的;在采取法定资本制的国家中(如我国),新设公司只有在取得了发起人出资之产权、债权债务变更完毕、全体股东认缴的股金完全缴足(即完成股票发行)并且完成设立登记程序后,公司方告成立。由此产生的矛盾在于:一方面,在公司发起或筹建阶段,它并不具备法人主体资格,其公司章程并未获准注册,其登记设立程序亦未完成;另一方面,发行人公司在筹建阶段又必须履行必要的申请程序、签署必要的合同文件和法律文件、从事必要的经营行为、履行股票发行的法律程序等。实际上,国际股票发行中所面临的这一矛盾也是各国公司法理论和实践中普遍存在争议的问题[①],英国公司法称之为公司在发起创办中的主体资格争议。仅仅由于多数国家的公司法对此采取较为灵活的规定和授权资本制,其公司发起设立的过程往往便利而短暂,故这一矛盾并不十分尖锐。我国法律为了解决国际股票发行人的法人主体资格矛盾,在有关法规中设立了以下三类规则:(1)为了确定公司在发起创办过程中的主体资格,我国《股票发行与交易管理暂行条例》规定,"股票发行人必须是具有股票发行资格的股份有限公司",同时确认,所称"股份有限公司包括已经成立的股份有限公司和经批准拟成立的股份有限公司"[②]。(2)为了保障国际股票发行人在发行准备阶段即在国籍国取得法人资格,国务院《关于股份有限公司境外募集股份及上市的特别规定》和有关政策确认,拟从事国际股票发行的中国企业可以采取发起方式设立为股份公司,国有企业以发起方式设立为股份公司的,发起人

---

① 董安生:《英国商法》,法律出版社 1991 年版,第 239 页。
② 《股票发行与交易管理暂行条例》第 7 条规定:股票发行人必须是具有股票发行资格的股份有限公司。前款所称股份有限公司,包括已经成立的股份有限公司和经批准拟成立的股份有限公司。

可以少于5人(通常仅为1人),"该股份公司一经成立,即可以发行新股"①。
(3) 为使国际股票发行人免受有关法规关于股份公司每次股份发行间隔不得少于12个月的限制,国务院《关于股份有限公司境外募集股份及上市的特别规定》和《关于股份有限公司境内上市外资股的规定》进一步确认,国际股票发行人发行境外上市外资股和境内上市外资股距前次股份发行的"间隔时间可以少于12个月"②。

其次,为使发行人公司章程对拟进行的国际股票发行提供法律支持,发行人所在国法律应当解决公司法中法定资本制与国际通行的授权资本制之间的法律差异和冲突。在法定资本制下,公司注册机关仅对发行人公司已经发行并且已经实收的资本予以注册,公司章程中仅能规定业已缴足的资本;这一方面造成每次股票发行(包括配股)均须多次修改公司章程的后果,另一方面又实际上要求公司章程对拟发行的新股份作出确定的数额规定,这往往对国际股票发行造成很大的困难。在授权资本制下,公司章程规定的注册资本仅为名义资本,可以不必缴足,而国际股票发行地或上市地法律依此仅要求发行人公司章程对拟发行股份的数额提供授权和支持。我国法律目前对于这一问题并没有最终解决,实践中通常采取的做法为:发行人公司在股票发行前须对公司章程修改并作出双重规定,一是发行前已实收的注册资本,二是本次发行后可能达到的注册资本最高限额;该修改后的章程不仅须经股东大会以特别决议通过,而且须经主管机关批准和工商管理部门核准注册;在国际股票发行完成后,发行人公司股东大会须对公司章程再次修改,明确发行后已实收的全部注册资本额;最后须将修改后的公司章程附验资报告报工商管理部门变更注册,换发营业执照。由于发行人公司在股票发行前对公司章程的修改并未得到公司注册文件的支持,同时由于国际股票发行中通常采用的超额配售选择权惯例往往不能事先完全确定拟发行股份的具体数额,因此目前采取的做法并未根本解决问题,并且是经不起推敲的。

最后,为使发行人公司主体、公司结构和公司章程的具体内容在符合发行人所在国法律的同时,也符合股票发行地和上市地法律的要求,还必须解决一系列中外公司法或证券法上的实质性法律差异。根据多数国家的法律,公司股票上

---

① 国务院《关于股份有限公司境外募集股份及上市的特别规定》第6条规定:国有企业或者国有资产占主导地位的企业按照国家有关规定改建为向境外投资人募集股份并在境外上市的股份有限公司,以发起方式设立的,发起人可以少于5人;该股份公司一经成立,即可以发行新股。

② 国务院《关于股份有限公司境外募集股份及上市的特别规定》第10条规定:公司发行计划确定的股份未募足的,不得在该发行计划外发行新股。公司需要调整发行计划的,由股东大会作出决议,经国务院授权的公司审批部门核准后,报国务院证券委员会审批。公司增资发行境外上市外资股与前一次发行股份的间隔期间,可以少于12个月。

国务院《关于股份有限公司境内上市外资股的规定》第13条规定:公司发行境内上市外资股与发行内资股的间隔时间可以少于12个月。

市须符合一定的公司法规则或主体条件。例如按照英美等国的法律规定,可以进行股票公开发行和上市的公司仅限于采用特定类型公司章程的"公公司"(Public Company);拟申请上市的公司应当符合"上市适宜性"标准;在公司结构上应当消除了控股股东的同业竞争、关联交易和重大利益冲突等障碍;在公司章程中应当符合法律对于公司章程的实质性要求并对股东提供充分的法律保护;此外在发行人公司财务状况上还应当符合股票上市地采用的会计准则和股票上市的基本财务条件,等等。在我国的境外股票融资实践中,对此类法律问题的解决通常采取以下几种方法:(1)在公司重组设立中,须依据股票上市地法律的要求在公司结构和相关企业的结构上消除妨碍国际股票发行与上市的同业竞争、重大利益冲突等问题。(2)根据股票上市地的法律和我国的法律,依据意思自治原则制定符合特定要求的公司章程条款,并使该公司章程内容得到有关国家机关的批准,目前我国在香港地区和美国上市的股份公司均使用经监管部门核准的《到境外上市公司章程必备条款》之内容,但涉及新市场的国际股票发行与上市仍须个案解决公司章程的内容磋商问题。(3)在发行人公司设立后,依据股票上市地法律的要求通过签署公司重组协议、关联交易协议、综合服务协议、优先购买协议、上市协议、责任承诺文件等方式,弥补立法手段之不足;此类法律文件实质上是依据意思自治原则解决相关的法律冲突,其法律适用和争议解决依不同情况可能受到发行人所在国法律或股票上市地法律的支配。(4)对于会计准则和会计制度上的差异和冲突,通常是在发行人所在国会计准则和会计制度的基础上,通过双重报表方法加以披露;由于我国股份公司目前所适用的会计准则已距国际会计准则较为接近,故在国际股票融资中,发行人往往仅须根据中国会计制度和和中国会计报表调整制作符合股票上市地会计准则的国际会计报表,通常称为"国际调整表"。

由上可见,取得国际股票发行人的主体资格不仅意味着发行人公司已经完成了股份公司设立程序,而且意味着发行人公司已经在公司结构和公司章程等方面符合了股票上市地法律的要求。在我国目前的法律条件下,原有企业为取得国际股票发行人的主体资格,通常需要进行复杂的股份制改组或企业公司化工作,它往往构成股票发行准备的必要前提。从形式上说,我国原有企业股份制改组的合理完成,意味着以下工作的完成:(1)股份公司的发起人或原有股东按约应投资的资产已合法地经过资产评估、土地评估和评估确认,并已经依法定程序和授权折为股份公司的股份,该项投资已经经过独立会计师机构的验证,并已出具验资报告;(2)股份公司对其应当拥有的资产权利已经取得,其中的不动产权利证书已经办理完毕变更登记;(3)股份公司所占用的土地已经得到了合法安排,并已取得土地管理部门应有的批准确认;(4)股份公司的人员、机构及其费用范围已经合理地确定,不存在归属不明或费用负担不清的情况;(5)股份公司在原有资产和人员范围内已经完成了公司建账和调账工作,并且依其制作的国际调整会计报表将符合股票上市地会计准则与规则的要求;(6)规范股份公司内部关系、外部关系及其与下属企业关系的公司章程和其他法律文件已经合法设立,并且已经符合股票上市地法律的要求;(7)阻碍股份公司进行股票境外上市的法律障碍和财务问题(特别是与公司结构及利益冲突有关的问题)已经解决或可以顺利解决,而相关合同文件和法律文件的签署将保障发行人在公司结构上已符合股票上市地法律的要求;(8)股份公司已经取得或可以顺利取得为从事其营业所需的一切来自其所在国政府部门应有的批准或许可;(9)股份公司已经合法地完成公司设立登记,依据法律将可以取得为进行国际股票发行所需取得的政府部门的批准。从实践来看,原有企业的股份制改组往往涉及各种复杂的具体问题,其改组目的也往往具有复合性。但对于拟进行国际股票融资的企业来说,其股份制改组方案与实施一般应当遵循三项原则:其一,其股份制改组工作应当确保改组设立后的股份公司在各重要方面符合股票上市地法律关于股票发行与上市的基本要求,以避免股改目的之落空;其二,其股份制改组工作应当尽可能地保障改组设立后的股份公司具有不劣于改组前企业的资产条件和经营条件,以提高筹资效率,保障公司未来的发展;其三,其股份制改组工作应当公平合理地解决发起人之间及股份公司与关联企业之间的利益关系,避免造成未来难以解决的遗留问题。

二、国际股票发行准备

股票发行准备是指由主承销人、其他专业性中介机构和股票发行人在招股文件依法披露前从事的,以发行确定数量的股票为目的的全部准备工作;其中,主承销人和其他专业性中介机构负有在尽职调查的基础上,保障招募文件或专业性结论报告合法、真实、无误导的责任;而股票发行人和主承销人则对拟签署的招募文件之合法、真实和无误导负有法律责任。

尽职调查又称为"审慎调查""细节调查"等。依据许多国家的法律和国际融资惯例,金融中介人在向证券市场推销其所承销之新股、基金证券或企业产权之前,必须通过投资专业人员、专业律师、注册会计师、行业专业人员对受资企业或者卖方企业进行某种专业性调查;这种由各类专业人员以本行业公认的审慎尽责标准,对受资企业或卖方企业进行的专业调查称为尽责调查。从理论上说,无论是股票承销,还是基金投资,抑或是企业产权交易,其本质都是对受资企业原有权益和未来权益的售卖;如果这一售卖是由金融中介人通过证券市场以集资方式进行的,该金融中介人和相关专业机构即负有了证券法上的责任。这就是说,该金融中介人和专业性中介机构有责任以"合理的审慎"对受资企业及其欲售卖的权益进行客观合理的评价和审核;各专业性中介机构有责任依"合理审慎"之标准,确保其专业性结论(作为招股书附件)具有合法、真实和无误导之性质;而金融中介人只有在真实、准确、完整并且不加误导地披露了受资企业全部有关信息的条件下,方可将其包销的企业权益分售于公众投资人或者机构投资人。原则上,股票发行人及其董事对于招股文件及相关材料的真实性、准确性和完整性负有更为直接的责任,但其主观注意标准不同于专业机构所适用的专业审慎标准。我国目前的法律法规中虽未使用"尽职调查"一词,但在《股票发行与交易管理暂行条例》中,也对参与股票发行的主承销人和专业性中介机构规定了内容相同的调查义务与责任[①]。

在发行准备阶段,股票发行当事人的实质性工作是在尽职调查的基础上,准备招股说明书,准备各种专业性报告,准备为完成股票国际发行所应签署的全部协议文件和法律文件。此类工作具有较强的技术性,其工作质量对于国际股票发行的成功具有至关重要的影响。简单地说,主承销人和专业性中介机构在此阶段的专业性工作主要包括财务审计、盈利预测之审核、法律审查与法律安排、招股说明书的制作与验证、承销协议和相关法律文件的准备,等等。

在我国,国际股票融资中的财务审计通常由中国的注册会计师机构和国际会计师机构(通常为四大国际会计师机构)共同完成。其中,中国的注册会计师机构负责对发行人公司的财务状况进行国内审计,并出具中国审计报告;国际会计师机构负责对发行人公司的国际调整表(statement of adjustment)进行国际审计,出具国际会计师报告;两类审计具有严格的相关性,并应有合理的衔接。一般来说,会计师机构对发行人公司的财务审计(除公司重组咨询外)依以下程序进行:在初步收集材料和验证的基础上,依整体工作方案拟定审计方案和审计程序;通过穿行测试和遵行性检查,对发行人内控系统可靠性进行测试与评价;依据审计方案和内控系统测试结果,对发行人过去若干年的财务报表和经营业务进行确定性检查,以证实发行人公司财务报表项目余额的表达是否准确公允;根据前期工作底稿指导发行人编制国际调整表,解决审计中发现的一切财务问题;根据中国会计准则和上市地会计准则编制审计报告。

国际股票融资中的盈利预测审核具有重要的意义,它是确定国际股票发行

[①] 《股票发行与交易管理暂行条例》第17条规定:全体发起人或者董事以及主承销商应当在招股说明书上签字,保证招股说明书没有虚假、严重误导性陈述或者重大遗漏,并保证对其承担连带责任。第18条:为发行人出具文件的注册会计师及其所在事务所、专业评估人员及其所在机构、律师及其所在事务所,在履行职责时,应当按照本行业公认的业务标准和道德规范,对其出具文件内容的真实性、准确性、完整性进行核查和验证。第21条:证券经营机构承销股票,应当对招股说明书和其他有关宣传材料的真实性、准确性、完整性进行核查;发现含有虚假、严重误导性陈述或者重大遗漏的,不得发出要约邀请或者要约,已经发出的,应当立即停止销售活动,并采取相应的补救措施。第35条规定:为上市公司出具文件的注册会计师及其所在事务所、专业评估人员及其所在机构、律师及其所在事务所,在履行职责时,应当按照本行业公认的业务标准和首先规范,对其出具文件内容的真实性、准确性、完整性进行核查和验证。

价格和预期市值的主要依据。在实践中,关于发行人未来的盈利预测文件通常由发行人和主承销人共同编制,而会计师机构仅对该盈利预测负有审核(review)责任,并且通常须遵循审慎保守原则。其审核内容至少应包括:发行人的业务性质及背景、发行人一贯采用的会计准则、盈利预测的假设和基准、发行人编制盈利预测的工作程序和计算方法;此外,国际会计师实际上对盈利预测的根据也需进行审核。会计师对于发行人盈利预测的审核结论通常极为简单,避免对盈利预测的准确性和客观可能性发表意见,并且往往含有限责文句。按照许多国家和地区的法律,如果发行人公司的盈利预测过分乐观,而未来的实际业绩远未达到预期结果,并且无法得到合理的解释时,上市公司的董事将可能承担误导投资人的责任,而主承销人和会计师也可能承担相应的责任。

国际股票融资中的法律服务工作通常由发行人所在国和上市地所在国的多家律师机构共同完成。其工作除包括协助发行人重组设立公司外,还包括发行准备中的尽职调查、法律服务和出具结论性意见三部分。发行准备中的法律调查和审查之范围极为广泛,它应当包括与发行人股票发行和上市有关的一切法律事实,其中最重要的有:发行人公司的主体资格、其经营许可与行为能力之合法性、公司设立之合法性、发行人与其关联企业之关系、发行人财产权利的有效性、发行人公司章程的有效性、发行人使用的知识产权状况、发行人所签署的所有重大合同或法律文件之有效性、发行人的各类负债与或有负债、可能存在的同业竞争和关联交易、发行人的税务状况、发行人所受的环保管制、发行人涉讼状况、发行人的外汇许可、创汇与换汇安排、发行人进行股票发行所取得的授权、发行人进行股票发行的国内程序之合法性、招股说明书披露的有关法规和法律事实的真实性、可能影响发行人未来合法续存和正常经营的其他法律事实,等等。律师机构进行如此广泛的调查和审查,其目的在于进一步解决所有可能影响国际股票发行的法律障碍,为招股书验证提供证据材料,并且为准备和签署法律意见书提供依据。从理论上说,国际股票发行中的法律问题往往具有持续性质,因而涉及发行人公司的法律瑕疵往往对其未来的合法续存和正常经营产生持续性影响,这与发行人公司的财务瑕疵有所不同。因此,在多数情况下,律师机构需要在发行准备阶段根据整体方案和聆讯的要求,协助发行人进行若干法律调整,起草必要的合同文件和法律文件,并由发行人或相关当事人签署;但如出现需要改变发行人公司结构的重大问题,则将导致发行准备工作的延误。

在股票发行准备阶段,国际协调人或主承销人有责任对招股说明书中将要披露的全部内容进行全面的尽职调查,其范围不仅涉及发行人公司情况和关联主体情况,而且涉及与发行人有关的行业情况和市场竞争状况,同时还涉及发行人所在国的地区经济情况和法律政策制度等等。在国际股票发行准备中,主承销人需要在尽职调查的基础上,编写和修改拟使用的招股说明书(通常须经过十稿左右的修改),在公开发售与全球配售的情况下,还可能根据不同国家的法律要求准备正式的招股章程和配售使用的信息备忘录;在招股说明书草案内容已经初步充实的条件下,主承销人还将通过律师机构安排对招股说明书的内容进行多次验证,并最终使之定稿。从理论上说,主承销人对于招股说明书所涉内容的调查,可以依赖于专业律师、审计人员、评估人员和专业顾问人员的尽责审查,并且可以聘请承销商律师协助工作;但从实践来看,主承销人往往不能避免独立的尽责调查,并且往往不可能完全避免招股书编制工作。这是由于,主承销人为编写招股说明书所要调查和审查的事实范围实际上远远广于其他专业人员的调查范围及专业性报告的结论范围,这就需要主承销人按照本行业公认的专业标准、道德规范和勤勉尽责原则,独立地调查和审查与股票发行有关的一切事实,特别是其他中介机构的结论性意见所不涉及的事实。另一方面,由于对发行人募股前实际情况的调查和了解直接关系到主承销人的承销风险和承销利益,并且直接关系到主承销人对于招股说明书披露内容的保证责任,因此从商业利益角度看,主承销人也有必要进行客观公正的尽职调查。忽视了对发行人情况的客观了解与合理评价,不仅有损于主承销人的基本利益,而且也无法合理地确定承销条件或发行价格。

除上述之外,在发行准备阶段,股票发行人和承销人还应在各自律师的协助下,协商确定某些关系双方利益的重要法律文件,其中较为重要的就是承销协议及与之相关的分销协议。此类法律文件在经当事人多次谈判协商后,通常仅将其基本内容或共同条款定稿,而将与市场相关的发行条件条款留待最后确定。实际上,不附条件的承销协议(特别是其具体发行价格条款)的最终确定和签署,通常是在股票发行与上市的全部审核批准已经取得(特别是在全球路演)之后方完成的。这是由于:(1)承销人过早地签署完整而无条件的承销协议将意味着其片面地负担市场变动风险;(2)当事人均追求承销协议的确定的效力,而不希望该协议中的发行价格条款之约定仍须取得来自政府部门或第三人的批准或许可;(3)承销协议中的发行条件内容,应当与招股说明书将要披露的内容相一致,而在路演后确定这一内容可以极大地降低市场风险。与此同理,分销协议(承销团协议)的内容确定,通常也采取分阶段定稿的方法,在市场风险被基本排除的条件下,此项协议中的商业内容将易于确定。

三、国际股票发行注册与上市审核

在股票发行准备阶段,根据股票发行地和上市地法律的要求,须同时完成股票发行注册与上市审核工作。从法律上说,单纯的股票发行注册与股票上市审核是两类不同程序,各国证券法和公司法通常对其采取不尽相同的控制政策,但由于多数国际股票融资具有股票发行与直接上市的双重目的,就使得实际工作程序复杂化并使两类审核程序具有了关联性。

根据多数或地区国家的法律,凡公开募集股票或者募股规模超过一定数额的股票发行(这往往是股票上市的必要条件)通常须向证券监管部门、拟上市的证券交易所或者政府主管部门就拟发行的股票申请所谓"暂搁注册"①,而此类主管部门通常依据公开原则和信息披露原则对股票发行申请进行非实质性审核与备案。例如,在美国公开发行 500 万美元以上的股票须向 SEC 填写申报 F-1 表格,在我国香港公开发行股票须向联交所和公司注册署填写申报 A-1 表格,在日本发行 1 亿日元以上的股票须向大藏省填写申报募股申报书,等等。此种股票发行申请注册通常受到必要条款规则的限制、信息披露质量规则的限制和信息披露一致性(指申报内容与未来招股章程内容的一致性)规则的限制。然而,对于私募股票、较小规模的募股或者不以立即上市为目的的募股,多数国家的法律往往不要求发行人履行注册申报程序或者仅需履行极为简便的备案程序,例如我国股份有限公司在股票国际配售中通常安排的欧洲私募、美国 144A 私募等均可免予申报注册,而在美国安排其他的私募则仅须向 SEC 做管制较为宽松的 F-6 表格注册。各国法律采取这一立场主要是考虑到以下原理:证券法所采取的形式审查制度意在保护公众投资人的基本利益,意在提高拟上市股票的信息披露质量,证券法规则不应当损害公司法所提供的一般法律条件,而对于股票国际发行的控制应当以股票上市地的法律要求为基础。如果对任何股票发行均采取严格的审查控制,不仅会大大增加股票发行地与股票上市地法律的冲突,而且会严重地削弱公司法的实际效用;在多数情况下,股票发行实际上是公司设立过程中所必须涉及的内容,如果要求任何公司发行任何股份均须履行专门的发行审核手续,也就否定了公司法关于公司设立的一般规则。②

以股票上市为目的的国际股票融资在发行准备阶段通常须接受证券交易所的上市审核,以确保发行后股票可以顺利安排上市。根据不同国家和不同证券交易所规定的上市规则,股票发行前的审核大多遵循以下程序:(1)发行注册申请。发行人在发行准备的较早阶段,通常需要与拟上市的证券交易所进行初步磋商;在发行准备工作已基本定型的基础上,须向上市地的监管部门办理前述发

---

① 〔美〕查里斯·吉斯特:《金融体系中的投资银行》,郭浩译,经济科学出版社 1998 年版,第 42 页。美国于 1983 年通过证券交易委员会 415 条款(SEC Rule 415)确立了"暂搁注册"(Shelf Registration)程序,该注册手续既具有明确发行人拟近期发行股票的意向登记意义,又具有聆讯或听证排期的法律意义。这一程序的确立实质上放宽了传统证券发行注册登记制度的管制,被称为"415 条款之革命",该规则现已为许多国家的证券法所采用。

② 由于我国现行法律对所有的证券发行和股票发行均采取严格的计划额度许可制度和发行审批制度,因此《公司法》中关于股份公司募集设立的规则已不具有普遍适用的意义,这实际上使股份公司的设立从属于计划额度制度,未取得股票发行额度的当事人不得以募集设立方式成立股份有限公司。

行注册申报手续,经核准注册的股票发行期间将依法被锁定[①];在此阶段,发行人还须通过主承销人向证券交易所申报与注册申报手续有关的文件,如公司章程、公司营业执照、招股章程草案、公司会计报表、股票样张等。(2)初步审核。证券交易所在收到与发行注册相关的申报文件(联交所称为35日文件)后,应在规定期间内完成初步审核或"上市适宜性审核";在实践中,此项审核甚至在更早的初步磋商阶段即已实际进行;此阶段的招股章程仅具有草案性质,在美国的此类申报须以红笔注明,俗称"红鲱鱼"(Red Herring)。(3)上市申请。发行人及主承销人在发行准备文件已基本定稿的基础上,须按预定期间向证券交易所申报上市申请表格和相关的文件(联交所称C1表格及21日文件),此类文件除包括初步审核文件外,还包括招股章程草案、会计师审计报告、盈利预测审核函、必要的估值报告、法律意见书、募集资金运用计划等,证券交易所在收到申请文件后的规定日期内将依法安排聆讯或听证会,以解决发行人公司存在的问题。(4)聆讯(hearing)或听证。根据许多证券交易所的上市规则,国际股票发行人及相关机构在发行准备阶段还须接受上市委员会正式或非正式的聆讯或听证会,在初步审核没有疑问的基础上,此类聆讯通常需答复或确认一系列重要问题,提供必要的支持文件或证据文件,根据要求修改发行文件或相关文件等。发行人在符合条件地通过聆讯后,通常可得到上市批准或者附条件的上市批准。(5)上市文件签署。在发行准备的最后阶段,发行人及其公司董事须依上市规则与证券交易所签署上市协议和责任承诺文件;根据该责任承诺文件,发行人及其董事通常须承诺将负担持续性信息披露责任,将负担不竞争责任,将接受上市地法律对于发行人公司的管制,将不向证券交易所主动提出摘牌,等等。

  国际股票上市审核的实质目的在于保障拟上市公司及其所发行股份符合上市地法律和上市规则的要求。根据多数国家或地区的法律,国际股票上市的基本条件主要包括以下几类:

  1. 利益冲突的排除。如果发行人公司的控股股东(及关联人士)与发行人公司正在从事或将要从事的营业可能存在同业竞争、重大关联交易或其他重大利益冲突的,将依上市地法律被认为不适宜上市;如果所涉及的利益冲突不具有严重性(例如仅为一般性关联交易),则可以通过长期合同文件和责任承诺文件加以解决。

  2. 预期市值符合标准。不同国家的法律通常对上市公司发行后的市值设有不同的具体标准,依其内容又可分为上市市值、公司在世界范围内的市值和公

[①] 依不同国家或地区的法律,发行注册申请表同时具有发行排期申请的法律意义。例如在美国,自F-1表格被核准之日起,发行人应在6个月内发行股票;在我国香港地区,自A-1表格被核准之日起,发行人应在40天内发行股票。

司有形资产净值等多种可选择性标准。在通常情况下,各国证券法对于本国上市公司规定的预期市值标准较低,而对于"外国公司"规定的预期市值标准则较高。

3. 符合公众持股要求。多数国家的证券法对于上市公司的公众持股(指控股股东及其关联人士以外的股东持股)比例和持股之分散度设有具体的要求。例如伦敦证券交易所要求上市公司的公众持股比例不应低于公司股份总额的25%;纽约交易所的上市规则要求一般上市公司的最低公众持股不应低于110万股,持有100股以上上市股份的股东不应少于2000人,对于"非美国公司"的此类条件则更为严格;我国证券法律法规中对于公众持股不得低于公司股份总额25%的规定亦属此类。

4. 持续的营业记录。许多国家的证券法规对于新发行人公司申请其股票上市设有连续三年营业记录的要求,某些国家的法律还要求发行人公司须有连续三年盈利的营业记录且须达到一定的利润总量,并且要求该营业记录是在同一管理层经营下形成的,同时还要求反映该营业记录的公司财务报表符合国际会计准则并且经过符合条件的审计,其报表截止日距招股章程公布不应长于6个月。从实践来看,国际股票融资实际上对于发行人的经营业绩和预测盈利有着较之上述规则更高的要求,此类标准与其说是法律的要求,不如说是股票发行商业条件的要求。

5. 股份可以自由转让。股票国际发行与上市所涉及的最主要法律冲突是公司法和证券法上的冲突,多数国家的股票上市规则要求发行人公司章程和所在国法律对于股东权利和股票自由转让提供可靠的保障,如果发行人所在国法律或者发行人公司章程对于股东权利不能提供此类基本保障,或者其中含有限制股份转让的内容,将会被证券交易所认为其股票不适宜上市。我国的股份有限公司在境外新市场进行股票发行与上市前往往须根据上市所在国法律对发行人公司章程进行较为复杂的修改。

6. 发行人承诺负担上市后的持续性责任。许多国家的证券交易所为了指引法律冲突的解决,往往要求发行人公司及其董事签署旨在承担上市后持续性责任的协议文件,并以此作为股票上市的条件。发行人及其董事通常须承诺的责任主要包括股票上市后的持续性信息披露责任、董事权益公开责任、关联交易公开责任、法定年报披露责任、避免利益冲突责任、适用上市地法律和上市规则事项等。

应当说明的是,我国有关法律法规和政策对于中国股份有限公司的境外募股与上市不仅设有审批程序规则,而且也设有条件规则。从形式上看,此类规则往往更注重发行人公司的财务状况,但却忽视了法律条件;此类财务条件规则往往严于股票上市地法律的要求,但却疏于对财务审计的具体控制。从我国目前的实践来看,影响国际股票融资的实质问题是我国公司法制的不完善以及法制手段的弱化。

四、国际股票承销与超额配售选择权

在现代证券法制实践中,狭义的股票发行是指发行人(通过承销人)以招股说明书向投资者发出售股要约;投资者(通过承销人)向发行人传送认购承诺[①];发行人或承销人依据一定的规则确定有效认股;以及发行人与认股人之间交付股款和交割股份的全过程。股票发行与承销的过程始自招股说明书的签署与披露,它意味着发行准备过程的终结。根据国际股票发行实践,自招股说明书及其附属文件基本定稿至上市地证券交易所或监管部门批准该招股说明书披露之间,通常存在某种"冷却期"(cooling-off period);在此期间,股票发行的国际协调人或主承销人须将承销方式与份额分配、路演准备、市场调查、承销文件的准备进行完毕。质言之,在股票发售的"冷却期",有关股票发行的招募文件和基本法律文件应当处于确定和可签署状态,而此期间仍留有不确定因素而又必须解决的事项主要为发行定价、有效认购之确定和超额配售选择权问题。

(一)发行定价与路演

股票发行价格是发行人公司将股票要约出售于特定或非特定投资者时所采用的价格,它是股票承销协议和股票承销条件中最基本和最重要的内容。概括地说,股票发行价格的确定关系到发行人与承销人的基本利益和股票上市后的表现:发行价格过低,将难以最大限度地满足发行人的资金需求,损害其原有股东的利益,增加发行成本;而发行价格过高,又将增大承销人的发行责任和风险,抑制投资人的投资欲望,影响股票上市后的流动性。为合理解决股票发行定价问题,国际股票融资通常综合使用市盈率定价技术、路演预定价方法和以市场调查为基础的协议方式来确定股票发行价格,其过程较之债券发行定价要远为复杂。

从理论上说,决定股票发行价格的因素主要包括发行人的利润及其增长率、证券市场状况、发行人所处行业、发行数量或流通市值、地区或国家因素等。市盈率定价法是指以发行人预测的发行后每股年税后利润为基础,根据综合因素确定发行市盈率,并以每股年税后利润与发行市盈率之乘积来确定发行价格的方法。预测和确定发行人公司的每股年税后利润通常采用两种方法,一为全面摊薄法,即以经过国际会计师审核的当年预测全部税后利润(包括原有营业预测、新增营业预测和金融增值)除以股票发行后的总股份,直接得出每股年税后

---

① 在证券法理论中,也有不少学者认为发行人披露招股说明书的行为仅构成要约邀请,投资者向发行人作出的认购表示为募股要约,而发行人确定有效认股并交割股份的行为则构成承诺。

利润;另一为加权平均法,即根据国际会计师审核的未来盈利预测计算出新股发行后的每股月税后利润,再以之乘以 12 个月,以此得出每股年税后利润。根据国际股票融资实践,因股票发行时间不同,资金实际到位的先后对发行人的经营业绩影响较大,而每股年税后利润的计算方法又与新股东如何享受当年的税后利润有关[①],故确定每股年税后利润应根据不同情况和市场接受程度选择不同的方法。市盈率又称"本益比"(P/E),它是指股票市场价格与每股年税后利润的比率,表明了股票投资人收回其投资的年限。发行市盈率的确定通常须考虑发行人经营业绩的成长性、证券市场状况、发行人所处行业和其他一系列因素,在股票发行准备阶段,发行市盈率的约定通常仅为一近似值。由上可见,通过市盈率法确定股票发行价格时,首先应根据国际会计师审核后的盈利预测计算出发行人的每股净利润;其次可根据市场因素、行业因素和公司因素确定发行市盈率;最后依发行市盈率与每股净利润之乘积决定发行价。除市盈率定价方法之外,对于房地产公司和以现金流量为卖点的公司来说,通常还采取净现值贴现技术和现金流量贴现技术来确定股票发行价,以合理反映发行股票的公平市值。

在国际股票发行中,发行人与主承销人对于发行市盈率的确定往往意见相左。为了合理地解决这一问题,在采取公开募股加国际配售发行方式的条件下,国际协调人通常在正式发行前安排在国际配售地进行私募推介,行业中称之为"路演"(Road Show)。路演通常由国际协调人和发行人在各国际配售地以推介会的方式巡回进行;依国际配售地法律的要求,路演的对象通常为机构投资人,国际协调人(主承销人)和发行人可以向该等机构投资人传送信息备忘录或信息备忘录草案,还可以依法使用声像推介资料;路演结束前,承销人通常向潜在的认股人发送认股预定单,征询在不同定价区间其认购的股份数额,在认股人将预定单按期填写传回后,拟发行股份在不同定价区间的认购数额即已明确,在市场"热销"或超额认购的情况下,承销人的风险事实上已基本消除,由此为合理确定股票发行价提供了可靠的根据。由上可见,各国证券法中对于股票私募配售的灵活规定和宽松规则为路演提供了法律基础,并且为降低股票国际发行的风险与合理定价提供了良好的法律环境。

除上述基本方法外,国际协调人、主承销人甚至副主承销人在最终确定股票发行价格前通常还须通过其专业调研人员对市场状况和拟发行股份的市场接受程度进行专业性调查和研究预测,并撰写出专门的市场调研报告,此项专业性调研结论通常被主承销人用作与发行人进行承销协议或发行价格最后谈判的依

[①] 在理论上,新股认购人仅对募股资金到位后的公司税后利润享有权利;但依据加权平均法,新股东也实际享有当年的税后利润,即所谓"含权"。

据。尽管在安排全球路演的条件下,市场认股状况已经明朗化,市场风险已经基本消除,但专业性国际调研员的市场调研往往仍是不可少的,其调研结论不仅对于修正股票发行价格具有意义,而且对于保障股票上市后的市场表现有着重要意义,国际金融中介人市场调研结论的准确性往往反映着其金融技术的水准。

(二) 有效认股之确定

无论是在股票公开发行中,还是在股票国际私募中,抑或是在公开发售加国际配售的情况下,承销人都必须在发行前确定股票发行认购方式,以解决可能出现的股票超额认购或股票认购不足之矛盾。在股票认购不足的情况下,承销人将依照承销协议面临余额包销的风险,这显然是承销人所要尽力避免的局面。但在股票超额认购的情况下(这显然是承销人通常追求的效果),承销人和发行人则必须依一定的规则解决有效认股之确定的问题;也就是说,在发行人向投资者发出招股要约后,投资者通过何种方式作出认股承诺或申请?承销人或承销人以何种方式确定和分派有效认股?对这些问题的不同解决将形成不同的股票发行方式。

在目前的国际股票融资实践中,通常采取无限量申购和按比例配售的方式确定有效认股。依照此种股票发行方式,承销人在股票招募期间向潜在投资人发送股票认购申请表(作为招股说明书的主要附录文件),申请表上通常要求填写认股数额、应缴股款、申购人名称住所、缴款支票、最低认购限额等事项;投资人在填写和签署股票认购申请表后,应在规定期限内将其交付承销人,并依此负有承诺购股责任和缴款的信用责任,此认购过程直至承销终结日时停止;从法律上说,股票认购人依其认股申请有责任向承销人指定的收款银行全额缴纳认股款,但在通常情况下,收款中介银行往往愿意向认股人提供一定比例的有担保信用贷款;在承销终结日后起算的法定期间内,承销人应当根据公开、公平与公正的原则和拟发行股票额与认股总额的比例(认购率)确定每一认股人的有效认股数额,即所谓按比例配售;在超额认购的情况下,每一认股人将根据超额认购倍数下的配售率得到其所认购总额中相应比例的有效认购股数;最后,发行人及承销人将根据配售规则向所有认股人依有效认股数额派发股份,并制作股东名册送登记注册部门备案。应当说明的是,根据招股文件和股票认购申请表的约定,认股人仅应对有效认股部分负担最终的缴纳股款责任,但在发行人已授权主承销人可以行使超额配售选择权的条件下,接受超额配售认购的认股人(通常为私募认股人或机构投资人)还须根据其认购的超额配售股份预先缴纳该部分认股款;在主承销人根据市场状况不行使超额配售选择权的情况下,该部分认股款将返还认股人,而在主承销人行使超额配售选择权的情况下,该部分认股款将依超额配售的实际状况转付于发行人,并由其交割股份。

总的来说,国际股票发行承销与我国的 A 种股票发行承销具有一定的区别。首先,基于国际证券市场较为稳定的供求关系和发行地区的广泛性,国际股票的发行方式通常较为灵活和简单,其热销程度和矛盾不同于国内证券市场。其次,国际股票发行最终确定其具体数额受到一系列特殊规则和惯例的限制,通常须在股票上市后的一定期间后才能最终确定,因而各国公司注册机构依据法律亦容许发行人在股票发行和上市后的规定期间内将其实募股份报请备案。最后,根据多数国家的公司法、证券法或其他相关法律,股票投资人可以将其股票名义权利登记在证券经纪人、金融中介或其他受托人名下(俗称为"街名"),而其权利则受到公司法、信托法和特别法规的保护;我国目前有关境外募股和上市的特别法对此问题也作了不同于《公司法》的豁免性规定。①

(三) 超额配售选择权

超额配售选择权又称为"绿鞋特许权"(Green Shoe Privilege),它是由股票发行人以合法授权文件授予主承销人在新发行股票上市后的规定期间内,可以根据二级市场的状况,以同次发行条件向私募认股人再额外配售一定比例股票的权利。超额配售选择权既是国际证券市场中的融资惯例,又为许多国家的证券法规则所确认,这一制度对于解决股票发行中的热销矛盾,对于稳定股票上市后的市场价格都具有重要的意义。我国《关于股份有限公司境外募集股份及上市的特别规定》和《关于股份有限公司境内上市外资股规定的实施细则》均对超额配售选择权作了原则性规定。②

---

① 例如,我国《公司法》第 133 条规定:公司发行新股,股东大会应当对下列事项作出决议:(1) 新股种类及数额;(2) 新股发行价格;(3) 新股发行的起止日期;(4) 向原有股东发行新股的种类及数额。《国务院关于股份有限公司境外募集股份及上市的特别规定》第 17 条规定:依据本规定第 4 条所指的谅解、协议,公司可以将境外上市外资股股东名册正本存放在境外,委托境外代理机构管理;公司应当将境外代理机构制作的境外上市外资股股东名册的副本备置于公司的住所。受委托的境外代理机构应当随时保证境外上市外资股股东名册正本、副本的一致性。国务院《关于股份有限公司境内上市外资股的规定》第 12 条规定:公司增加资本,申请发行境内上市外资股的,应当向中国证监会报送下列文件:(1) 申请报告;(2) 股东大会同意公开发行境内上市外资股的决议;(3) 国务院授权的部门或者省、自治区、直辖市人民政府同意增资发行新股的文件;(4) 省、自治区、直辖市人民政府或者国务院有关企业主管部门的推荐文件;(5) 公司登记机关颁发的公司营业执照;(6) 公司章程;(7) 招股说明书;(8) 资金运用的可行性报告;所筹资金用于固定资产投资项目需要立项审批的,还应当提供有关部门同意固定资产投资立项的批准文件;(9) 经注册会计师及其所在事务所审计的公司最近 3 年的财务报告和有 2 名以上注册会计师及其所在事务所签名、盖章的审计报告;(10) 经 2 名以上律师及其所在事务所就有关事项签字、盖章的法律意见书;(11) 股票发行承销方案和承销协议;(12) 中国证监会要求提供的其他文件。

② 国务院《关于股份有限公司境外募集股份及上市的特别规定》第 11 条规定:公司在发行计划确定的股份总数内发行境外上市外资股,经国务院证券委员会批准,可以与包销商在包销协议中约定,在包销数额之外预留不超过该次拟募集境外上市外资股数额 15% 的股份。预留股份的发行,视为该次发行的一部分。国务院《关于股份有限公司境内上市外资股规定的实施细则》第 15 条规定:公司在发行计划确定的股份总数内发行境内上市外资股,经国务院证券委批准,可以与包销商在包销协议中约定,在包销数额之外预留不超过该次拟募集境内上市外资股数额 15% 的股份。预留股份的发行视为该次发行的一部分。

根据我国有关的法律法规要求和国际股票融资惯例,超额配售选择权的设立和行使须遵循以下基本规则:(1)发行人公司确定超额配售选择权和授权主承销人行使超额配售选择权须事先取得股东大会特别决议的批准或授权,行使超额配售选择权本质上是公司增发股份的行为,故其授权程序应等同于股东大会批准新发行股份的程序。(2)根据有关国家的法制要求,发行人公司须通过股票承销协议授权主承销人和国际协调人可根据证券市场状况自行决定是否行使超额配售选择权、超额配售选择权的最高限额、主承销人与国际协调人的分配比例等事项。(3)根据相关国家的法律要求,授予超额配售选择权和行使超额配售选择权还须向发行人所在国政府主管部门和股票上市地监管部门办理要求的审批手续或注册备案手续,取得一切应有的批准、许可或同意。在我国,此类审批目前由中国证监会统一行使。(4)根据不同国家的证券法要求,超额配售选择权的数额不应超过法律规定的比例;我国目前有关的法律法规规定,中国的股份公司在发行境外上市外资股或境内上市外资股时,经证券监管部门批准后可以在股票包销协议中约定预留的超额配售选择权,其预留部分不得超过该次拟募售外资股数额的15%。(5)根据不同国家的证券法要求,主承销人和国际协调人行使超额配售选择权还受到法定期间的限制,这通常是自股票上市之日起的30日内。我国现行法对此尚无规定,实践中通常依据国际融资惯例。

超额配售选择权的最主要作用在于稳定股票上市后的二级市场价格。根据路演预定单和认股人申请表的安排,主承销人和国际协调人实际上已经将未来拟行使的超额配售选择权预分配于全体承诺认购的机构投资人,并且其认购超额配售股份的股款在承销期限终结后仍被锁定于收款银行;如果新发行股份在上市后跌破一级市场发行价,主承销人和国际协调人将根据超额配股认购人的支持在二级市场进行买盘,以此避免二级市场的过度下跌,所购股份将在有效期内再配售于原认股人。

五、股票国际上市与第二上市

在各国的证券市场中,已经得到上市安排的股票发行与未得到上市安排的股票发行具有性质的差别,并且市场对两类股票所认可的发行价格也有极大的差异。如果某发行人在招股章程中说明其拟发股份"已经"[1]得到上市安排或者"将要"得到上市安排,而事实上其发行股份在承销完成后的规定期间(通常为两周内)仍并未得到证券交易所的上市许可承诺,那么该发行人所进行的股票发行将因误导(misleading)或虚假陈述被依法认定为无效,发行人有责任将全部股

---

[1] 依英国和中国香港地区的法律,招股章程中说明拟发行股份"已经"得到上市安排也包括招股章程披露日之后的3日之内得到证券交易所上市承诺的情况。

款退还认股人，并应赔偿其利息损失。

基于上述法律限制，多数以上市为直接目的的国际股票发行通常仅在得到证券交易所的上市许可或承诺后，方开始正式的股票发行行为（指招股说明书披露）；并且在"冷却期"内往往避免对招股文件和发行人事实情况进行任何重大变更，以防止产生证券交易所因重大事实变动而中止或拖延上市许可的可能。相反，发行人在得到上市许可的前提下，按照通常的程序在全球范围内发行股票后，承诺上市的证券交易所在规定期间（通常为三周）内将会尽快安排所发行股票上市挂牌交易。各国证券法规和证券交易所规则尽量缩短股票发行与股票上市期间的做法并不是偶然的，它反映了如下原理：发行人及其承销人在招股说明书中已经明确地向公众和投资人说明了股票上市的日期和证券交易所的承诺，而这一日期和承诺是不能随便更改的，并且这一信用期间不应当拖得太长。违反了这一原理，将很难避免因该期间过长而可能产生的不可预见情势，将很难避免招股说明书对投资公众的欺骗或误导，这必然会严重影响投资公众对证券市场的信心。

股票第二上市，是指已经在某一证券交易所上市其股份的上市公司，继续将其同种股份在另一证券交易所挂牌交易的情况。国际股票的第二上市通常是在不同国家或者代表不同资本市场的两处证券交易所上市，其目的在于扩大原有的市场投资群体，改善原有股份的流动性，更广泛地利用国际融资渠道，扩大公司的知名度，等等。近年来，我国的境外上市公司为了提高其境外上市外资股的市场流动性，拓展境外融资渠道，已开始谋求国际第二上市。股票第二上市依其具体内容可以作多种分类。首先，根据第二上市实施中是否含有再筹资内容，可将其分为筹资的第二上市和不筹资的第二上市。所谓筹资的第二上市，是指上市公司对第二市场的投资人发行新股或代表原有股东将存量股份转售发行，并于发行后在第二市场挂牌上市；而不筹资的第二上市，则是指上市公司不做售股安排而单纯将其部分股份在第二市场挂牌，将一部分原有股东引入新的交易场所，使之与潜在投资人构成二级市场交易，它又称为"引进的第二上市"或"介绍第二上市"。其次，根据第二上市后两个市场的股份是否相互流通，可将其分为独立流通的第二上市和相互流通的第二上市。在独立流通的第二上市条件下，第一市场的流通结算与第二市场的流通结算相互独立，上市公司的投资人仅仅是两个市场的简单相加；相互流通的第二上市较为复杂，在此种上市条件下，上市公司的股份可以在两个市场间相互流通，或者是在一定比例控制下适度流通，以取得两地上市的最大效用。我国现有境外上市公司所采用的主要为不筹资和相互流通的第二上市，其基本结构如图3-4。

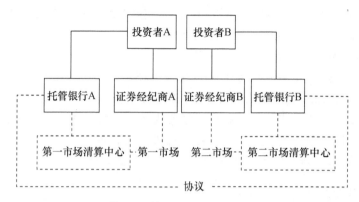

图 3-4 第二上市的基本结构

图 3-4 显示了第一市场投资者 A 通过一系列金融中介人向第二市场委托购买股份的程序。其过程为：投资者 A 委托经纪商 A 买入某公司股票；经纪商 A 在第一市场未寻求到合适的卖方时，委托经纪商 B 在第二市场寻求卖方；经纪商 B 在第二市场买到 B 的售出股份；投资者 B 通过经纪商 B 与第二市场清算中心清算；第二市场清算中心将投资者 B 的空仓记录传达至托管银行 B；双方托管银行连通交易记录后，托管银行将投资者 A 的持仓记录通知第一市场清算中心；向投资者 A 传达成交记录。

实施股票第二上市（包括不筹资类型）的程序与股票上市发行程序类似。尽管许多国家的证券市场为上市公司的第二上市提供了程序上和收费上的便利，这在英联邦国家及美国较为典型，但愿意作为第二市场的证券交易所通常仅为类似证券商报价系统一类的非主流市场。按照国际股票融资惯例，上市公司在实施第二上市前也须在国际性金融中介人、法律顾问、会计师等机构的协助下制定合理的第二上市计划，也须向第二上市地的证券监管部门和证券交易所报送申请文件和相关的公司文件，也须向发行人所在国主管部门办理审批手续，同时还须根据第一市场和第二市场的证券交易清算规则要求构建法律工具。其中，实现相互流通的第二上市之核心是在两地证券市场交易清算规则的基础上，建立以信托关系和合同关系为纽带的法律框架，此种法律框架中的主要金融中介机构包括以下一些：

1. 交易清算登记机构。任何证券交易市场均存在有统一的证券交易清算登记系统，它是记名证券流转不可缺少的环节。但是，为了实现跨市场证券流通，就必须解决两个市场清算与登记的协调问题和流转控制问题，它决定着跨市场流通的基本环境。这通常要求在不改变双方市场交易规则的前提下，签署一系列法律文件与合同文件。

2. 国际托管银行。该银行负责与两个市场的清算登记机构联络，保存公司的股东名录。国际托管银行的作用一方面是建立起联络双方市场交易的高效率的信息体系;另一方面是在不改变双方市场清算登记规则的条件下,通过补充与附加,形成跨市场交易的清算登记体系。

3. 证券经纪商。它们实际上是各在两个证券交易市场设有交易席位的普通证券商,其作用在于分别代理两个市场的投资人买卖证券。

4. 第二上市的推荐人。该推荐人通常为第二市场所认可的证券经纪商,此类证券经纪商根据法律安排有义务在公司第二上市的首日竞价报出指导性价格,并于必要时履行其做市商义务,推动第二上市地的交易。

本章参考文献:

1. 董安生:《英国商法》,法律出版社1991年版。

2. 董安生:《国际货币金融法》,中国人民大学出版社1999年版。

3. 〔美〕查里斯·吉斯特:《金融体系中的投资银行》,郭浩译,经济科学出版社1998年版。

4. 〔美〕詹姆斯·B.阿克波尔著:《如何在美国上市》,郑晓舟译,中国财政经济出版社1999年版。

5. 〔美〕詹姆斯·B.阿克波尔、罗恩·舒尔茨著:《公开上市》,吴珊、庄园等译,中国人民大学出版社2001年版。

6. 香港联合交易所:《香港联合交易所有限公司证券上市规则》(第一册),香港联合交易所2003年版。

7. 香港联合交易所:《香港联合交易所有限公司证券上市规则》(第二册),香港联合交易所2003年版。

8. 赵秀文:《国际经济法(第二版)》,中国人民大学出版社2006年版。

9. 黄山、张中正、韩捷:《中小企业境外及香港上市融资实务》,机械工业出版社2006年版。

10. 白玉琴:《中美证券发行审核制度的比较及启示》,载《河南大学学报(社会科学版)》2008年第4期。

11. 人本投资集团企业融资团队:《企业境外及香港上市全程指引》,化学工业出版社2009年版。

12. 曹凤岐、牟灵芝:《全流通时期IPO的市场定价及新股发行制度研究》,载《资本市场》2011年第7期。

13. 钱康宁、蒋健荣:《股票发行制度的国际比较及对我国的借鉴》,载《上海金融》2012年第2期。

14. 〔法〕菲利浦·裴达希著,黄春元、刘欣译:《IPO全球指南》,中国财政经济出版社2012年版。

15. 董安生:《多层次资本市场法律问题研究》,北京大学出版社2013年版。

16. Raj Panasar, Philip Boeckman, *European Securities Law*, Oxford University

Press,2010.

17. Marcus Best, Jeam-Luc Soulier, *International Securities Law Handbook* (Third edition), Kluwer Law International, 2010.

18. James D. Cox, Robert W. Hillman, Donald C. Langevoort, *Regulation:Cases and Materials*, Aspen Publishers, Inc. 2003.

第四章 证券交易制度

第一节 证券交易原理

一、证券交易的概念

依照我国的法律,证券交易是指当事人在法定证券交易场所,按照规定的交易规则,对依法发行的证券类产品进行买卖或权利交割的行为。这一概括,强调了我国的证券交易行为应当包含的以下要素:

1. 证券交易应当在法定的证券交易场所进行。所谓法定的证券交易场所既包括沪深两市的主板市场,也包括中小板市场、创业板市场、三板市场、银行间债券市场、金融期货交易所市场等。我国《证券法》第39条规定:"依法公开发行的股票、公司债券及其他证券,应当在依法设立的证券交易所上市交易或者在国务院批准的其他证券交易场所转让。"

2. 证券交易应当按照证券交易所的交易规则进行。证券交易涉及较为复杂的证券登记托管规则、经纪人规则、报价竞价规则、清算交割规则、担保规则等;按照多数国家的基本法规定,交易所的交易规则或交易惯例是有效法律的一部分,我国法律对于法的渊源问题仍有待完善。

3. 证券交易的标的应当是依法发行的证券。按照我国《证券法》第37条的规定:"证券交易当事人依法买卖的证券,必须是依法发行并交付的证券。非依法发行的证券,不得买卖。"这一规定显然沿袭了我国原有证券法制中的维护现货交易和单纯买卖的传统。

4. 在现代资本市场上,证券交易不应当仅限于单纯买卖交易。在我国现有条件下,证券交易至少还应当包括融券借贷、回购;在多数国家中,至少还应包括赊买、选择权交易等;就是在传统的金融条件下,诸如证券的赠与、继承、划拨也是证券交易行为中应有的内容;它反映了交易机构对民法私权应有的尊重。

从制度意义上说,证券交易较之证券发行更具有技术性和复杂性,为保障证券交易行为的有效、安全进行,各国证券法律必须建立起科学合理的证券登记托管制度(学理上称之为证券持有模式机制)、证券经纪人报价撮合制度、适用于各类证券衍生品的标准合约与保证金规则、证券交易清算交割与担保制度,等等。由此可见,证券交易制度涉及相当一部分内生性或隐形性规则,离开了这些制度,证券交易就不可能健康、顺利、安全地进行。可以说,证券法制首先是证券交易法制,只是由于证券交易制度的内生性(多为后台规则),只是由于证券发行制度为保障中小投资者利益而嗣后发展,方使得证券交易制度被许多人不同程度地忽视。

二、证券市场的地位与功能

证券的本质在于其具有可流转性,在于其可以合法、便利地交易转让;而权利证券化形式仅仅是实现其可流转功能的手段。这是证券区别于债权契约,区别于合同文件,区别于不动产证书,区别于其他非证券化财产权证书的根本性特征。可以说,证券反映的是市场化的资本关系,反映的是特定的财产权利交易关系;脱离了证券交易市场,脱离了证券交易制度,就不可能存在现代意义上的证券概念。从这个意义上说,在任何社会中,要想实现权利证券化的过程,要想利用证券这一工具的资本市场化功能,以实现市场经济关系的深层次发展,就必须健全和完善证券交易制度,就必须发展和完善证券交易市场。从我国目前的情况来看,证券交易市场仍处于初级发育阶段,可交易证券被限于狭窄的范围之内,人们所说的证券往往并不具有准确的含义。实际上,在此种非市场化条件下,大量定向募集股份有限公司所发行的股权证书与有限责任公司授予股东的资产权益证明并没有本质差别,而我国证券发行市场曾经尝试发行的记名式不可转让债券在性质上与定额存单和债权契约也并没有差别。允许此种有名而无实的"证券"利用证券发行市场将会起到误导投资人的作用,将会严重影响投资公众的投资信心,将会对我国证券市场的健康发展产生负面影响。

证券市场有发行市场与交易市场之分,两者相互依存。从表面看,证券交易市场以证券发行市场为基础,但实质上,证券发行市场对证券交易市场有明显的依存性。交易市场的发展和供不应求创造着发行市场的需求;交易市场的价格水平决定着发行市场的一般价格水平和发行条件;交易市场的容量和流动性,决定着发行市场的基本规模。

从世界各国证券市场的发展来看,证券交易市场往往具有广泛的含义,它既包括集中交易的证券交易所,如纽约证券交易所、东京证券交易所、伦敦证券交易所等;也包括仅对机构投资人开放的无形交易市场,例如全美证券商自动报价系统(NASDAQ)、英国证券商交易报价系统(SEAQ)等;还包括店头市场(OTC)等场外市场。此外,欧洲近年来发展迅速的债券交易系统和某些发展中国家近年来出现的国际金融市场也极为重要。这种多层次的证券交易市场为公募证券、私募证券、无记名证券、各种类型的债券和各种类型的交易方式提供了交易条件,对于地区繁荣提供了支持。

根据 2004 年国务院发布的"国九条"[①]和 2005 年修改的《证券法》,我国将在未来的一段时间内竭力推行多重证券市场制度,改变我国过去实行的错误的单一集中竞价证券市场之政策。按照世界各国的实践经验,各国的证券交易市场可分为以下几类:其一,实行以集中竞价交易制度为主而以证券商报价制度为辅的主板证券交易所,如纽约证券交易所;其二,实行以证券商报价制度为主而以集中竞价交易制度为辅的二板证券交易所,如美国 NASDAQ 证券交易所;其三,实行以联网柜台交易和证券商报价制度为基本特征的三板市场,如美国目前交易量极大的 BBS 柜台交易市场。本书认为,这三方面的证券市场制度均应当得到发展;在交易制度上,法律不仅应当允许集中竞价的证券交易,而且应当允许采取证券商报价制度的大宗证券交易,还应当允许以协议转让制度和证券商报价制度为特征的控制权转让交易。从理论上说,证券市场的发展应当首先考虑多层次证券交易投资人的需求,应当首先考虑到多重证券市场和多种证券交易制度发展的要求,当然也应当考虑到避免市场震荡、合理保护中小股东投资利益的要求。

证券交易市场的职能和作用如何?从世界各国证券交易的实践来看,有效的证券交易市场至少应当具有以下主要职能和作用。

1. 为各种类型的证券提供便利而充分的交易条件。在任何社会中,投入证券市场的交易对象均不可能是同一标准、同一类型、同一品质的证券;那种要求证券标准同一化、证券市场同一化的做法实际上是削足适履,它并不能满足复杂多样的证券交易要求。这就要求证券法制度为不同类型、不同品质的证券创造不同的交易条件和交易场所,要求证券交易制度为扩大证券交易规模提供条件。

2. 为各种交易证券提供公开、公平、充分的价格竞争,以发现合理的交易价格,这也是证券交易所集中交易优于场外市场交易的主要特征。许多学者据此认为对于场外交易市场应加以限制。实际上,在现代信息通讯条件下,场外交易市场完全可以提供公平而充分的价格竞争,并且有助于反映证券市场与短期资金市场的实际联系。现代证券法制应当通过对交易规则的规制,使各种类型的证券交易市场符合证券交易公平竞价的要求。

3. 实施公开、公正和及时的信息披露。这实际上是现代证券法制对于证券发行与交易的一般要求。它不仅包括价格信息披露,而且包括有关证券发行人的一切可能影响证券价格的信息披露,同时也包括对各种宏观经济信息的及时反映。符合这一要求既是证券交易机构的法律责任,也是现代证券交易市场所必不可少的商业职能。

[①] 国务院《关于推进资本市场改革开放和稳定发展的若干意见》现已被《关于进一步促进资本市场健康发展的若干意见》(即新"国九条")取代。

4. 提供安全、便利、迅捷的交易与清算条件。证券交易不同于传统商品交易的主要特征在于其交易的迅捷性,这一交易特点对于现代证券法规则有着深刻的影响。在现代证券交易市场中,记名证券的无纸化交易充分体现了证券交易迅捷化的要求,同时也对交易安全与便利提出了更高的标准。应当说,充分地满足现代证券交易安全、便利、迅捷这一既有矛盾又有联系的要求,是证券交易市场和证券交易制度发展的必然趋势,任何有悖于这一要求的规则和制度均将最终被改写。

5. 迅速、便利、可靠的过户登记条件。在证券交易过程中,无记名证券(例如债券)的交易可以无需履行过户登记程序,其权利移转可以仅以交付为要件,并且清算与交付往往是同时进行;但是对于记名证券的交易而言,过户登记则是权利移转不可避免的程序。可以毫不夸张地说,现代证券市场和证券交易机构的最主要职能是迅速、便利、可靠地完成记名证券交易的过户登记程序,并且这一过户登记程序应当尽可能地满足无纸化记名证券交易的要求,满足证券两地上市流通交易的要求,满足证券买卖和抵押登记的要求,等等。抑制或者限制了其中任何一项要求,都将是交易制度、交易规则和交易市场的重大缺陷。

由上可见,衡量某一证券交易市场有效与否,更主要地要看其实现的具体职能和作用,而决定某一证券市场效率和功能的主要因素是有关的法律制度、交易制度和交易条件。

三、证券类产品的交易类型

我国现行《证券法》为适应现代证券金融交易的变化,在第 39 条[①]以下几个条款大胆地改变了我国原有证券法中的某些强制性规则,尽管它们实际上仅仅为原则性规定,尽管它们还需要复杂的具体性规则加以完善补充,但这些原则为我国未来的证券交易制度的健康发展奠定了基础,它们对于我国未来的证券交易制度之完善具有重要的作用,可以说它们是前次证券法修改中最重要的制度变革。这些变革包括:变单一市场政策为多重市场原则;变单一现货交易制度为现货与期货多品种交易原则;变单一集中竞价交易制度为多种交易制度原则。这就使得我国目前的证券类交易逐步发展为以下几类:

(一)证券现货交易

证券现货交易又称"现期交易",它是指交易双方当事人以现持证券(现货)和现有资金根据规定的交割交付方式,即时进行证券交易的方式。[②] 在现代社

[①] 我国《证券法》第 39 条规定:依法公开发行的股票、公司债券及其他证券,应当在依法设立的证券交易所上市交易或者在国务院批准的其他证券交易场所转让。

[②] 参见姚亚伟、廖士光:《股指期货与股票现货市场竞争关系研究——来自中国的经验证据》,载《证券市场导报》2011 年第 9 期。

会中,各国证券交易所通常对现货交易的证券交割和资金交付的时间、清算交割交付的规则设有详细的规定,其中的关键环节是经纪商的担保功能。我国目前对 A 股证券现货交割实行 T+1 规则,对 A 股证券现货交易资金清算实行 T+0 规则;对经纪商环节实行当日清算无负债的事实担保制度。

证券现货交易的基本特征在于:(1)证券交易基本上是即时进行,证券交割与资金交付不发生隔夜孳息;(2)交易对象属于实物交易,交易双方不能以未来将取得的证券利益和未即期的资金进行交易;(3)证券现货交易不存在严格意义上的卖空和信用交易,其风险控制与交易管理较为简单。

鉴于证券现货交易的低风险,世界各国证券交易所的证券交易通常以之作为基本的交易方式。我国的证券法制甚至长期将其作为唯一的证券交易方式;这一法制实际上排除了担保交易、期货交易、期权交易等其他交易方式,形成对证券交易产品发展的障碍。从世界各国的证券交易发展趋势来看,多种交易产品的发展是极端必要的,与之相联系的多种交易制度的发展更是必不可少的。证券交易方式正是应当经历从单一到复杂、由低级到高级的发展方式,这对于完善证券市场的功能、克服证券交易波动的缺陷有着重要的作用。

(二)证券信用交易

狭义的证券信用交易就是融资融券交易,它又称为证券担保交易。其中融资交易是指证券交易的买方以其自持证券为质押担保,通过经纪商向证券金融公司融资借贷,并以该资金购买证券的交易;而融券交易则是指证券交易方通过与经纪商的标准合同约定,向其他证券现货持有人借入现货,在约定期限到来时以现券或约定标的返还的交易方式。无论是融资交易还是融券交易都具有约定期限限制,在约定期限到来时或约定的市场波动发生时,出借方都有变价执行担保品的权利,即强制平仓权或执行其他担保品的权利。广义的证券担保交易还包括以其他借贷融资方式进行的证券交易,我国实践中的场外配资交易即属此类。在我国目前的证券持有模式下,担保交易涉及的核心在于:出借方对于融资方账户内证券是否具有强制平仓权,同时在于法律是否允许出借方与借入方共用同一证券账户。

证券担保交易的特征在于:(1)证券担保交易是信用交易,无论是何种证券担保交易都受到合同期限的约束,在合同期限到来时融资融券方不仅要偿还本金利益,而且要偿还孳息利益;(2)证券担保交易的核心约束在于,根据合同约定在合同期限到来时或市场波动发生时,融资融券出借方依照特别法授权可以对担保品强制平仓或处分(突破了民法中的禁止流质规则限制);(3)证券担保交易并不存在严格意义上的卖空或纯卖空,无论是融资交易还是融券交易都以借入方取得了合法有效的融资融券合同权利为前提,因此对该类合同的有效管理具有重要意义。

证券担保交易具有重要的市场意义,在有效管理的前提下,它可以合理地引导投资者的投资方向(如纠正我国投资者单纯追捧小盘股的趋向),可以在不发展市场基本品种的条件下迅速扩展投资规模。

(三)证券期货交易

证券期货交易实质上是期货合约保证金交易,它是指证券期货交易当事人对于上市的证券期货合约进行交易,该证券期货合约在延期交割时,该期货交易当事人将按照交割日的交易交割价格(及升贴水影响)收取或补足价差(即现金交割)。我国目前上市交易的证券期货主要为股指期货,共三个品种(沪深300指数、上证50指数、中证500指数),十二个合约(每个品种又分别有当月合约、下月合约、次季合约、隔季合约)。

证券期货交易的特征在于:(1)证券期货交易是信用交易,无论是何种证券期货交易都受到合约期限的约束,在合约交割期限到来时交易方要根据标的物交割价格和升贴水影响进行现金交割,收取现金或补足差价;(2)证券期货交易可以进行卖空或纯卖空,它本质上是对标的物或股指未来价格走势的交易,唯一约束证券期货交易方的规则因素是大户持仓报告制度;(3)证券期货交易实行保证金制度,我国目前对股指期货实行的保证金已达极限,并且基于与现货交易不同的交易规则、清算担保规则、经纪人规则等,我国目前的证券期货上市放在金融期货交易所,这与许多国家的规则不同。

我国目前证券期货的问题主要在于,已经上市的期货之股票指数编制不合理,所选择的权重股缺少对整个市场的代表性与带动性;金融股所占比重过大,单纯强调公司市值,歪曲了股票市场乃至整体经济的真实状况。分析已经表明,股指期货仅仅是一工具或形式;真正的问题在于交易标的不合理,上市的股指编制不合理。众多机构随意编制的股票指数不仅使我国市场的实际状况受到歪曲,而且极大地提高了市场波动时的政策救市成本。从根本上说,这反映了我国上市公司将列入股指权重股仅仅作为一种荣誉,没有考虑到市场发展与权重股的责任。我国金融期货交易所所面临的危机还远没有过去。

(四)证券期权交易

证券期权(options)交易又称选择权交易,它是指证券交易当事人对于期权合约所代表的证券标的之行权选择权的交易。在证券期权合约首次上市时,交易当事人仅就该合约赋予的选择权进行交易,在该证券期权合约行权期到来时,该交易当事人可以依证券期权合约购买它所代表的证券标的,也可放弃该选择权。我国目前试点上市的证券期权产品为上证50ETF产品。相对于证券期货产品来说,证券期权交易的成本更低,效率更高,它往往是对冲交易机构最有兴趣的产品,初次发售时通常会形成抢权。

证券期权交易的基本特征在于:(1)证券期权交易是选择权交易,交易当事人仅需对证券期权合约所赋予的行权选择权付费或交易;(2)证券期权合约行权期到来时,交易当事人可以选择行权,购买该期权合约所代表的证券标的并支付交割,也可放弃该期权合约所赋予的选择权或提前平仓退出;(3)证券期权交易所适应的交易方式或交易制度不是我国证券界所熟悉的集中竞价制度,而必须采取经纪商报价制度或我国《股票期权管理办法》所规定的做市商制度,其交易价格实际上会随着时间和相关因素的变动而波动。

应当说,我国目前在交易制度上还面临着变革与转型的挑战:一方面,仅适合于散户交易的集中竞价制度改变了证券交易所的交易格局(消灭了经纪人席位),打碎了原有的经纪人队伍;另一方面,急需适用证券商报价制度的新三板交易、证券期权交易、大宗交易又迟迟难以完善交易制度。

四、证券交易法律关系

证券交易会在不同主体间产生法律关系,例如会在不同的投资者之间产生间接的买卖关系,会在证券交易所后台与相关的证券经纪商会员间产生交割与结算关系等。但各国证券法学者通常仅仅关注证券经纪商(证券公司)与其签约投资者之间的法律关系。

在不同国家(地区)的法制下,学者间对于这一法律关系往往给予不同的定性。英国学者通常认为,在证券交易中,证券经纪商与其签约投资者之间的法律关系本质上为信托关系;许多台湾地区学者与祖国大陆学者认为,证券经纪商与其签约投资者之间的法律关系为行纪关系,这实际上是一折衷与回避;而多数美国学者在相关的国际私法条约中主张,这一法律关系应定性为证券合同关系,其理由是该法律关系超越了传统信托的狭窄范围。

本书认为,对于证券经纪商与其签约投资者之间法律关系的定性不能脱离开特定的法律背景。根据我国现行证券法律和证券经纪合同之条款,证券经纪商与其签约投资者之间的法律关系在集中竞价交易条件下,只能是代理关系;即证券经纪商仅以投资者的名义报单,其效果和费用完全归于投资者,证券经纪商提供交割清算单据与代替交割收付款都仅为其代理服务。而在债券回购、融资融券和其他必须采用证券商报价方式从事的衍生品交易中,相关的金融经纪商与其签约投资者之间的法律关系本质上应为信托关系;在此条件下,相关的金融经纪商根据证券法规的要求,只能以自己的名义,为投资客户的利益报单买卖,相关的交割清算风险首先由金融经纪商承担,其签约投资者仅对其负有债务。

根据我国目前实施的证券交易报单规则和证券经纪合同基本条款规定,证券经纪商在集中竞价交易条件下对其签约投资者负有以下基本义务:(1)根据投资者指令和交易规则以被代理人的名义进行证券交易报单(在书面报单、当面报单或电话报单情况下);(2)确保该证券经纪商报单终端发出的交易指令将及时输入证交所的计算机主机,由其统一撮合成交;(3)成交后,证券经纪商依交割清算规则,代理交割证券,代理收付资金,并提供出纳服务;(4)在完成证券交易的约定期限内,向签约投资者提供交易清算的交割单与凭证。

而与证券经纪商签订证券经纪合同的投资者则负有以下基本义务:(1)在开设证券资金账户(即订立证券经纪合同)时,提供与其一致的证券账户凭证和身份证件;(2)在该资金账户存入应有的交易资金(根据电脑控制,账户内无资金则不可能交易);(3)按照证券交易规则,支付交易佣金、税金和其他费用。

由上可见,证券经纪商对其签约投资者仅仅负有代理买卖、代理交割和代理清算的基本义务;而行纪关系说不仅没有理由,而且回避了在发生争议而合同没有约定时该法律关系是否准用代理法的其他规定。

五、证券交易的限制性规则

我国《公司法》和《证券法》规定了一系列证券交易的限制性规则,其中相当一部分仅为限制转让期的规定。

1. 发起人股份转让的限制。根据《公司法》第142条第1款的规定,"发起人持有的本公司股份,自公司成立之日起一年内不得转让。公司公开发行股份前已发行的股份,自公司股票在证券交易所上市交易之日起一年内不得转让"。这一规定有助于保障公司股权结构在一定期限内相对稳定;实际上,就是在该限售期经过之后,公司发起人或实际控制人的股份转让也还将受到慢走规则和权益披露规则的约束。

2. 公司董事、监事和高级管理人员任职期间股份转让的限制。我国《公司法》第142条第2款规定:"公司董事、监事、高级管理人员应当向公司申报所持有的本公司股份及其变动情况,在任职期间每年转让的股份不得超过其所持有本公司股份总数的25%;所持本公司股份自公司股票上市交易之日起一年内不得转让。上述人员离职后半年内,不得转让其所持有的本公司股份。公司章程可以对公司董事、监事和高级管理人员转让其所持有的本公司股份作出其他限制性规定。"

3. 大股东转让股份的限制。根据《证券法》第47条的规定,"上市公司董事、监事、高级管理人员,持有上市公司股份5%以上的股东,将其持有的该公司的股票在买入后6个月内卖出,或者在卖出后6个月内又买入,由此所得收益归该公司所有,公司董事会应当收回其所得收益。但是,证券公司因包销购入售后剩余股票而持有5%以上股份的,卖出该股票不受6个月时间限制。"这一规定又称为,针对"短线交易"的归入权规则。

4. 根据《证券法》第45条第1款的规定,"为股票发行出具审计报告、资产评估报告或者法律意见书等文件的专业机构和人员,在该股票承销期内和期满后6个月内,不得买卖该种股票"。

5. 根据《证券法》第45条第2款的规定,"为上市公司出具审计报告、资产评估报告或者法律意见书的专业机构和人员,自接受上市公司委托之日起至上述文件公开后的5日内,不得买卖该种股票"。这一规定为限制内幕交易之规则。

6. 根据《证券法》第43条的规定,"证券交易所、证券公司和证券登记结算机构的从业人员、证券监督管理机构的工作人员以及法律、行政法规禁止参与股票交易的其他人员,在任期内或法定期限内,不得直接或者以化名、借他人名义持有和买卖股票。任何人在成为上述人员时,其事先已持有的股票应当及时依法转让"。

第二节　证券上市规则

从理论上说,证券发行与证券上市是两个不同的过程,多数国家的法律往往对其分别加以规定,并且上市审核是其中的要点。但在我国目前情况下,因强调行政管理,多数企业追求的是首次公开发行并上市,这在监管部门审核中体现得最为明显。在IPO情况下,发行价格审批中已包含上市预期,发行监管过程极端严格,尽管发行审核和上市审核具有了一定的相关性,但实际上我国目前的上市审核过程完全形同虚设。

一、上市审核机构

根据我国《证券法》第48条[①]和第50条[②]的规定,公司申请其股票或债券上市交易,应当报相关的证券交易所核准;发行人应当向证交所提交核准文件和送审文件,证交所应当自接到发行人提交的文件之日起6个月内安排其股票上市(债券为3个月内)。

根据《上海证券交易所证券上市审核暂行规定》和《深圳证券交易所上市委员会工作细则》的规定,股票、企业债券、公司债券的上市和终止上市等事项均由

---

① 我国《证券法》第48条规定:申请证券上市交易,应当向证券交易所提出申请,由证券交易所依法审核同意,并由双方签订上市协议。证券交易所根据国务院授权的部门的决定安排政府债券上市交易。

② 我国《证券法》第50条规定:股份有限公司申请股票上市,应当符合下列条件:(1)股票经国务院证券监督管理机构核准已公开发行;(2)公司股本总额不少于人民币3000万元;(3)公开发行的股份达到公司股份总数的25%以上;公司股本总额超过人民币4亿元的,公开发行股份的比例为10%以上;(4)公司最近3年无重大违法行为,财务会计报告无虚假记载。证券交易所可以规定高于前款规定的上市条件,并报国务院证券监督管理机构批准。

上市委员会审核，并且其审核批准均以书面通知为准。但由于发行审核与上市审核长期处于重叠状态，上市审核机构实际处于空置形式状态。

未来无论是采取注册制形式，还是采取以发行审核为主的形式，都只应采取一次实质审核的制度，否则将无法解决两套机构难以协调的矛盾与冲突。从世界各国的证券法律规则来看，多数国家在发行注册上采取形式审查，而在上市审查上采取严格的实质审查；并且在两次审查之间有协调性规则（516 规则）加以调整。对于我国来说，我国证交所的上市机构目前并不具有立法权与行政许可权，这就使得上市委员会的上市审核批准变得难以解决。尽管我国的证交所多次呼吁将交易所的市场交易规则纳入民事基本法的法律渊源，但这一问题始终没有得到解决。除沪深两市的证交所外，金融交易所和三板市场机构也具有同样的困难。事实上我国的证券交易所早在几年前就已经在证监会内部大规模地培养了审核专业人员，较早地培养了上市审核队伍。与世界各国相比，我国在立法法上采取的政策与各国法的做法显然是不适应的。

在上市审核问题上，审核机构还应坚持一项重要的原则：按照世界各国的市场规则，上市审核机构应当在最后阶段对于发行人的招股文件给予上市承诺，并且在招股书披露后的规定期限（一周至两周）内迅速给予上市安排。这一做法反映了如下原理：发行人和承销人在招股书中已经向公众说明的上市安排和承诺是不能随便更改的，并且这一信用期间不应拖得太长。违反这一原理，将很难避免因该期间过长而可能产生的不可预见情势，很难避免招股书对投资公众的欺骗或误导，这必然会严重影响公众对证券市场的信心。我国目前的上市审核过程相对间隔较长，许多已经批准发行的股票往往又因情势变动而改变发行价，这一问题的后果显然是严重的。

二、上市审核条件

（一）股票上市条件

根据《证券法》和有关法规的规定，我国 A 股的上市条件主要包括以下几项：

(1) 其股票经批准已经公开发行。

(2) 公开发行股票后的股本总额不少于基本限额，其中主板上市公司的股本不少于人民币 5000 万元。

(3) 对一般公司来说，向社会公众发行的股份不少于公司拟发行股份总额的 25%；公司拟发行股份总额超过 4 亿股的，向公众发行的股份不少于其拟发行股份总额的 15%。

(4) 持有 1000 股以上的个人股东不应少于 1000 人。

(5) 公司近 3 年来连续盈利，并且没有重大违法行为和财务报表虚假记载事实。

(6) 公司发行前一年末,净资产在总资产中所占的比例不低于30%,无形资产在净资产中的比例不高于20%。

(7) 公司前次公开发行股票所得资金的使用与招股书披露相符,资金使用效益良好;且本次发行距前次公开发行股票的时间不少于12个月。

(8) 证券监管机构规定的其他条件。

根据我国有关法规的规定,B股上市的条件主要为:

(1) 其股票经证券监管部门批准已经发行。

(2) 发行后的股本总额不少于证券法律法规规定的数额。

(3) 持有人民币1000元以上的个人股东(包括A股股东和B股股东)不少于1000人,个人持有的股票面值总额不少于人民币1000万元。

(4) A股股东和B股股东所持有的股份不少于公司股份总额的25%;公司总股本超过人民币4亿元的,A股和B股所占的比例不少于15%。

(5) 发起人持有的股份不少于公司股份总额的35%。

(6) 发起人对股份公司的净资产出资额不少于人民币1.5亿元;但是原有股份公司增资发行B股或者《关于股份有限公司境内上市外资股的规定》颁布之前已经发行完毕B股的外商投资股份公司不在此限。

(7) 公司最近3年财务会计报告无虚假记载,最近3年无重大违法行为。

(8) 公司最近3年连续盈利;原有企业改组或者国有企业作为主要发起人设立公司的,可以连续计算。

(9) 所筹资金用途符合国家产业政策和国家有关利用外资的规定。

(10) 依法已经取得外商投资股份有限公司的资格和能力。

(11) 证券主管部门规定的其他条件。

(二) 公司债券上市条件

根据《证券法》第57条的规定[①],公司债券的上市条件为:

(1) 公司债券的期限为1年以上;

(2) 公司债券实际发行额不少于人民币5000万元;

(3) 公司申请其债券上市时仍符合法定的公司债券发行条件。

由于现行法对于公司发债财务条件仅仅涉及公司的资产负债和过去3年的平均可分配利润,这通常很难反映发行人上市时的实际支付能力。

根据《上海证券交易所企业债券上市规则》和《深圳证券交易所企业债券上

---

① 我国《证券法》第57条规定:公司申请公司债券上市交易,应当符合下列条件:(1)公司债券的期限为1年以上;(2)公司债券实际发行额不少于人民币5000万元;(3)公司申请债券上市时仍符合法定的公司债券发行条件。

市规则》的规定,监管部门对于企业债券也制定了大体相同的上市条件规则:

(1) 经国务院授权部门批准并公开发行;

(2) 股份有限公司的净资产不低于人民币3000万元,有限责任公司的净资产不低于人民币6000万元;

(3) 累计发行在外的债券总面值不超过企业净资产额的40%;

(4) 最近3年平均可分配利润足以支付债券一年的利息;

(5) 筹集资金的投向符合国家产业政策及发行审批机关批准的资金用途;

(6) 债券的期限为1年以上;

(7) 债券的利率不得超过国务院限定的利率水平;

(8) 债券的实际发行额不少于人民币5000万元;

(9) 债券的信用等级不低于A级;

(10) 债券有担保人担保,其担保条件符合法律、法规的规定,资信为AAA级且债券发行时主管机关同意豁免担保的除外;

(11) 公司申请其债券上市时仍符合法定的债券发行条件;

(12) 证券交易所认可的其他条件。

(三) 可转换公司债券上市条件

我国《证券法》未对可转换公司债券的上市条件作特别规定,理论上应当统一适用公司债券的上市条件,但从逻辑上说,可转换公司债券仅能适用于已经上市流通的股份有限公司,否则可转换公司债券在发行披露时的转股价格将不能确定。我国沪深两市的上市规则中规定的上市条件为:

(1) 可转换公司债券的期限为1年以上;

(2) 可转换公司债券的实际发行额不少于人民币5000万元;

(3) 申请上市时仍符合法定的可转换公司债券的发行条件。

三、证券上市程序

证券上市通常要经过上市申请、上市审核、签署上市协议与上市公告书披露等几个阶段。

(一) 上市申请

根据我国《公司法》《证券法》和沪深两市《股票上市规则》的规定,股票发行人须在完成公司设立登记后,方可提出上市申请,发行人申请股票上市应提交下列材料:(1) 上市报告书(申请书);(2) 证监会核准股票首次公开发行的文件;(3) 申请上市的董事会和股东大会决议;(4) 营业执照复印件;(5) 公司章程;(6) 具有证券执业资格的会计师事务所审计的发行人近三年来的财务会计报告;(7) 首次公开发行结束后发行人全部股票已经中国证券登记结算公司及分公司托管的证明文件;(8) 首次公开发行结束后,具有证券执业资格的会计师事务所出具的验资报告;(9)董事、监事和高级管理人员持有本公司股份的情况说明及由其出具的《董事、监事、高级管理人员声明及承诺书》;(10)发行人拟聘任或者已聘任的董事会秘书的有关资料;(11)首次公开发行后至上市前按规定新增的财务资料和有关重大事项的说明(如适用);(12)首次公开发行前,股份持有人所持有的发行股份已在登记结算公司办理了自上市之日起为期一年的锁定证明;(13)控股股东和实际控制人的承诺函和上市公告中披露的承诺(控股股东和实际控制人应当承诺:自发行人股票上市之日起36个月内,不转让或者委托他人管理其已直接和间接持有的发行人股份,也不由发行人收购该部分股份;发行人在刊登招股说明书之前12个月内进行增资扩股的,新增股份的持有人应当承诺:自发行人完成增资扩股的工商变更登记手续之日起36个月内,不转让其持有的该部分新增股份);(14)最近一次的招股说明书和经证监会审核的全套申报材料;(15)按照有关规定编制的上市公告书;(16)保荐协议和保荐机构出具的保荐书;(17)律师事务所出具的法律意见书;(18)证券交易所要求的其他文件。

根据我国《证券法》第58条[1]和相关法规的规定,债券发行人申请债券上市交易时,应当向证券交易所报送规定的下列文件:(1)债券上市申请书;(2)国务院授权部门批准债券发行的文件;(3)债券申请上市的董事会决议;(4)证券交易所会员签署的上市推荐书;(5)公司章程;(6)公司营业执照;(7)债券募集办法、发行公告、发行总结与承销协议;(8)债券资信评级报告;(9)债券募集资金的验资报告;(10)上市公告书;(11)具有证券从业资格的会计师事务所出具的审计报告或者财政主管机关的有关批复;(12)担保人近三年的财务报表、资信状况证明或担保协议;(13)债券持有人名册及债券托管情况的说明;(14)律师事务所出具的债券发行与上市的法律意见书;(15)证监会或证券交易所要求的其他文件。由于我国目前的债券上市类型较多,规则较乱,通常以不同证券交易机构的具体要求为准。

(二)上市审核

如前所述,证券上市审核由证券交易所上市委员会负责。但由于我国对于证券上市审核在内容上实际处于形式状态,证券交易所负责的审核只是提交相关的已核准的文件和相关送审文件,还具体提交股东名册软盘、债券名册软盘和其他要求的事项。证交所在核准后的规定期限内将安排其证券上市。

---

[1] 我国《证券法》第58条规定:申请公司债券上市交易,应当向证券交易所报送下列文件:(1)上市报告书;(2)申请公司债券上市的董事会决议;(3)公司章程;(4)公司营业执照;(5)公司债券募集办法;(6)公司债券的实际发行数额;(7)证券交易所上市规则规定的其他文件。申请可转换为股票的公司债券上市交易,还应当报送保荐人出具的上市保荐书。

（三）上市协议签署

在各国证券市场中，上市申请人在证券上市前通常须与证交所签署上市协议，其作用在于明确上市申请人（及其董事）的持续性责任，弥补法律规定之不足，解决不同国家间的法律冲突等问题。根据我国《证券交易所管理办法》第52条的规定①，上市协议中应约定的条款包括：(1)上市费用的项目和数额；(2)证交所为公司证券发行与上市所提供的技术服务；(3)要求公司指定专人负责证券事务；(4)上市公司定期报告、临时报告的程序及回复交易所质询的规则；(5)股票停牌事宜；(6)违约处理约定；(7)仲裁条款；(8)证交所认为需要在上市协议中明确的其他内容，但此类特约条款须报证监会批准。从各国的实践来看，上市协议中实际上可增加某些法律难以统一规定的内容，例如公司控股股东不竞争承诺、不从事关联交易承诺、公司董事不从事利益冲突行为承诺、董事权益披露承诺、公司遵守上市规则和监管的承诺、甚至公司不申请摘牌的承诺等。

（四）上市公告

根据我国《证券法》第54条以下的规定②，申请人在得到证券交易所的上市同意后，应当在证券上市交易的5日前将上市告公告书摘要刊登于指定报刊，并将全部上市公告文件备置于指定场所供公众查阅。

上市公告书的披露内容至少应包括：(1)股票获准在证券交易所上市交易的日期；(2)公司章程；(3)申请股票上市的股东大会决议；(4)股票发行的数额；(5)法律意见书；(6)上市保荐书；(7)持有公司股份最多的前十名股东的名单和持股数额；(8)公司的实际控制人；(9)公司董事、监事、高级管理人员的姓名及其持有本公司股票和债券的情况。除此之外，证券交易所往往还要求在上市公告中公告股份变动报告书和其他要求文件。与股票上市相类似，债券上市公告书中也需公告上市交易日期、上市股东大会决议、公司章程、上市保荐、债券发行数额等。

上市公告书应当在指定的全国性报刊上披露，在同时有H股和A股发行的情况下还应在境外指定报刊上披露；在任意性报刊披露的情况下，非指定报刊不得早于指定报刊披露。在披露的上市交易日，证交所将按时安排挂牌上市交易。

---

① 我国《证券法》第52条规定：申请股票上市交易，应当向证券交易所报送下列文件：(1)上市报告书；(2)申请股票上市的股东大会决议；(3)公司章程；(4)公司营业执照；(5)依法经会计师事务所审计的公司最近三年的财务会计报告；(6)法律意见书和上市保荐书；(7)最近一次的招股说明书；(8)证券交易所上市规则规定的其他文件。

② 我国《证券法》第54条规定：签订上市协议的公司除公告前条规定的文件外，还应当公告下列事项：(1)股票获准在证券交易所交易的日期；(2)持有公司股份最多的前十名股东的名单和持股数额；(3)公司的实际控制人；(4)董事、监事、高级管理人员的姓名及其持有本公司股票和债券的情况。

四、停牌与复牌

根据我国《证券法》第 114 条的规定[①],因突发性事件而影响证券交易正常进行时,证券交易所可以采取技术性停牌的措施,但应当及时报告证券监管机构。

在证券交易中,如果发生了某种突发性事件,影响了证券交易的正常进行,上市公司有权申请所发行的证券暂时停止交易;证券交易所也有权自行暂停某上市证券的交易。这就是所谓停牌或技术性停牌,其停牌时间通常较短。

根据上海和深圳证券交易所《股票上市规则》第 12 章的规定,停牌的主要原因包括:

(1) 上市公司于交易日将披露公司年度报告的;

(2) 上市公司召开股东大会,会议期间为交易时间的;

(3) 上市公司于交易日将披露临时报告的;

(4) 上市公司发生的购买、出售交易行为属于证监会规定的应向交易所申请停牌的;

(5) 公共传媒中出现上市公司尚未披露的信息,可能或者已经对公司股票及其衍生品种交易产生较大影响的;

(6) 上市公司股票交易异常波动的;

(7) 上市公司财务会计报告被出具非标准无保留意见,且该意见所涉事项属于违反会计准则、制度及相关信息披露规范性规定的;

(8) 上市公司未在法定期限和规则规定的期限内公布定期报告的;

(9) 上市公司财务会计报告因存在重大会计差错或者虚假记载,证监会责令其改正但未在规定期限内改正的;

(10) 上市公司在公司运作和信息披露方面涉嫌违反法律、行政法规、部门规章及交易所业务规则的;

(11) 上市公司定期报告或者临时报告披露不够充分、完整或者可能误导投资者,上市公司拒不按照要求就有关内容进行解释或者补充披露的;

(12) 上市公司严重违反上市规则且在规定期限拒不按照要求改正的;

(13) 上市公司因某种原因使交易所失去关于公司的有效信息来源的;

(14) 收购人进行上市公司协议收购或者要约收购的;

(15) 上市公司出现异常状况,交易所对其股票交易采取特别处理的;

---

① 我国《证券法》第 114 条规定:因突发性事件而影响证券交易的正常进行时,证券交易所可以采取技术性停牌的措施;因不可抗力的突发性事件或者为维护证券交易的正常秩序,证券交易所可以决定临时停市。证券交易所采取技术性停牌或者决定临时停市,必须及时报告国务院证券监督管理机构。

(16) 其他原因。

在技术性停牌等突发性事件消除后,证券交易所有权自行决定复牌,上市公司也有权根据约定的短期停牌事项申请复牌或恢复交易,这就是复牌。技术性停牌与复牌的停顿时间均较短,其通常是自然复牌。在国外的交易所中其停牌时间通常更短,并且不允许上市公司为躲避市场波动而持续停牌。

五、暂停上市、恢复上市与终止上市

暂停上市与终止上市均是基于法律规定的重大事由,而对上市公司采取的限制其证券交易资格,或者终止其证券交易资格的措施;暂停上市通常是较长时间的停牌。

(一) 暂停上市

根据我国《证券法》第55条[①]和沪深两地《股票上市规则》的规定,上市公司有下列情形之一的,由证券交易所决定其暂停上市:

(1) 公司股本总额、股权分布等情况发生变化,不再具备上市条件,并且连续20个交易日不能恢复纠正的;

(2) 公司不按照规定公开其财务状况,或者对财务会计报告做虚假记载,可能误导投资者的;

(3) 公司有重大违法行为的;

(4) 公司最近3年连续亏损的;

(5) 公司股票交易被实行退市风险警示(即已连续3年亏损)后,最近一个会计年度审计结果表明公司继续亏损的;

(6) 公司股票交易被实行退市风险警示后,在2个月内仍未按照要求改正财务会计报告,或者因财务会计报告存在重大会计差错或虚假记载,被中国证监会责令改正但未在规定期限内改正,且股票已停牌2个月的;

(7) 公司股票交易被实行退市风险警示后,在3个月内仍未披露年度报告或者中期报告,违反法定期限内的披露义务,并且公司已停牌2个月的;

(8) 证券交易所认定的其他情形。

上市公司在被证券交易所决定暂停上市后,应及时披露股票暂停上市公告;应继续履行上市公司的有关义务,并至少在每月前5个交易日内披露一次为恢复其股票上市所采取的措施及有关工作的进展情况。

---

① 我国《证券法》第55条规定:上市公司有下列情形之一的,由证券交易所决定暂停其股票上市交易:(1)公司股本总额、股权分布等发生变化不再具备上市条件;(2)公司不按照规定公开其财务状况,或者对财务会计报告作虚假记载,可能误导投资者的;(3)公司有重大违法行为的;(4)公司最近3年连续亏损;(5)证券交易所上市规则规定的其他情形。

(二) 恢复上市

《上海证券交易所股票上市规则》与《深圳证券交易所股票上市规则》均对恢复上市作了基本相同的规定；恢复上市是以暂停上市为前提的，该暂停上市具有相当的严重性。按照上市规则，上市公司在下列情况下可以申请股票恢复上市：

(1) 在暂停上市期间，上市公司于法定期限内披露了最近一期的年度报告，且经审计的年度财务会计报告显示公司为盈利，可以在最近一期的年度报告披露后5个交易日内，以书面形式向证券交易所提出恢复其股票上市的申请。暂停上市后最近一期的年度报告中的财务会计报告被会计师事务所出具了非标准无保留审计意见的，上市公司在披露年度报告的同时，应当发布其股票可能被终止上市的风险提示公告。上市公司应当聘请代办机构担任其恢复上市的保荐机构。保荐机构应当对公司恢复上市申请材料的真实性、准确性和完整性进行核查验证，在确信公司具备恢复上市条件后出具恢复上市保荐书，并保证承担连带责任。上市公司申请其股票恢复上市的，应当聘请律师对恢复上市申请的合法性、合规性以及相关申请材料的真实性、准确性和完整性进行核查验证，就公司是否具备恢复上市条件出具法律意见书，并承担相应的法律责任。证券交易所在收到上市公司提交的恢复上市申请文件后5个交易日内，作出是否受理的决定并通知公司。公司未能按照前条要求提供申请文件的，证券交易所不受理其股票恢复上市的申请。公司应当在收到证券交易所是否受理其申请的决定后及时披露决定的有关内容，并发布可能终止上市的风险提示公告。证券交易所在受理上市公司恢复上市申请后30个交易日内，作出是否同意其股票恢复上市的决定。

(2) 在股票被暂停上市后，上市公司在2个月内披露按照有关规定改正后的财务会计报告的，可以在披露后的5个交易日内，以书面形式向证券交易所提出恢复股票上市的申请。证券交易所自收到公司申请之日起15个交易日内，作出是否同意其股票恢复上市的决定。证券交易所在作出决定之前，可以视情况要求公司提供保荐机构和会计师事务所对公司财务会计报告的改正情况等事项出具的专项说明和意见。

(3) 在股票被暂停上市后，上市公司在2个月内披露相关年度报告或者中期报告的，可以在披露后的5个交易日内，以书面形式向证券交易所提出恢复其股票上市的申请。证券交易所自收到公司申请之日起15个交易日内，作出是否同意其股票恢复上市的决定。证券交易所在作出决定之前，可以视情况要求公司提供保荐机构和会计师事务所对公司相关定期报告所涉事项出具的专项说明和意见。

证券交易所上市委员会对于上市公司恢复上市申请进行审议，作出独立的专业判断并形成审核意见。证券交易所根据上市委员会的审核意见，作出是否同意公司股票恢复上市的决定。证券交易所在作出同意其股票恢复上市的决定后2个交易日内通知上市公司,并报中国证监会备案。

（三）终止上市

根据我国《证券法》第56条①和沪深两地《股票上市规则》的规定,上市公司有下列情形之一的,由证券交易所终止其股票上市：

(1) 公司股本总额、股权分布等情况发生变化不再具备上市条件,且在证券交易所规定的15个交易日期限内仍不能恢复达到上市条件的；

(2) 公司不按照规定公开其财务状况,或者对财务会计报告作虚假记载,且拒绝纠正的；

(3) 公司最近3年连续亏损,在其后一个会计年度内未能恢复盈利的；

(4) 公司解散或者被宣告破产的；

(5) 公司在股票被暂停上市(已连续3年亏损,包括净资产、收入、利润之亏损及审计重大问题)后,未能在法定期限内披露最近一期的年度报告；证券交易所自法定披露期限结束之日起15个交易日内,作出是否终止其股票上市的决定；

(6) 公司在股票被暂停上市后,在法定期限内披露的最近一期年度报告显示公司仍亏损的；公司股票被暂停上市后,预计可能仍出现亏损,董事会应当在最近一个年度结束后的10个交易日内,发布公司股票可能被终止上市的风险提示公告,并在披露年度报告前至少再发布二次风险提示公告；上市公司出现本项情形的,应当自董事会审议通过年度报告后及时向证券交易所报告并披露年度报告,同时发布公司股票可能被终止上市的风险提示公告；证券交易所自公司披露年度报告之日起15个交易日内,作出是否终止股票上市的决定；

(7) 公司在股票被暂停上市后,在法定期限内披露了最近一期的年度报告,但未在其后5个交易日内提出恢复上市申请；证券交易所自公司披露年度报告之日起15个交易日内,作出是否终止其股票上市的决定；

(8) 在公司股票被暂停上市后,在2个月内仍未按要求改正财务会计报告,或者在2个月内披露了按要求改正的财务会计报告但未在其后的5个交易日内提出恢复上市申请；证券交易所自2个月期满或者5个交易日期满之日起15个交易日内,作出是否终止其股票上市的决定；

(9) 在公司股票被暂停上市后,在2个月内仍未披露相关的年度报告或者

---

① 我国《证券法》第56条规定：上市公司有下列情形之一的,由证券交易所决定终止其股票上市交易；(1) 公司股本总额、股权分布等发生变化不再具备上市条件,在证券交易所规定的期限内仍不能达到上市条件的；(2) 公司不按照规定公开其财务状况,或者对财务会计报告作虚假记载,且拒绝纠正的；(3) 公司最近3年连续亏损,在其后一个年度内未能恢复盈利的；(4) 公司解散或者被宣告破产的；(5) 证券交易所上市规则规定的其他情形。

中期报告,或者在 2 个月内披露相关的年度报告或者中期报告但未在其后的 5 个交易日内提出恢复上市申请的,证券交易所自 2 个月或者 5 个交易日期满之日起 15 个交易日内,作出是否终止其股票上市的决定;

(10) 恢复上市申请未被受理或者未获同意的,证券交易所自决定其不受理或不同意相关股票恢复上市申请之日起 15 个交易日内,作出终止其股票上市的决定;

(11) 证券交易所认定的其他情形。

证券交易所上市委员会对于股票终止上市事宜应进行审议,作出专业判断并形成审核意见。证券交易所在作出是否终止股票上市的决定前,可以聘请具有证券执业资格的会计师事务所对上市公司盈利的真实性情况进行调查核实,并将核查结果提交上市委员会审议。证券交易所作出是否终止公司股票上市的决定时,可以附期限要求公司提供补充材料。证券交易所在作出终止股票上市决定后的 2 个交易日内,通知该公司发布相关公告,同时报中国证监会备案。

第三节 证券现货交易规则

我国目前最基本的证券交易方式为现货交易,其交易风险极低;在证券持有方式上,我国主要采取证券直接持有模式,仅在较少的场合采取间接持有模式(如债券回购、融资融券等),这使得我国多数的证券托管制度失去了意义。在现货交易中,我国主要采用集中竞价交易(投资者指令驱动交易)制度,但是对急需采用经纪商报价制度的基本法制却基本没有建立或发展,这使得我国的三板市场交易、大宗交易等实践极端落后。

一、集中竞价交易原则

集中竞价交易[①]是指通过证券交易所的主机系统,由不同证券经纪商统一竞价买卖证券的撮合方式;在这一方式下,证券交易所的大厅乃至证券经纪商的交易通道均丧失了意义,证券经纪商完全不能进行报价,仅采取时间优先与价格优先的撮合原则。应当说,集中竞价交易方式仅适合于散户竞价交易,并且它完全不具有估值约束作用。

集中竞价交易必须遵循时间优先与价格优先的撮合原则。

(一) 时间优先原则

在证券交易过程中,对同一证券在同一时点报价时,以先行报价的一方优先成交。在目前交易所电脑主机统一撮合的情况下,每一时点均已确定化,主机系

---

① 参见方流芳:《证券交易所的法律地位》,载《政法论坛》2007 年第 2 期。

统只能接受时间顺序的排列。如果投资者或者通过证券经纪商更改申报,原申报的时间将自然撤销,系统将按照更改后的报价时间排列。

(二) 价格优先原则

价格优先是指买方出价高者优先于出价低者,卖方出价低者优先于出价高者;多数卖方中出价最低者和买方中出价最高者优先成交;依此类推,连续竞价。在英美国家的证券交易中,由于间或采用经纪商报价交易制度,其限价报单或市价报单情况极端不同。

集中竞价交易制度并不适合于固定收益产品和某些应当约束其估值的股票产品,这一交易制度完全脱离了证券经纪商的报价约束。在我国市场中绝大部分债券产品、大宗交易产品、三板市场产品、期权产品等都不可能运用集中竞价交易方式来运行。然而要想迅速地发展完善起证券经纪商报价制度也绝非易事,这需要持续地培养经纪人队伍,完善经纪人报价规则。

二、集中竞价交易程序

我国的集中竞价交易过程主要分为开户、委托、竞价成交、清算与交割等几个阶段。

(一) 开设证券交易账户

依我国现行法律法规,每个投资人欲从事证券交易,须首先向证券登记公司申请开设证券账户,凭该证券账户可以从事二级市场证券交易,也可以从事一级市场网上认购。证券账户应当采用实名制,当事人应当出示本人身份证件。由于我国的证券登记机构早已重组,证券登记环节已经极大地弱化,目前部分由证券公司代理进行证券开户,这显然是不安全的(存在双方代理问题)。

投资人必须向具体的证券公司(交易所会员)申请开设资金账户,存入交易资金,其限额由证券公司自行规定。依据上述开户合同,证券登记公司将为每一投资人提供证券托管、登记和交割服务;而证券公司将为投资人提供代理买卖、代理清算和资金出纳服务。证券公司对于投资人的资金开户设有身份确认程序规则,并有义务审查投资人的身份证件。

我国现行法目前还要求投资人将资金存入商业银行托管,并将该商业银行资金开通至证券公司开设的资金账户,以保障交易资金的安全。在理论上,法律允许同一投资人在不同的证券公司开设多个资金账户,但应开通不同的专用银行卡。

(二) 委托买卖

依照我国现行法律法规,每个投资人买卖证券均须委托具有会员资格的证券公司进行;投资人的交易指令直接通过开户的证券公司输入相关证券交易所的电脑主机系统,该终端系统将按照时点统一排序,最终将由终端系统撮合成交;成交后由各证券公司代理投资人办理清算、交割或过户手续。

依我国目前的实践,投资人委托交易的指令可以采取书面报单、当面报单、电话报单和计算机报单等多种形式。每一交易指令或报单均应包含以下内容:(1) 股东账户及密码;(2) 委托序号和时间(指委托合同号,以明确委托时间);(3) 买卖区分(0 为买,1 为卖);(4) 证券代码(通常为 4 位数);(5) 委托数量(手数);(6) 委托价格(市价或限价);(7) 委托有效期(推定为当日有效);(8) 其他内容,如委托人资金账号、身份证号码等。从目前的法规来看,证券委托买卖规则实际上受到民事代理法与合同约定的支配;此过程中极易造成纠纷,而交易所和交易会员对于委托指令的内容推定也处于不统一和不公开状态。

(三) 场内竞价

委托人的交易指令通过证券商的代理按时间序号输入交易所计算机主机后,将通过场内竞价撮合成交。交易所场内竞价的方式分为集合竞价与连续竞价两种。

集合竞价主要适用于证券上市开盘价和每日开盘价。依此竞价方式,证交所在每一营业日正式开市前的规定时间内(9:15—9:25),计算机主机撮合系统将只存贮交易指令而不撮合成交;在正式开市时,主机撮合系统将对所有输入的买卖盘价格和数量进行处理,以产生开盘价格。其撮合成交原则为:(1) 使高于开盘价的买单和低于开盘价的卖单能够全部成交;(2) 使开盘价下的买卖单成交量最大化;(3) 如不能产生上述开盘参考价时,则以前一交易日的收盘价为当日开盘价。

集合竞价结束后,证券交易所将开始当日的正式交易,交易系统将进入连续竞价,直至当日收市。连续竞价是买卖双方按价格优先、时间优先的竞价原则连续报买报卖的过程。依此原则,每一时点的报买价如高于或等于报卖价时,即按价格顺序撮合成交;在每一同等成交价格点上,如买卖报单有时间差异的,即按时间顺序使先报者成交;凡不能成交者将等待机会成交,部分成交者将使剩余部分等待成交。

(四) 清算与过户

证券交易清算是指证券买卖双方通过证券经纪商在证交所进行的证券买卖成交后,通过交易清算系统进行交易资金支付与收讫的过程。根据我国目前实行的交易清算制度,证券商在代理投资人进行了证券交易的当日,应于收市后首先与交易所办理清算业务,依差额交收规则由各证券商对买卖证券的金额差价予以清偿;然后每个证券商对其代理的每一投资人买卖证券的价款金额进行清抵。但是由于当日信用结算惯例的存在,每一投资人在其买卖证券得到成交回报的当时,其账户内的资金则已即时结算;其中,卖出证券者已得到资金,并可用该资金另报买其他证券,而买入证券者则已减去其账户内资金,不得再透支购买证券。这一规则实际上形成了资金清算上的 T+0 制度。

证券交易过户又称交割,它是指证券买卖双方通过证券经纪商在证交所进行的证券买卖成交后,再通过证券登记机构进行证券权利的移转与过户登记的过程。根据我国目前实行的登记过户制度,投资人在所买卖证券成交后的下一个营业日,证券登记公司方为其办理完毕过户手续,并应提供交割单,如该日逢法定假日,则过户日应顺延至下一工作日。这就是证券过户上的 T+1 规则。依此规则,在某一营业日买入的证券在下一营业日才能卖出。

根据现行法规,我国目前对 B 股交易采取不完全等同于 A 股的清算过户规则。其中,B 股买卖的资金清算采取 T+1 规则,B 股交易的证券过户采取 T+3 规则。

三、大宗交易制度

我国目前的基本法制中缺少关于商事交易行为特殊性的一般规定。实际上,大陆法各国关于证券交易各类制度受到其商法一般规则的约束,这就是在法定条款限制下的意思自治制度。

从世界各国的证券交易制度来看,不同交易所所共同实施的交易制度有这样三种:一是集中竞价交易制度,二是证券商报价交易制度,三是协议转让制度。这三种制度分别适用于不同的证券交易者,它们共同起到为不同类型的交易提供法律工具的作用。按照多数国家证券交易所的规定,大宗交易通常采取证券商报价制度;依照这一制度,凡交易量达到一定数额的证券交易者(我国沪深两地的证券交易所规定为 50 万股或以上),可以通过其证券经纪商的场内报单人在大宗交易市场报价买卖,而不须进入收盘时的集中竞价交易市场,其交易量应当统计在交易所当日的总成交量中。有的国家的证券交易所实际上还允许各证券经纪商自行储存和买卖其客户所报买或报卖的证券,故也有学者将这一制度径称为"做市商"制度[①]。其实,证券商报价制度是由美国 NASDAQ 市场率先采用的大手数证券交易制度,后为纽约交易所和各其他交易所采用为交易的基本制度。应当说,这一交易制度对于区分不同类型的交易者和交易类型显然具有重大的作用,它不仅区分了散户投资者和机构投资者不同类型的交易(零售与批发),使得各交易规则更趋向于合理;而且有效地避免了机构投资人在集中竞价交易市场中大买大卖,引起市场不必要的波动和对散户不必要的误导。

我国目前沪深两地的证券交易所均规定有大宗交易制度[②],并且两地的证

---

① 参见金永军、杨迁、刘斌:《做市商制度最新的演变趋势及启示》,载《证券市场导报》2010 年第 10 期。

② 参见朱玺:《沪深两市大宗交易制度演进及市场交易特征》,载《财经科学》2004 年第 2 期。

券交易所均设有大宗交易柜台。根据我国目前的证券交易规则,凡交易量达到或超过 50 万股的股票交易均可以向大宗交易柜台申请进行大宗交易,但大宗交易柜台在接到申请后将贮存其交易报单而不立即撮合,在交易所当日直接竞价交易结束时,再根据当日该股交易的平均交易价统一撮合成交;这就是说,我国目前对于大宗交易实际采取的是抽象报单,不确定具体的价格,最终的定价依赖于集合竞价。本书认为,我国目前对大宗交易采取的这一制度是十分有害的。首先,这一交易制度所采取的集中存贮大宗交易报单的做法实际上否定了证券交易人报单中的报价因素,它使得大宗交易报单仅具有形式性意义和抽象性意义,使得大宗交易报单仅具有报买数量或报卖数量的意义,而不具有具体报价的意义。其次,这一制度实际上否定了大宗交易者意思自治的权利,而将与之无关的集中竞价交易平均价格强加于当事人,否定了证券交易买卖中极端复杂的交易条件。总的来说,我国目前所采用的大宗交易制度实际上是仅有大宗交易形式而无大宗交易内容的制度;它仅仅反映了我国国资管理部门单一追求国股高成交价的意志,并且为实现这一意志不惜牺牲市场经济中最基本的合同意思自治原则。

四、场外证券市场交易

我国近年来迅速发展起了众多场外证券交易市场,其中最为典型的是全国中小企业股份转让系统有限公司,除此之外,此外许多市场采取区域性股份转让市场的方式。从理论上说,场外证券交易市场具有极大的发展潜力,国外众多的场外交易市场的交易量均远大于场内市场,其交易方式也极端灵活。

(一)场外市场的交易制度

从世界各国场外市场的发展经验来看,场外证券市场应当发展证券商报价制度,并且辅之以协议转让制度和做市商制度。为建立和完善证券商报价制度,应当在监管部门的监管下由证券商逐步协商建立起合理的报价规则与协议转让规则,这一制度建设是场外市场得以繁荣和顺利发展的关键。历史上,我国基本打碎了原有的法人股转让系统与交易制度,沪深两地的证券交易所又取消了原有的证券经纪人队伍和交易通道,这使得我国的多种交易制度迟迟未得到发展。学者们甚至将证券商报价制度泛称为做市商制度。

应当说,许多证券产品诸如债券产品、大宗交易产品、三板市场产品、期权产品等均只有通过证券商报价制度才可能顺利交易;单一的集中竞价交易不可能适用于名目繁多的各种交易产品。这些特殊的产品仅仅要求有合理的估值约束作用,而不要求脱离开正常的线性变化暴涨暴跌。可以说,我国证券公司迅速地掌握证券商报价制度,是未来其走向世界,走向国际化的必由之路。

我国目前的场外交易市场和产权交易市场名目繁多,其中对于股份转让的场外交易市场来说,应当加以规范。严格地说,仅股份有限公司的股份才可以顺利地转让,而有限责任公司的股权转让实际上受到其他股东优先购买权的限制,并且不可能持续地转让流动。不仅如此,我国现行的《公司法》允许股份有限公司发行未交足股本金的股份,如果市场机构忽视了应有的信息披露和担保承诺,将无法控制商业欺诈的泛滥。

(二) 经纪人队伍建设

证券商报价制度的核心是经纪人报价队伍的建设。在证券公司应当有与投资者分级磋商的黄马甲经纪人,而在场内应当有从事报价撮合的红马甲经纪人。[1] 从英美等国的证券交易所来看,场内外经纪人的操作同样也早已电子化。

在经纪人制度建设中,同样应当有强行法规则。我国香港地区的证券交易所即对证券经纪人的场外磋商进行了强行法规范,其中不仅有限价报单、止蚀限价、双向限价、市价报单,而且在每一报价环节均有强制性解释规则;这一做法显然最适合于东南亚地区华人的正常理解。在我国目前的场外证券市场发展中,证券经纪人制度并未发展为主导制度,相反却有不少投资公司与私募机构主导市场,不适当地抬高交易筹码的价格,监管部门应当果断地鼓励并放松已锁定的上柜公司拟售筹码,打击此类不当交易行为。

除上述制度建设之外,我国场外证券市场坚持以机构投资人为主的政策立场,坚持小额发行鼓励制度,试点协议转让制度等。这些政策方向显然是正确的。

第四节 证券衍生品交易制度

在我国《证券法》第 42 条[2]规定了证券交易双边市场原则后,我国的相关制度和市场建设有了突飞猛进的发展。我国已经相继推出了融资融券交易、股指期货交易、ETF 期权交易、国债回购交易等,我国的中央债券交易市场不仅已推出针对债券的远期合约产品、债券借贷交易产品,而且已经推出利率互换交易产品,该产品的发展趋势极为迅猛,已经成为我国固定收益产品市场的重要组成部分。应当说,我国正在进行的证券衍生品交易正处于方兴未艾的初始阶段,中国已经开始了从单边证券市场迈向双边证券市场的战略改革之路。

一、证券信用交易

在我国现有的条件下,证券信用交易是指融资融券交易,它又称为证券担保

---

[1] 参见泽川:《交易员为何穿马甲》,载《科学与文化》2011 年第 4 期。
[2] 我国《证券法》第 42 条规定:证券交易以现货和国务院规定的其他方式进行交易。

交易。这一交易能够有效地提高交易杠杆,迅速地扩大市场的交易规模。在有效管理的前提下,融资融券范围的合理划定能够正确地引导投资方向(鼓励大盘质优股投资),限制不适当地恶炒小盘股。我国目前已获授权从事融资融券的经营商仅为部分的证券公司,而多数证券公司并无权进行强制平仓。对于融资融券有效监管的关键,一是合理地划定融资融券的范围,另一是在融资担保率问题上应当采取合理灵活的市场化规则。

(一)融资交易

融资交易是指证券交易的买方以其自持证券为质押担保,通过证券经纪商向证券金融公司融资借贷,并以该资金购买证券的交易[①]。融资交易均有约定的合同期限的限制,在约定期限到来时或者约定的市场波动发生时,出借方都有变价执行担保品的权利,即强制平仓权或执行其他担保品的权利。这一特殊规则,在商事特别法领域已经改写了民法中禁止流质的一般规定,对于已经获得授权从事融资融券的证券公司来说,这一特别权利具有试点性。

在我国目前的证券持有模式下,信用交易涉及的核心问题在于:第一,出借方对于融资方账户内证券是否具有强制平仓权;第二,法律是否允许出借方与借入方共用同一证券账户。在这两个问题没有解决之前是不可能进行融资融券交易的。

证券信用交易的基本特征在于:(1)证券信用交易实际上是担保交易,无论是何种类型的证券担保交易都受到合同期限的约束,在合同期限到来时融资融券方不仅要偿还本金利益,而且要偿还孳息利益;(2)证券信用交易的核心约束在于,根据合同约定在合同期限到来时或市场波动发生时,融资融券的出借方依商特别法授权可以对担保品强制平仓或处分,并且该出借方(证券公司)对投资方融资账户内的权益采取证券间接持有模式;(3)证券担保交易并不存在严格意义上的卖空或纯卖空,无论是融资交易还是融券交易都以借入方取得了合法有效的融资融券合同权利为前提,因此对该类合同的有效管理具有重要意义。

在我国市场实践中,还实际存在着另一种广义的证券信用交易或者担保交易,这就是场外配资问题。场外配资[②]是一种民间借贷,此类配资公司通过不正当方式将强制平仓软件(诸如HOMS)接入具有融资融券授权的证券公司系统,或者配资公司通过向投资方出借证券账户,或者信托投资公司通过伞形信托使众多投资方的证券权益汇入统一账户,总之是使得配资类公司取得了进入投资方账户的权利,使其可以对他人账户内证券进行强制平仓;由于配资类公司可以不受限制地对投资方给予民间贷款,使得其杠杆率可高达10倍,在其进行强制

---

① 参见张涛:《融资交易中信用证诈骗多维度分析》,载《法制与社会》2012年第10期。
② 参见陈彬:《场外配资的违法性分析》,载《证券市场导报》2015年第9期。

平仓时将必然会造成巨大的市场震荡。从法理上说,配资类公司的问题在于:一是它侵蚀了被授权从事融资融券业务的证券公司的特别监管权与经纪权,它使得所有的民间配资机构均绕道取得了更甚于从事融资融券业务的证券公司的普遍权利;二是配资类公司实际上是将商特别法上的强制平仓做法迅速地推广到全部民事一般法领域,这实际是根本取消了禁止流质规则。应当说明的是,我国证券金融公司在融资融券业务上采取的规则过于保守,缺乏市场化立场,其担保杠杆率过低(一倍以下)。这使得从事融资融券业务的证券公司根本无法与配资公司正常竞争。

(二) 融券交易

融券交易是指证券交易方通过与经纪商的标准合同约定,向其他证券现券持有人借入现券,在约定期限到来时以现券或约定标的返还的交易方式。[①] 在融券交易规则中,证券金融公司首先应当规定合理的担保措施,以避免滥借;其次应当坚决地废止不合理的T+0交易的做法,T+0交易的做法不仅使得借券方取得了不公平竞争的优势,而且多次反复出现砸盘并在跌停处再买回的不合理现象。

由于我国的证券金融公司仅仅通过标准合同规则规范证券公司的行为,而从事融资融券业务的证券公司又发展极不平衡,在合同管理上出现的问题较多。简单地说,在融资融券业务上监管机关与证券金融公司应当首先规定有合同之外的强行法条款,应当对融资融券的范围进行合理的、分层次的划定,避免将业绩不稳定的小盘股划入融资融券的标的;对于融资融券标准合同,应当在关键条款上具有一定的弹性或政策可调整性;投资客户在被授权的证券公司只能设一个融资融券信用账户,并且采证券间接持有模式,即双方为信托关系。在合同基本内容上,至少应当包括以下条款:(1) 融资融券的额度、期限、利率、费用及其计算公式;(2) 保证金比例、维持担保比例、担保债权范围、可冲抵保证金的证券种类及折算率;(3) 追加保证金的期限与追加通知方式;(4) 客户清偿债务的方式、证券公司对担保品强制处分权;(5) 融资买入证券与融资卖出证券的权益处理;(6) 证券金融公司或者证券公司要求约定的其他事项。

二、证券期货交易

证券期货交易又称证券期货合约保证金交易,它是指证券期货交易当事人对于上市的证券期货合约进行交易,该证券期货合约在延期交割时,期货交易当事人将按照交割日的交易交割价格及升贴水因素,收取或补足价差(即现金交割)。我国目前上市交易的证券期货主要为股指期货,共有三个品种(沪深300

[①] 参见李昆鹏、董本军:《融资融券:发展我国资本市场的适时之举》,载《国际融资》2006年第6期。

指数、上证 50 指数、中证 500 指数），十二个合约（每个品种又分别有当月合约、下月合约、次季合约、隔季合约）。

证券期货交易的特征在于：(1) 证券期货交易是信用交易，无论是何种证券期货交易都受到合约期限的约束，在合约交割期限到来时交易方要根据标的物交割价格和升贴水影响进行现金交割，收取现金或补足差价；(2) 证券期货交易可以进行卖空或纯卖空，它本质上是对标的物或股指未来价格走势的交易，唯一约束证券期货交易方的规则因素是大户持仓报告制度；(3) 证券期货交易实行保证金制度，我国目前对股指期货实行的保证金已达极限，并且基于与现货交易不同的交易规则、清算担保规则、经纪人规则等，我国目前的证券期货上市放在金融期货交易所，这与许多国家的规则不同。

（一）证券期货基本交易规则

根据我国现行的《期货交易管理条例》的基本规定[①]，我国目前的证券期货的交易适用以下交易规则：

(1) 保证金交易规则。依据该规则，我国目前对于证券期货交易实行 10% 的保证金交易规则，即证券期货交易者可以以面值 10% 的保证金买卖一面值的证券期货商品；法律允许期货经纪商在该 10% 的基础上另加收保证金，按照期货市场惯例，该保证金比例不应超过 15%。可见，保证金交易规则是双重的：一方面，金融期货交易所将向所有从事证券期货交易的期货经纪人实行并收取交易额 10% 的交易保证金；另一方面，期货经纪人将向其客户收取交易额 10% 或者更高的交易保证金。

(2) 当日无负债结算规则。依据该规则，金融期货交易所应当在当日收市时，及时将结算结果通知其所有的期货交易会员并与之完成无负债结算，期货交易会员应当根据期货交易结算结果再与客户进行结算，并应当将结算结果按照与客户约定的方式及时通知客户。凡客户已经穿仓的，将按合同构成对期货交易会员的负债，期货交易会员有权要求该客户补充交易保证金，并以自有资金对交易所承担责任。

(3) 强制平仓规则。依据该规则，期货交易所交易会员的保证金不足时，应当及时追加保证金或者自行平仓。会员未在期货交易所规定的时间内追加保证金或者自行平仓的，期货交易所应当将该会员的合约强行平仓，强行平仓的有关费用和发生的损失由该会员承担。客户保证金不足时，应当及时追加保证金或者自行平仓。客户未在期货公司规定的时间内及时追加保证金或者自行平仓的，期货公司应当将该客户的合约强行平仓，强行平仓的有关费用和发生的损失由该客户承担。

---

① 参见《期货交易管理条例》第四章期货交易基本规则。

(4) 逐日盯市规则。与上述规则相联系,我国在期货交易法制实践中还采取逐日盯市规则。依此规则,期货经纪人有权要求其全部客户在其期货公司周边设有固定的办公场所、固定的办公人员、固定的联系电话;在每日结算时,只要该期货公司按照该固定的联系方式与客户进行了联系,即构成合法的通知;在合同约定的期限届满时,该期货公司有权按照合同的条款推定客户当事人的意思。

(5) 涨跌停板规则与熔断机制。涨跌停板是交易市场为防止交易产品价格暴涨暴跌而设置的一项限制交易制度。依此制度,在交易产品价格涨跌达到一定比例时(5%),集中交易将终止并不再撮合,在交易产品价格涨跌低于比例时交易将继续进行。熔断机制是交易市场为防止交易产品价格暴涨暴跌而设置的一项暂时性限制制度。依此制度,在交易产品价格涨跌达到一定比例时,集中交易将暂时停止并不再撮合,在暂停期间届满时交易将继续进行。熔断机制不适用于市场收市前的半小时内。

(6) 限额持仓与大户持仓报告规则。限额持仓是交易市场通过对金融经纪人持仓总量限制而间接对各投资人持仓量加以限制的制度,限额持仓规则通常与当事人缴存的保证金数额和风险准备金数额有着内在的联系;但在市场风险时期,交易市场可以对金融经纪人及其代表的投资人的持仓绝对量加以限制。大户持仓报告制度则是指交易市场要求机构投资人或大户对其长期持仓加以定期报告的制度,并以之作为核定投资人限额持仓的依据。在金融期货交易中,对冲交易的投资人基于其对冲需要往往正当地大额持有卖空性产品,交易市场对此不应加以限制。

(7) 风险准备金规则。风险准备金是指交易市场结算机构在金融经纪人缴存的保证金之外,要求该金融经纪人(指市场结算会员)以自有资金按规缴纳一定比例准备金的制度。风险准备金同样与不同金融经纪人所代表的交易量有关。

(二) 证券期货结算会员规则

我国目前对于期货交易实行分级结算制度。依此制度,从事证券期货交易的当事人仅为金融期货交易所的交易会员,任何当事人欲从事证券期货交易必须通过经合法批准的期货经纪人进行,客户与期货经纪人之间的关系为特定的经纪合同关系。

根据我国《期货交易管理条例》的规定[①],与金融期货交易所进行每日结算者必须为其结算会员,不具备金融期货交易所结算会员资格的期货公司必须通

---

① 我国《期货交易管理条例》第 23 条规定:在期货交易所进行期货交易的,应当是期货交易所会员。符合规定条件的境外机构,可以在期货交易所从事特定品种的期货交易。具体办法由国务院期货监督管理机构制定。

过结算会员与金融期货交易所结算;金融期货交易所的结算会员分为一般结算会员与特别结算会员两种,一般结算会员将以其自有资金并且自担风险代表其全部客户与金融期货交易所结算,而特别结算会员与金融期货交易所结算时所能代表的客户较为有限。

金融期货交易所的全部结算会员必须按规定向金融期货交易所交纳风险准备金,并且对其全部客户的交易向金融期货交易所负有结算担保责任。从理论上说,期货经纪人较之从事现货交易的证券公司根本不同,期货结算会员对于所有的投资客户负有明确的担保责任,在期货市场发生剧烈波动时,极可能发生连续性的涨跌停板,期货结算会员首先须全部负责结算担保;而从事现货经纪的证券公司则仅对投资客户当日的结算负责清结,至于投资客户后来的亏损完全由投资者自身负责。正基于此,我国的期货经纪人与从事现货交易的证券公司并不在同一交易所担任会员。总的来说,我国目前合格的期货结算会员还远远不够,而一般结算会员更是不足。

(三) 证券期货风险控制特别规则

根据我国《期货交易管理条例》的规定[①],当我国期货市场出现异常情况时,金融期货交易所可以按照其章程规定的权限和程序,决定采取下列紧急措施,并应当立即报告国务院期货监督管理机构:

(1) 提高保证金比例。依此规则,在交易市场出现异常情况时,期货交易所可以按照其章程规定的权限和程序,调整或降低交易保证金的比例。这一调整对于交易当事人来说,其影响是实质性的。

(2) 调整涨跌停板幅度。依此规则,在交易市场出现异常情况时,期货交易所可以按照其章程规定的权限和程序,调整涨跌停板幅度的比例。这一调整对于交易当事人来说,其影响是很重要的。

(3) 限制会员或者客户的最大持仓量。依此规则,在交易市场出现异常情况时,期货交易所可以按照其章程规定的权限和程序,调整不同金融经纪人及其代表的投资客户的持仓量。

(4) 暂时停止交易。依此规则,在交易市场出现异常情况时,期货交易所可以按照其章程规定的权限和程序,暂时停止市场交易。

(5) 强制减仓处置规则。依此规则,在交易市场出现异常情况时,期货交易所可以按照其章程规定的权限和程序,强制相关的当事人以协议方式进行平仓。

[①] 我国《期货交易管理条例》第 12 条规定:当期货市场出现异常情况时,期货交易所可以按照其章程规定的权限和程序,决定采取下列紧急措施,并应当立即报告国务院期货监督管理机构:(1) 提高保证金;(2) 调整涨跌停板幅度;(3) 限制会员或者客户的最大持仓量;(4) 暂时停止交易;(5) 采取其他紧急措施。前款所称异常情况,是指在交易中发生操纵期货交易价格的行为或者发生不可抗拒的突发事件以及国务院期货监督管理机构规定的其他情形。异常情况消失后,期货交易所应当及时取消紧急措施。

在目前交易市场的技术条件下,依电子公平条件确定相对应的盈亏当事人是较为容易的,这一制度实际上对于当事人的意思自治有较大的干预。

(6)采取其他紧急措施。此为一空白授权条款。

应当说,我国的特殊风险控制制度是相当严厉的。这一制度的核心在于对证券期货交易市场是否出现"异常情况"作出判断,它将触发特殊风险控制制度的适用,将根本改变证券期货的"游戏规则"。2015年以后,由于我国股指期货市场出现了大幅波动,金融期货交易所的股指期货保证金已经被迫提高到20%以上。这一危机至今尚没有消退的迹象,股指期货市场尚没有达到退出异常情况的正常状态。

(四)我国证券期货实践中的问题

我国目前证券期货的问题主要在于,已经上市的期货之股票指数编制不合理,所选择的权重股缺少对整个市场的代表性与带动性;金融股所占比重过大,单纯强调公司市值,歪曲了股票市场乃至整体经济的真实状况。从根本上说,我国许多金融类上市公司均仅谋求被纳入上市股指的权重股,仅仅将其作为一种荣誉,而没有考虑到市场发展与权重股的责任,这种大比重的金融权重股完全是没有必要的。与我国已经上市的股票指数不同,新加坡的新华富时50指数的权重股却具有较好的代表性,我国历史上已经有过数次境外机构操纵新华富时50指数与国内权重股的情况。

从理论上说,股指期货仅仅是一工具或形式;真正的问题在于现有的交易标的或上市的股指编制不合理。在合理编制上市股票指数的条件下,现有的金融期货交易规则并无需进行大幅改变。而我国众多机构随意编制的股票指数不仅使现存市场的实际状况受到歪曲,而且极大地提高了市场波动时政策救市的成本。

三、证券期权交易

证券期权(options)交易又称选择权交易,它是指证券交易当事人对于期权合约所代表的证券标的之行权选择权的交易。在证券期权合约首次上市时,交易当事人仅就该合约赋予的选择权进行交易,在该证券期权合约行权期到来时,该交易当事人可以依证券期权合约购买它所代表的证券标的,也可放弃该选择权。根据期权到期日的差别,可以将其分为欧式期权和美式期权两类。欧式期权在到期日时才被允许执行或行权,通常仅在场外交易中才被采用;而美式期权既可以在到期日时行权,也可以在到期日前执行或交易,其通常为场内交易。我国目前试点上市的证券期权产品为上证50ETF期权产品,属美式期权。

(一)证券期权交易的法律特征

证券期权交易具有重要的风险管理功能,它具有不同于证券现货交易和证券期货交易的以下法律特征：

(1) 证券期权交易不同于证券现货交易。证券现货交易在交割过户完成后，买卖双方原则上就互不再负任何义务；而证券期权交易在成交后，卖方仍单方面承担义务，买方却仅仅享有权利(选择权)。

(2) 证券期权交易不同于证券期货交易。证券期货交易的标的是期货合约所代表的一定范围证券的走势(表现为指数点数)；而证券期权交易的标的仅是权利，即当事人买进或不买进、卖出或不卖出的选择权。交易标的不同，是证券期权交易与证券期货交易最本质的区别。

(3) 当事人双方权利义务不对等。在证券期货交易中，双方当事人的权利义务是对等的，一方当事人享有要求对方履约的请求权，另一方则负有履约义务；而在证券期权交易中，当事人的权利义务并不对等，卖方单方面负有义务，而买方仅享有权利，在期权合约有效期内，买方可以随时行权，实现交割。

(4) 交易的法律后果不同。在证券期货交易中，交易当事人可以在交割日前选择转让合约(会受到市价约束)，也可选择在交割日进行交割；而在证券期权交易中，买方当事人仅仅具有选择权，它可以选择行权履约，也可以放弃履约。

(5) 风险和收益不同。在证券期货交易的交割日，交易双方当事人均无权违约，也无权要求延迟交割，在交割日前的交易转让中，当事人必受零和交易规律支配(一方亏损为另一方盈利)；而在证券期权交易中，由于当事人的权利义务不对等，买方在期权交易中可能的潜在亏损是有限的，卖方所可能取得的盈利也是有限的，这使得证券期权交易对于市场风险的控制是高效率的。

(二) 证券期权的交易类型

证券期权可分为看涨期权、看跌期权和双向期权。

看涨期权(call options)又称为延买期权，它是指期权购买方在未来期间内按约定价格买入一定数量证券期权的权利。期权合约中约定的价格称为执行价格。看涨期权交易是指在证券期权约定交易中，买方有权在期权合约有效内按约定的价格和数量买入或者不买入一定期权。投资者因看好后市，将会在期权上涨后获利。

看跌期权(put options)又称为认沽期权，它是指期权购买方在未来期间内按约定价格卖出一定数量证券期权的权利。看跌期权交易是指证券期权双方当事人约定交易中，买方有权在期权合约有效期内按约定的价格和数量卖出或者不卖出一定期权。投资者因看空后市，将在期权下跌后获利。

双向期权(double options)是指购得此类期权，即获得于未来某一期限内按约定价格买入或不买入，卖出或不卖出一定数量期权的权利；投资者的交易兼具看涨期权和看跌期权的属性，并且在合约有效期内，投资者的某一选择权被行使后，并不妨碍另一选择权的行使。在此类期权交易中，交易者同时买入看涨期权和看跌期权,目的在于避免市场后市判断不清时的套牢或踏空风险。正鉴于此,购买双向期权的套利机会最多,但其所需费用也最高。

(三)证券期权交易合约

根据我国证券市场的实践,证券期权交易是采取交易双方期权交易合约交易变动的方式来实现的。期权交易合约为标准合同,且不适用合同法关于合同当事人权利变更的规则(投资合约本质上为证券产品),其基本条款包括:

(1)证券期权交易的参加者。包括选择权的购买方、出售方和交易的经纪商,通常为账户名称,且可以随时交易变动。

(2)证券期权的执行价格。它是指期权购买方履行选择权时的结算价格。期权的执行价格是确定的,不随市场的价格波动而变动。如为买入期权,期权交易的执行价格应比当时的市价略高(升水);如为卖出期权,期权交易的执行价格应比当时的市价略低(贴水)。

(3)期权价格,又称保险费。它是指选择权买方支付给卖方的货币代价,即购买期权合约的价格。其付费标准通常为协定价格的5%至30%,该付费标准主要取决于以下因素:① 期权合约的持续时间。签约日与到期日之间相隔的时间越长,保险费就相应越高。因为期限长,变数和风险就大,买方的机会就越多。② 期权协定价格。当该协定价格越接近期权市价时,其保险费就越高,反之保险费就越低。③ 期权所代表证券的活跃程度。如在市场中某期权所代表证券价格波动较小,甚至在一段时间内都没有明显变化,这说明期权卖出方风险较小,保险费就应当较低;相反,如果某期权所代表的证券价格波动较大,那么期权卖出方的风险就会加大,保险费就会相应提高。④ 供求关系影响。如在一段时间内,要求购进期权的买方增多,则对卖出期权方收取的保险费就会增加,反之保险费就会降低。此外,某些期权交易买卖双方在期权到期日之前可以对其进行转让,此时的供求关系之影响作用将更为明显。

(4)期权所代表证券的种类和数量。期权合约为标准合同,每份合约均载明了其所代表的具体证券种类和具体数量。具体期权合约所代表的证券可以是股票、债券、ETF产品,甚至可以是指数期货。

(5)期权合约的类型。期权合约中须载明该合约为看涨期权合约、看跌期权合约或者是双向期权合约。

(6)有效日期。期权合约中须载明期权合约的到期行权日期、失效终止日期等内容。

(四)证券期权交易的经济功能

证券期权交易提供了一种有效的市场风险管理的工具,从理论上说,证券期权交易具有价格发现、风险管理、促进交易的经济功能。

首先,与证券期货交易相同,证券期权交易具有价格发现的基本功能。由于众多交易者的自由竞价,使得期权交易是建立均衡价格的一种最有效率的方式。这一均衡价格可以反映证券市场投资者预期的未来某一时期中证券的合理价值,可以帮助证券投资者作出更有效率的投资决策。

其次,证券期权交易具有风险管理与转移的重要功能。在证券期权交易条件下,买方交易者以较低成本取得了选择权,并且对期权标的已经有了明确的价格预期,整个交易过程风险可有以效控制;相对于数量巨大,风险不易控制的证券期货而言,证券期权交易显然具有优势。由于证券期货交易具有保证金杠杆优势,不少交易当事人仅仅为投机而进行赌性十足的冒险,对市场造成极大的震荡。从理论上说,我国应当谨慎编制合理的可上市股票指数,应当大力发展证券期权产品的类型,特别是小规模的期权产品。

最后,证券期权交易具有促进市场交易的功能。在证券期权交易中,具有稳定成长性的期权品种会吸引长线资金持续流入,会使得证券市场叠加增长交易量,引导市场资金运用更加有效率。

本章参考文献:

1. 中国证券监督管理委员会:《美国及相关证券交易委员会规则与规章》,法律出版社2015年版。
2. 上海证券交易所:《证券交易制度:监管约束下的创新与发展》,上海人民出版社2013年版。
3. 唐波:《金融衍生品市场监管的法律规制——以场外交易为研究重点》,北京大学出版社2013年版。
4. 欧洲期货交易所:《利率衍生产品交易策略》,杨瑞琪等译,中信出版社2004年版。
5. 张涛:《融资交易中信用证诈骗多维度分析》,载《法制与社会》2012年第10期。
6. 泽川:《交易员为何穿马甲》,载《科学与文化》2011年第4期。
7. 方流芳:《证券交易所的法律地位》,载《政法论坛》2007年第1期。
8. 李昆鹏、董本军:《融资融券:发展我国资本市场的适时之举》,载《国际融资》2006年第6期。
9. 朱玺:《沪深两市大宗交易制度演进及市场交易特征》,载《财经科学》2004年第2期。
10. 陈彬:《场外配资的违法性分析》,载《证券市场导报》2015年第9期。
11. 姚亚伟、廖士光:《股指期货与股票现货市场竞争关系研究——来自中国的经验证据》,载《证券市场导报》2011年第9期。
12. 金永军、杨迁、刘斌:《做市商制度最新的演变趋势及启示》,载《证券市场导报》2010年第10期。

第五章 证券信息披露制度

第一节 信息披露制度概述

一、信息披露的基本原理

信息披露制度又称信息公开制度,它是指在上市公司进行的证券发行与证券交易的各个环节中,由相关当事人(包括发行人公司、证券承销公司、会计师事务所、资产评估事务所、律师事务所等)依照法律将公司的全部相关的信息资料真实、准确、完整、及时地披露或公开的过程。

在资本市场中,所有的证券产品都不可能仅根据表面判断方法判明其实际品质,不同公司发行的证券可能有极大的内在差别。能够客观反映上市公司所发行证券真实品质的方法只有真实、准确、完整、及时的信息披露。由于信息披露所涉及的内容极端复杂,而众多公司又缺少应有的诚实信用,这就使得证券监管部门不得不加强对上市公司和拟上市公司信息披露的监管。按照正常法律程序,证券发行人在提供其公司信息资料后,应当由证券承销公司撰写招募文件,由会计师事务所出具审计报告和验资报告、由资产评估事务所出具资产评估报告、由律师事务所出具法律意见书,这些专业性报告必须作为招募文件的法定附件;法律甚至还要求证券承销公司、会计师事务所、资产评估事务所、律师事务所对于所出具的招募文件及其附件进行验证,并且依法提供一定范围的责任担保。

在美国1934年《证券交易法》颁布之后,整个证券法制均发生了巨大的变革,相当一部分国家的证券法亦随之改革为以信息公开披露(disclosure)为主导的法律监管格局,信息披露监管日益走向完善。学者们纷纷追捧:"阳光是最好的杀虫剂","被披露的欺诈是没有杀伤力的"。这种种变革不过是表明:在证券市场中,充分的信息披露是有效管理市场的重要工具。[①]

在现代社会的金融市场中,各种名目繁多的金融衍生品层出不穷,但各国在信息披露问题上却少有监管制度的发展。许多投资银行发行的衍生性投资工具有意在信息披露中含混其性质,在定价方式上故弄玄虚,以浩瀚的篇幅和文字削

---

① 参见李国安:《虚假陈述的监管与信息披露担保》,载《河北法学》2005年第3期。

弱信息披露的真实作用,凡此种种已经引起了许多国家的极度不满。新加坡近年来即对许多投资银行发行的场外市场投资工具规定有严苛的信息披露规则,其监管机构要求投资银行在发行售卖此类交易性工具或结构性工具时必须以简洁明确的文字或图表扼要地说明产品的真实品质,其信息披露只能限制在有限的篇幅内。实际上,对于信息披露进行有效监管的途径还有很多,从我国的市场监管经验来看,监管部门可以采取详尽的信息披露必要条款规则或准则条款规则,强制发行人进行必要合理的信息公开;在监管部门取得了应有的专业经验后,可以强制发行人在做信息披露时必须由信用评级机构、会计师事务所、律师事务所做专业性信息披露报告,由辅助性机构作出承诺与应有的责任担保。

二、信息披露的原则

根据我国《证券法》第63条①和《上市公司信息披露管理办法》第2条②规定,发行人、上市公司依法披露的信息,必须真实、准确、完整,不得有虚假记载、误导性陈述或者重大遗漏。该条款概括了信息披露应当遵循的基本原则。③

(一)真实性原则

当事人披露的信息应当真实,这是信息披露的核心要求,凡虚假陈述或误导性陈述均将导致相应的法律责任。在信息披露真实性原则下,相关当事人在形成和披露信息过程中应当进行严格完整的尽职调查,应当坚持以客观事实为基础,以客观公允的判断为依据。坚持这些要点是实现信息披露真实性原则的保障。

在我国证券市场中,上市公司的财务失真和会计造假的情况已经十分严重。2000年由国家审计署对1290家国有控股公司进行的审计表明,存在会计造假情况的公司已超过60%。④ 而2001年由上海证券交易所、《中国证券报》《上海证券报》《证券时报》举行的上市公司信息披露联合调查活动表明,在机构投资人与个人投资者群体中,认定上市公司信息披露情况"基本可信"者不足五成,这表

---

① 我国《证券法》第63条规定:发行人、上市公司依法披露的信息,必须真实、准确、完整,不得有虚假记载、误导性陈述或者重大遗漏。

② 我国《上市公司信息披露管理办法》第2条规定:信息披露义务人应当真实、准确、完整、及时地披露信息,不得有虚假记载、误导性陈述或者重大遗漏。信息披露义务人应当同时向所有投资者公开披露信息。在境内、外市场发行证券及其衍生品种并上市的公司在境外市场披露的信息,应当同时在境内市场披露。

③ 参见刘亚琴、陆蓉:《隐私权与知情权:证券交易信息披露边界研究》,载《财经研究》2010年第4期。

④ 参见《国家审计署审计长:近七成国企做假账》,http://snai.esnai.com/asp/web/htm123/news35/readpage.asp,2017年2月24日最后访问。

明我国证券投资者的信心已经跌至低谷。

在所披露的信息范围中,历来还存在着预测性信息或软信息的披露问题。预测性信息基于其不确定性和或然性,难以完全满足信息披露真实性的要求;对于此类信息,应当要求相关当事人对其加以专门标题的专门披露,甚至应当要求相关当事人在此类信息披露项下作出承诺与担保。

(二) 准确性原则

上市公司公开披露的信息应当坚持准确性的原则。相关当事人对有关信息资料的披露应当尽可能详细,应当采用精确表述方式确切表明其含义,不得采用含混用语或多义用语误导投资者。

为确保信息披露的准确性,应当具体把握和遵循以下要点:(1) 在对公开披露信息准确性的理解和解释上,应当以一般投资者的判断能力为标准。(2) 公开披露的信息应当具有易解性,这就要求相关当事人尽可能以简明的语言向投资者平实地陈述信息,尽量避免使用冗长难懂的技术性用语。(3) 信息披露文件应当使用事实描述性语言,避免采用形容修辞或其他无法验证的信息表述,不得在信息披露中包含有宣传广告或恭维、诋毁性质的用语。(4) 信息披露当事人有义务保证其所发布的正式信息与非正式信息之间具有一致性,在媒体间发生有歧义的信息时,发行人公司有责任说明与澄清,并按照证券交易所的要求作出公告。(5) 信息披露的相关当事人有责任保证在公司财务计算方式与依据上保持统一,且不得随意改动数据。

在我国的证券监管中,相当一部分监管规则并不完善,这使得市场的信息披露原则流于形式化和抽象化。其中最为重要的规则包括以下:首先是尽责调查规则,在当事人应当发现上市公司信息形成中具有瑕疵而没有发现时,该当事人显然负有过失;其次是招募文件及其附件的验证,我国目前尚无文件验证的具体规则,此种在信息形成过程中即留有的错误,怎么可能确保信息披露的正确呢?最后才是相关当事人对于虚假不实信息披露应当承担的责任,我国目前对于相关当事人的责任分担并没有明确清晰地划分。应当说,我国证券市场的信息披露规则仍有继续完善的必要。

(三) 完整性原则

完整性原则要求当事人应将所有影响投资者投资决策的实质性信息都进行充分的信息披露,在基本事项上不可以有重大遗漏。尽管我国证券监管机关发布有众多项信息披露的具体准则,尽管这些准则中已经列有众多详细的信息披露必要条款,但上市公司仍难免有避免披露敏感事项的倾向。完整性信息披露原则正是监管机关对这一法律适用应当采取的基本立场。

信息披露的完整性要求此类信息应当易于为公众投资者所获取,具有易得性。按照证券监管机关的要求,信息披露人应将相关的信息披露于指定的媒体与网站,并将招股说明书、上市公告书等文件备置于证券监管机关、证券交易所、证券公司等指定场所。由于我国的证券发行制度存在一定系统性问题,持续的热销使得招募文件披露的警示作用在日益减弱。相关机构应当对此问题加以研究解决。

在完整性信息披露原则下,上市公司仍可能存在某些不适宜进行信息披露,甚至依法不应当进行信息披露的特殊情况。根据上海和深圳证券交易所《股票上市规则》的相关规定,凡发生此类情况,相关的上市公司应当向证券交易所陈述不宜披露的理由,确有法律依据的,经证券交易所同意可以免予信息披露。

(四) 及时性原则

根据证券市场的客观要求,及时性也是证券信息披露的基本原则。这一原则要求上市公司在发生即时事件或重大事件时,应当在合理的时间内迅速且不迟延地尽快作出信息披露反应。发行人公司应当保证所披露的信息时时处于最新状态,而不应给投资公众以过时陈旧的信息。

及时性信息披露原则更偏重于上市公司的持续性信息披露义务。按照我国和多数国家法律的规定,上市公司在持续经营期间自敏感信息的产生到敏感信息的确定,再到信息正式披露,其间均有法律据以定性的重要时间点。及时的信息披露不仅对于证券市场投资公众来说是公平的,而且对于解消上市公司负担,避免上市公司内幕交易来说是必要的。

三、信息披露的类型

在证券市场中,信息披露的类型较为繁杂,许多常规性信息披露和任意性信息披露基本无法合理纳入信息披露的类型。原则上,信息披露的类型可以分成以下几种:

(一) 证券发行信息披露

我国《公司法》《证券法》和相关的行政法规规定了证券发行中应履行信息披露,它主要包括发行人公司IPO时须披露的招股说明书、发行人公司上市时须披露的上市公告书、发行人公司发行债券时须披露的债券募集说明书、发行人公司债券上市时须披露的债券评级报告文件、发行人公司配股或增发时须披露的招股说明书等。

证券发行中的信息披露与其他持续性阶段的信息披露的性质完全不同,证券发行中的信息披露与相关的证券发行行为为一项行为,违法行为人往往通过证券发行中的虚假陈述和相关的证券发行套取资金的行为侵害投资者权益;而持续性信息披露仅为一项行为,上市信息披露完成后,其行为终结。

（二）定期报告披露

我国《公司法》《证券法》《上市公司信息披露管理办法》和《公开发行证券的公司信息披露内容与格式准则》等文件规定了对于上市公司年报、上市公司中报与上市公司季报的基本要求。相关准则中详细规定了三类定期报告的各项标准条款，限制上市公司随意做任意性披露，并且对三类定期报告规定了信息披露的最后期限。

（三）临时报告披露

我国《公司法》《证券法》和相关的行政法规中规定了临时报告的信息披露规则。临时报告主要包括重大事件公告与并购信息公告。现行的《股票发行与交易管理暂行条例》与《上市公司信息披露管理办法》对于临时报告中的重大事件做了详细的列举，而相关的法规与格式准则则对上市公司并购事项做了详尽的条款要求。

临时报告所涉及的事项较为复杂，监管规则对其仅能设置原则和框架，而重大事件公告和并购信息公告内容均又极为敏感，相关当事人在做信息披露前通常要与证券监管部门进行反复磋商。在重大事件公告中，某些报告已经得到规范性文件（格式准则）的有效调整，如上市公司股份变动报告、上市公司权益变动报告书等，但多数重大事件公告文件尚无法限定其内容。

（四）其他常规性公告披露

除上述定期报告和临时报告外，上市公司通常还有众多的常规性公告文件须及时披露，其中比较常见的如上市公司股东大会决议公告、上市公司董事会决议公告、澄清事项公告等。在常规性公告中，预测性公告其实具有重要意义，目前我国深圳交易所试行的预亏公告信息披露就具有很好的引导效果。未来证券市场应当将预测性信息披露普遍化，并且应当限制对预测性信息做任意性披露处理。

四、两种性质不同的信息披露

在证券市场上，历来存在着两种性质完全不同的信息披露：一是证券发行中的信息披露，二是持续性阶段的信息披露。

证券发行中的信息披露所涉及的主体不仅包括发行人公司，还包括证券主承销商、会计师事务所、资产评估事务所、律师事务所等，其信息披露主体是复合性的，其全部专业机构均有责任撰写验证信息，承诺所披露的信息，并对信息的真实性负有担保责任；证券发行中的虚假陈述并不仅仅是侵害了投资者的知情权，更主要的是侵害了投资者的财产权，当事人在信息披露中所犯的过错是直接与发行人公司的证券发行行为联系在一起的。在英美法上，并不存在我国学者所说的抽象意义的"虚假陈述"行为，美国法将证券发行中的虚假陈述称为"欺诈的发行行为",或如罗斯福总统所称"不诚实的发行行为"。

持续性阶段的信息披露所涉及的主体主要为发行人公司,在涉及年度报告审计时也包括会计师事务所,但通常不再包括证券主承销商、资产评估事务所、律师事务所等;在持续性信息披露阶段,即使上市公司出现了虚假陈述,只要该上市公司没有从事操纵市场行为或者内幕交易行为,就不可能因为侵害投资者的"知情权"而对其负民事赔偿(因果关系无法证明)责任。[①]

实际上在持续性信息披露阶段,更常见的违法情况是,上市公司或其内部人勾结操纵市场者或内幕交易者故意或基于重大过失进行虚假陈述。在此种情况下,该上市公司或其内部人基于共同故意应当以操纵市场行为或者内幕交易行为受到连带责任处罚,应当适用重罪吸收轻罪原则,而不应简单地以虚假陈述行为受到处罚。

第二节 证券发行信息披露制度

证券发行信息披露在信息披露制度中居于重要位置,这一信息披露实际上是证券发行制度的一部分。证券监管部门在证券发行信息披露中,强调相关专业性中介机构的尽职调查责任,各专业性中介机构首先须以同行业公认的道德标准与操作程序审慎地对公司的情况进行全面的调查并形成待披露的信息,该信息在经过验证后才可能进行真实披露。

一、IPO 股票公开发行的信息披露

IPO 股票公开发行的实际含义是首次以上市为目的的股票公开发行,它是股票发行中受监管最为严格的类型。IPO 股票公开发行所涉及的相关文件包括招股说明书、招股说明书附录、招股说明书摘要、发行公告、上市公告书等,本书择其重点作一简要介绍。

(一) 招股说明书

招股说明书又称招股章程,它是股份有限公司在发行股票时,依法向社会投资公众表示招募股份意思的书面文件。依据我国法律,招股说明书必须采用相关格式准则要求的必要条款,该招股说明书是特定主体向不特定公众主体发出的要约文件(并非无法律拘束力的要约邀请文件)。

中国证监会于 2006 年修订颁布了《招股说明书准则》,统一适用于招股说明书及招股说明书摘要。该准则规定了对招股说明书信息披露的最低要求,凡对

[①] 参见郑琰:《从琼民源案谈信息披露虚假或欠缺的民事归责和免责》,载《金融法苑》1999 年第 1 期。

于投资者作出投资决策有重大影响的信息均应依法披露。准则中对于发行人公司确实有不适用情况的,发行人公司与承销商公司可在不影响信息披露完整性的前提下申请作适当调整,但应在申报时作重点书面说明。

发行人公司应当根据实际情况在招股说明书首页做"重大事项提示",提醒投资者对于相关的事项给予特别关注。证券发行的相关当事人还应当在招股说明书首页明确作出承诺与担保,注明相关主承销证券公司、会计师事务所、律师事务所的咨询处所。

证券发行的相关当事人在招股说明书及其摘要中所披露的信息应当真实、准确、完整。发行人在报送申请文件后,在中国证监会核准前,发生其他应予披露事项的,应向中国证监会书面说明情况,并及时修改招股说明书及其摘要。必要时,发行人发行股票的全部申请文件应重新经中国证监会审查核准。

发行人公司在招股说明书中应当全文摘录上市公司章程、审计师出具的审计报告、会计师出具的验资报告、律师事务所出具的法律意见书等招股说明书附录文件。在招股说明书及其摘要中披露的财务会计资料应当有充分客观的依据,所引用的发行人公司会计报表和盈利预测审核函应当由具有证券期货执业资格的会计师事务所审核签署。这就是说,招股说明书是由发行人公司、证券主承销商、会计师事务所、律师事务所、资产评估机构共同制作,共担责任完成的。

发行人应当在招股说明书及其摘要披露后的 10 日内,将正式印刷的招股说明书文本一式五份分别报送中国证监会及发行人注册所在地的证监局。

(二) 上市公告书

上市公告书是发行人于股票上市前,向公众公告与股票上市有关事项的信息披露文件。根据中国证监会颁布的《上市公告书准则》的要求,上市公告书的内容大体包括绪言;发行人公司概况;公司股票发行承销情况;董事、监事及高级管理人员简介及其持股情况;公司的关联企业及关联交易情况;公司股本结构及大股东持股情况;公司财务会计资料;公司董事会上市承诺;重要事项揭示;上市推荐意见;备查文件目录等。上市公告书的内容应当概括招股说明书的基本内容和公司近期的重要变动资料。

按照我国《公司法》的规定,股份有限公司在股票上市时,首先必须募足其股本金。因此在公司上市公告书中,必须载明相关注册会计师对股本金的验资报告。了解股本金到位情况另一更主要的目的是看股东投入股本的时间:如果社会投资人购入股份折为股本的时间较晚,而公司仍有较高的税后利润,则说明该公司有较强的获利能力。

编制上市公告书时应当遵循以下一般要求①：(1) 引用的数据应有充分、客观的事实依据，并应注明资料来源；(2) 引用的数字应采用阿拉伯数字，货币金额除特别说明外，应指人民币金额；(3) 发行人可根据有关规定或其他需求，编制上市公告书外文译本，但应保证中、外文文本的一致性，在对中外文本的理解上发生歧义时，以中文文本为准；(4) 上市公告书封面应载明发行人的名称、公告日期、"上市公告书"字样，可载明发行人的英文名称、徽章或其他标记、图案等；(5) 上市公告书应使用事实描述性语言，保证其内容简明扼要、通俗易懂，不得有祝贺性、广告性、恭维性或诋毁性的用语。

我国证券监管机关规定，上市公司必须在股票挂牌上市交易日前的3天之内、在中国证监会指定的上市公司信息披露的报刊上刊登上市公告书，并将公告书备置于公司所在地、挂牌交易的证券交易所、有关的证券经营机构及其网点，就公司本身及股票上市的有关事项，向社会公众进行宣传和说明，以利于投资者在公司股票上市后，作出正确的买卖选择。如果公司股票自发行结束日到挂牌交易的首日不超过90天，或者招股说明书尚未失效的，发行人只须编制简要上市公告书即可。若公司股票自发行结束日到挂牌交易的首日超过90天，或者招股说明书已经失效的，发行人必须编制内容完整的上市公告书。

二、股票配股或增发时的信息披露

除IPO股票公开发行外，在上市公司配股发行、增资发行和定向增资发行时，都有招募文件的信息披露问题。根据《公开发行证券的公司信息披露内容与格式准则》第11号的规定，上市公司配股发行股票或增资发行股票时可以采用配股说明书、增发招股意向书、增发招股说明书（三者可泛称为招股说明书）三项方式进行信息披露。

发行人配股时，应在承销开始前5个工作日将配股说明书刊登在中国证监会指定的至少一种报刊及互联网网站上，并将正式印制的配股说明书文本置备于发行人住所、证券交易所、承销团成员住所，以备公众查阅。

发行人在增发股份时，其增发招股意向书除发行数量、发行价格及筹资金额

---

① 《公开发行证券的公司信息披露内容与格式准则第1号——招股说明书》第10条规定，招股说明书还应符合以下一般要求：(一) 引用的数据应有充分、客观的依据，并注明资料来源；(二) 引用的数字应采用阿拉伯数字，货币金额除特别说明外，应指人民币金额，并以元、千元或万元为单位；(三) 发行人可根据有关规定或其他需求，编制招股说明书外文译本，但应保证中、外文文本的一致性，并在外文文本上注明："本招股说明书分别以中、英（或日、法等）文编制，在对中外文本的理解上发生歧义时，以中文文本为准"；在境内外同时发行股票的，应按照从严原则编制招股说明书，并保证披露内容的一致性；(四) 招股说明书全文文本应采用质地良好的纸张印刷，幅面为209×295毫米（相当于标准的A4纸规格）；(五) 招股说明书应使用事实描述性语言，保证其内容简明扼要、通俗易懂，突出事件实质，不得有祝贺性、广告性、恭维性或诋毁性的词句。

等内容可不确定外,其内容和格式应与增发招股说明书一致。发行人应将增发招股意向书刊登在中国证监会指定的至少一种报刊及互联网网站上,并应载明:"本招股意向书的所有内容均构成招股说明书不可撤销的组成部分,与招股说明书具有同等法律效力。"在发行价格确定后,发行人应编制增发招股说明书,报中国证监会备案。[①] 招股说明书应刊登在中国证监会指定的互联网网站上,并置备于发行人住所、拟上市证券交易所及承销团成员住所,以备公众查阅。

公司配股发行和增资发行适用与IPO股票公开发行不同的发行条件,并且其股票承销方式也不尽相同。从内容上看,上市公司的配股说明书、增发招股意向书、增发招股说明书较之拟上市公司首次发行股票使用的招股说明书要简明很多。鉴于上市公司在持续性信息披露阶段均接受年报审计,上市公司业绩水平和成长性对于其配股增发具有至关重要的作用,近年来证券监管机关已明确表现出鼓励上市公司编制盈利预测报告的倾向。

招募文件中应当披露的发行方案和情况主要应包括:(1)发行股票的种类、每股面值、股份数量;(2)定价方式或发行价格;(3)发行方式与发行对象:发行人若对投资者进行分类,应披露分类标准;分类中若有战略投资者,应披露其基本情况、与发行人的关系及配售的数量;(4)预计募集资金总额(含发行费用);(5)股权登记日和除权日;(6)承销期间的停牌、复牌及新股上市的时间安排(不能确定具体时间的,可以某一时间为基准点计算);(7)本次发行股份的上市流通,包括各类投资者持有期的限制或承诺。[②]

招股说明书应当至少披露与本次承销和发行有关的下列事项:(1)承销方式(包销或代销);(2)承销期的起止时间(注明如何计算起止时间,可不确定具体日期);(3)全部承销机构的名称及其承销量;(4)发行费用,包括承销费用、审计费用、验资费用、评估费用、律师费用、发行手续费用、审核费用及其他费用。其中,其他费用应当列出主要的明细项目。[③]

现行格式准则对于招募文件中的风险因素、同业竞争与关联交易、财务会计信息、管理层财务分析及募集资金的运用极为关注。其中风险因素项下要求发行人公司详细陈述行业竞争风险、原材料价格波动风险、市场变化风险、资产负债率偏高风险、技术开发风险、贸易壁垒风险、节能减排政策变动风险、人民币升值风险、税收优惠政策变动风险、出口货物退税率政策变动风险、实际控制人风

---

① 《公开发行证券的公司信息披露内容与格式准则第35号——创业板上市公司公开发行证券募集说明书》第7条规定:发行价格确定后,发行人应编制增发招股说明书,刊登于中国证监会指定的互联网网站,并报中国证监会备案。

② 参见《公开发行证券的公司信息披露内容与格式准则第11号——上市公司发行新股招股说明书》第33条。

③ 参见《上市公司向社会公开募集股份招股意见书的内容与格式说明(试行)》第1—5条。

险、募集资金投向风险等；在同业竞争与关联交易项下，要求发行人陈述同业竞争、关联方、关联交易、规范关联交易的措施、独立董事关于重大关联交易的意见等；在财务会计信息项下，要求发行人陈述最近三年加一期的财务报表、合并报表范围、主要财务指标、非经常性损益、盈利预测等；在管理层财务分析项下，要求发行人陈述财务状况分析、盈利能力分析、对外投资分析、现金流量分析、同行业上市公司主要财务指标比较、资本性支出分析、未来可预见的重大资本性支出计划和资金需要量、会计政策变更、会计估计变更及会计差错更正分析、公司财务状况和未来盈利能力分析等；在募集资金运用项下，要求发行人陈述预计募集资金数额、本次募集资金投资项目概况及时间进度安排、投资项目具体介绍、募集资金投资项目前景及实施的必要性与可行性分析等。应当说，我国目前关于公司配股发行和增资发行的政策规则是合理而切中要害的。

三、债券募集中的信息披露

在我国资本市场上，债券的类型较为繁杂。在沪深两地证券交易所上市的有公司债券，在银行间债券市场上市的有金融债券与企业债券；不同市场中尽管均需要适用信息披露规则，但因市场管理体制有异，故其规则就大有不同。从实践来看，银行间债券市场因其交易制度优势，占有了国内债券交易量 90% 以上的份额；而沪深两地证券交易所仅占有较小的份额。

由于我国债券市场中采取强制性的无纸化交易，这就消灭了无记名的有纸化债券，因而在我国的债券募集文件中不再需有债券及息票所有权的判断条款，相应的债券及息票所有权推定规则、信托证书规则等也均不再需要；这对于提高债券杠杆率、扩展债券交易量显然是不利的。通常情况下，在我国债券市场中募集债券需要披露的法律文件有以下一些。

（一）债券募集说明书

我国沪深两地证券交易所适用的债券募集说明书要求包含以下内容：（1）声明与重大事项提示；（2）发行概况，要求披露债券发行的基本情况及发行条款、债券发行的有关机构、认购人承诺、发行人与有关中介机构的利害关系；（3）风险因素，要求披露本期债券的投资风险、发行人的相关风险；（4）发行人及本期债券的资信情况，要求披露本期债券的信用评级概要、信用评级报告的主要事项、发行人的资信情况；（5）增信机制、偿债计划及其他保障措施，要求披露增信机制、偿债计划、偿债资金来源、偿债应急保障方案、偿债保障措施、违约责任及解决措施；（6）发行人基本情况，要求披露发行人基本信息、发行人对其他企业的重要权益投资情况、发行人控股股东及实际控制人的基本情况、发行人董事、监事、高级管理人员的基本情况、发行人主营业务情况、发行人法人治理结构及其运行情况、发行人关联方及关联交易情况、控股股东、实际控制人及其关联方资金占用及担保情况、发行人内部管理制度的建立与运行情况、发行人的信息披露事务及投资者关系管理;(7)财务会计信息,要求披露公司最近三年加一期的财务会计资料、重组时编制的备考财务报表和备考报表的编制基础、合并报表范围的变化、主要财务指标、管理层讨论与分析、有息负债分析、其他重要事项、资产权利限制情况;(8)募集资金运用,要求披露本次公司债券募集资金数额、本次公司债券募集资金的使用计划、募集资金专项账户安排;(9)债券持有人会议,要求披露债券持有人行使权利的形式、《债券持有人会议规则》的主要内容;(10)要求披露债券受托管理人及《债券受托管理协议》签订情况,《债券受托管理协议》的主要内容、不可抗力、债券受托管理协议的违约、救济及争议解决、可能存在的利益冲突情形及风险防范机制;(11)发行人、中介机构及相关人员的申明;(12)备查文件。①

(二) 信用评级报告

信用评级公司根据债券发行人的委托对特定的债券发行作出评级报告,该评级报告是债券发行的基础,没有债券评级结论的债券发行将无法避免发行的高成本。② 在国际资本市场中,信用评级机构所做的债券评级报告通常并不提供于发行人,而以报刊公示的方式披露于公众,因而对于债券发行人具有意义的仅为其信用评级的等级结论。

信用评级结论大多采取三等九级的标准,它们并不评价债券发行人财务状况的优劣③,而是根据违约可能性、担保与否、发行人受法律文件的约束程度等因素,仅仅评估该债券偿还的可靠性或违约的风险程度。我国目前信用评级机构作出评级结论的随意性较强,这一方面与评级机构技术能力或工作惯例有关,另一方面也与我国目前对于信用评级采取的监管政策有关。

信用评级报告的主要内容包括以下一些:

(1) 信用评级结论及评级标识含义。我国目前对不同发行人的主体信用等级采三等九级的标准,即从C等级至AAA等级;信用评级报告应当对不同信用评级等级结论作出信用品质判断与陈述。

(2) 基本观点。信用评级报告应当对发行主体的偿还债务能力、是否受到不利经济环境的影响、发行人的违约风险、当期债券所面向的投资人作出陈述。

---

① 参见《公开发行证券的公司信息披露内容与格式准则第23号——公开发行公司债券募集说明书》(2015年修订)第12、19、20条。

② 参见黄润源、刘迎霜:《公司债券信用评级法律关系解析——以美国债券评级制度为模本》,载《学术论坛》2008第1期。

③ 国际主要债券评级机构认为,债券评级并不等同于财务审计,不能仅依据发行人的财务数据机械地客观评级,而应着眼于某一具体债券的违约风险或偿还可靠性。因此,财务状况差的发行人如已得到可靠的还债担保,则可能得到较高的债券评级,而财务状况好的发行人如不接受财务限制条款,则可能得到较低的债券评级。

（3）正负面因素。信用评级报告应当对当期债券所代表的正面与负面因素作出陈述。

（4）关注因素。信用评级报告应当对整体市场状况、风险水平、相关的杠杆率作出陈述。

（5）跟踪评级安排。信用评级机构自评级报告出具之日起将在本期债券信用级别有效期内，持续关注本期债券发行人外部经营环境变化、经营或财务状况变化以及本期债券偿债保障情况等因素，以对本期债券的信用风险进行持续跟踪。跟踪评级包括定期和不定期跟踪评级。

自信用评级报告出具之日起，评级机构将密切关注与发行主体、担保主体以及本期债券有关的信息，如发生可能影响本期债券信用级别的重大事件，发行主体应及时通知信用评级机构并提供相关资料，信用评级机构在认为必要时将及时启动不定期跟踪评级，就该事项进行调研、分析并发布不定期跟踪评级结果。

（6）发行人的资信情况。信用评级报告应当对发行人资信情况作出描述，包括发行人获得的主要银行授信的情况、最近3年与主要客户发生业务往来时的违约情况、最近3年发行的债券以及偿还情况等。

（三）其他债券募集法律文件

除上述基本募集文件外，在多数债券募集中通常还有担保人签署的担保协议文件，这是提高债券信用等级，降低债券利息或成本的有效手段。此外，债券募集中必然还需有大量的债券发行募集公告文件应当作信息披露。

第三节 持续性信息披露制度

一、持续性责任问题

在现代各国的证券法中，持续性信息披露规则正在成为一项独立的系统的制度，它不仅令股票发行人和承销人负担募股信息披露责任，而且令发行人公司及其控股股东负担上市后的持续性信息披露责任，某些学者和专业人员甚至主张将其进一步扩展为内容更为广泛的"持续性责任"制度。依据这一制度，发行人公司及与之相关的当事人有责任真实、准确、完整且无误导地披露与拟发行股票有关的一切信息，有责任及时、准确、持续地披露与已上市股票价格和利益有关的一切信息，有责任抑制和避免一切影响持股人重大利益的欺诈或误导行为、内幕交易行为、损害小股东利益的行为、同业竞争行为、关联交易行为和其他利益冲突行为。

像世界各国的证券法制度一样，我国的证券法规也赋予上市公司以某种持续性信息披露责任。按照这一制度,上市后的股份有限公司负有公开、公平、及时地向全体股东披露一切有关其公司重要信息的持续性责任,以使上市公司的经营活动和重大事件置于投资公众的公开监督之下,以使上市公司的股票能够在有效、公开和充分知情的市场中进行交易。由此可见,上市公司的持续性信息披露责任并不限于(甚至并不是)对上市前招股说明书和上市公告书的披露,这一责任更偏重于对公司上市后有关信息的定期披露和即时披露。

持续性责任主要是针对股票上市交易期间的相关当事人而言的;对于债券交易而言,其持续性信息披露规则较为严格完善。我国目前关于公司上市交易期间相关当事人的持续性责任规则还比较薄弱,相关的规则更偏重于对公司上市前或上市时的欺诈误导行为、同业竞争行为、关联交易行为进行一次性约束或禁止;在持续性信息披露阶段对此类行为实际采取姑息态度。特别应当提出的是,我国证券监管部门由于对上市公司的诚信水平有疑,多年来不鼓励上市公司在证券发行时做盈利预测报告,在持续性信息披露阶段又缺乏相关的规则对动态市盈率作出客观公正的盈利预测。在此条件下,证券市场中公布的上市公司的市盈率均为过时数据,媒体中宣布的所谓上市公司平均市盈率皆为宣传谎言,这实际上为不公平的内幕交易提供了机会和市场。

上市公司的盈利水平是证券市场中公司股价的基础,对于上市公司进行持续性的盈利预测是稳定证券市场价格、避免市场操纵与欺诈最重要的手段,我国证券监管部门至少应当强制上市公司在年报披露中对当年的盈利水平作出客观权威预测。

二、持续性信息披露的范围和类型

按照学者们的认识,上市公司有责任持续披露的信息具有广泛的含义,它不仅包括公司应当定期公布的法定报告,不仅包括法律所规定的重大事件,而且包括公司依法"必须公布的交易事项",同时还包括董事和公司高级管理人员的权益披露和内幕交易披露。凡属于可能对公司证券价格产生重大影响的信息、有助于平息对公司证券造市或操纵情况的信息、可能影响公司经营情况和财务状况的信息、可能引起公司股份变动的信息、可能影响证券持有人证券利益的信息、涉及证券持有人公平待遇的信息,均在披露之列。

根据我国《公开发行股票公司信息披露实施细则(试行)》(以下简称"信息披露实话细则")和有关法律、法规的规定,上市公司及有关当事人负有持续性披露责任的信息至少应当包括以下几类:

1. 定期报告。包括上市公司于每年上半年结束后的2个月内必须依法披露的中期报告(基准日为6月30日)、公司于每年年终后的4个月内必须依法披露的年度报告(基准日为12月31日)、公司于每年规定期限内必须依法披露的利润分配方案等。此类定期报告的内容与格式须严格遵循《上市公司信息披露准则》的规定,年度报告所披露的公司财务报表必须要经过审计。

2. 重大事件临时公告。根据《证券法》《股票条例》和《信息披露实施细则》的规定,上市公司凡发生了法律法规列举的重大事件,以及其他"可能对上市公司股票的市场价格产生较大影响,而投资者尚未得知的重大事件"时,公司必须立即作出临时性公告。其中法律法规中规定的重大事件包括公司签署重大合同、经营政策发生重大变化、发生重大债务、公司涉及重大诉讼、公司发生合并分立等23项。

3. 公司收购公告。凡实施了公司收购行动的投资人,在其持有上市公司发行在外的普通股达到5%和30%时,应当按照法定规则披露信息和进行收购公告。上市公司在收到收购人提交的报告时,也有责任做出公开披露。

4. 其他信息披露。上市公司须即时披露的常规性公告很多,如公司股东大会决议公告、公司董事会决议公告等。根据法规要求,在发生可能对公司股票市价产生较大影响或误导性影响的重大事件或传媒消息时,即使该消息不属实,上市公司也有责任立即在消息影响的范围内做出澄清公告。

根据《证券法》《股票条例》和《信息披露实施细则》的规定,在发生对公司股价可能有重要影响的重大事件时,"上市公司应当立即将有关该重大事件的报告提交证券交易所和证监会,并向社会公布,说明事件的实质"。这些重大事件主要包括但不限于以下事项:

(1) 公司订立有重要合同,而该合同可能对公司的资产、负债、权益和经营成果中的一项或者多项产生显著影响;

(2) 公司的经营政策或者经营项目、经营范围发生重大变化;

(3) 公司发生了重大投资行为或者购置金额较大的长期资产的行为;

(4) 公司发生重大债务;

(5) 公司未能归还到期重大债务的违约情况;

(6) 公司发生重大经营性或者非经营性亏损超过其净资产10%的;

(7) 公司资产遭受重大损失;

(8) 公司生产经营环境发生重要变化;

(9) 新颁布的法律、法规、政策、规章等,可能对公司的经营有显著影响;

(10) 董事长、30%以上的董事或者总经理发生变动;

(11) 持有公司5%以上的发行在外的普通股股东,其持有该种股票的增减有较大变化;

(12) 涉及公司的重大诉讼事项;

(13) 公司进入清算、破产状态,或者作出减资、合并、分立、申请破产决定的;

(14) 公司章程的变更,注册资金和注册地址的变更;
(15) 发生涉及公司的大额银行退票;
(16) 公司更换为其审计的会计师事务所;
(17) 公司公开发行的债券或者已发行债券的数额的变更或增减;
(18) 公司增资发行股票,或者其可转换公司债依规定转为股份;
(19) 公司营业使用的主要资产抵押、出售或者报废,其价值超过其净资产30%的;
(21) 股东大会、董事会或监事会议的决定被法院依法撤销;
(22) 法院作出裁定禁止对公司有控股权的大股东转让其股份;
(23) 公司发生合并或者分立事件。

除上述列举外,其他任何可能对公司股票价格产生重大影响的事件均应视为重大事件。

三、持续性信息披露的方式

按照多数国家或地区的信息披露制度,证券发行人的信息披露责任可以由证券法规定,也可以由证交所制定的规章规定,还可以由上市协议约定。但在我国目前的实践中,这一信息披露责任主要是依据证券法规的规定。其基本规则主要包括:

(1) 上市公司应当按照法律规定的期间,将应披露的定期报告或临时公告刊登于中国证监会指定的全国性报刊上。

(2) 在公司准备通过指定报刊和新闻媒介披露某一重大事件前,应当向中国证监会报告其披露方式和内容,如证监会认为有必要时,可以对上市公司的披露时机、披露方式和披露内容提出要求。

(3) 上市公司对于在报刊披露的报告、公告和信息,应当将副本同时报证监会、证交所备案,同时应在公司住所地、证交所和交易网点备置,供公众查阅。

(4) 上市公司应当指定专人(董事会秘书)负责信息披露事务,与证监会、证交所、新闻机构进行联系,并负责回答公众提出的问题。

(5) 凡发行有社会公众股和外资股的上市公司,其信息披露应当同时对境内外投资者进行,信息披露文件译成英文的,应当刊登在至少一种证监会指定的英文报刊上。

(6) 此外,证券监管机构、证券交易所、承销的证券公司及有关人员对公司依法须作出的公告,在公告前不得泄露其内容。

我国《证券法》第 63 条①对持续性信息披露规定了严厉的责任,较之许多国家为严。在理论上,证券发行中的欺诈与持续性信息披露中的误述应当有所不同。前者是基于发行人欺诈性故意的行为,并且发行人已通过证券发行骗取了投资人的财产;而持续性信息披露阶段的误述实际上仅为过失,并且发行人并未通过过失误述取得任何财产。

四、预测性信息披露问题

预测性信息又称"软信息",它是指由上市公司和相关当事人依法对未来将要发生的事项进行的信息披露;其中最为重要的就是对未来的盈利预测的信息披露。严格地说,预测性披露是对未来可能发生事项的披露,其预测的事项尚未真实发生。因此预测性信息披露并不完全适用事实信息披露的法律规则,尚未发生的事项毕竟不是事实,不存在虚假陈述问题。

但是,世界各国的证券商和会计师事实上早已经发展起了对于上市公司未来盈利事项的预测规则和判断规则,尽管多数证券商和会计师对于上市公司的盈利预测采取审慎保守预测的立场,尽管多数证券商和会计师避免将盈利预测称为审计或审核,尽管不同的专业机构在审阅盈利预测文件时发展创造出复杂的免责文句和用语,但从实践来看,由专业证券商和会计师发展起来的盈利预测方法和程序还是相当有效和准确的。

由于盈利预测在上市公司股票定价过程中具有特殊重要的作用,我国目前普遍采用的股票市盈率定价技术只应当以盈利预测中的市盈率为依据,这就决定了规范和发展盈利预测技术对于完善和发展证券市场具有特别重要的意义。那种以经审计的过时利润替代盈利预测的做法实际上忽视了新发股份数量对每股盈利的摊薄作用,其做法十分荒谬。在持续性信息披露阶段,由于我国缺少对于上市公司动态市盈率严格权威预测的规范,证券市场中的盈利猜测层出不穷,严重损害了市场的信心。应当说,发展和规范预测性(特别是盈利预测)信息是我国证券市场健康发展的必由之路。

在我国证券市场发展中,实际上对于预测性信息披露的规范已有了十分成功的经验。例如根据我国证券法律法规的要求,上市公司只有在其净资产回报率高于 6% 时,方具有申请配股发行的条件。又如,根据我国旧时证券法规的规定,上市公司的实际盈利如偏离盈利预测,偏差高于盈利预测数值的 20% 时,将停止该上市公司配股资格 3 年,该上市公司、担任主承销的证券公司和相关中介机构应当公开作出道歉公告;在上市公司的实际盈利偏离盈利预测,偏差低于盈

---

① 我国《证券法》第 63 条规定:发行人、上市公司依法披露的信息,必须真实、准确、完整,不得有虚假记载、误导性陈述或者重大遗漏。

利预测数值的 20% 但高于 10% 时,该上市公司、担任主承销的证券公司和相关中介机构均应当公开作出道歉公告。尽管这一规定有些武断,但多数国外证券界同行对这一规则普遍具有很高的评价。实际上,证券监管部门如果严格要求证券公司和会计师审慎履行盈利预测审阅审查义务,肯定会取得更为准确有效的盈利预测效果。

五、债券交易之持续性信息披露

在资本市场中,各种不同类型的债券与固定收益产品均受到持续性信息披露规则的规范。一般来说,任何商业主体拟通过资本市场向社会发行债券类产品,通常需要有信用评级机构对拟发行债券进行债信评级,对于初次进入债券市场的发行人来说这乃是必要条件。负责债券发行的证券公司在决定承销公司债券之前往往要求发行人对拟发行债券先行评级;而对于已进入该债券市场的发行人来说,获得高等级债信评级显然可降低其债券发行成本。在公司债券已经上市交易期间,由信用评级机构所做的跟踪评级安排具有重要的意义。

信用评级机构自评级报告出具之日起将在债券信用级别有效期内,持续性地关注本期债券发行人外部经营环境变化、经营或财务状况变化以及本期债券偿债保障情况等因素,以对本期债券的信用风险进行持续跟踪。该跟踪评级既包括定期跟踪,也包括不定期跟踪。自信用评级报告出具之日起,评级机构将密切关注与发行主体、担保主体以及本期债券有关的信息,如发生可能影响本期债券信用级别的重大事件,发行主体应及时通知信用评级机构并提供相关资料,信用评级机构在认为必要时将及时启动不定期跟踪评级,就该事项进行调研、分析并发布不定期跟踪评级结果。

在证券市场上,信用评级机构所持续跟踪的债券信用等级变动情况和相关的信息披露将主导债券市场的走势,其他相关的信息披露仅实际起到辅助性作用。根据监管部门的要求,信用评级机构不仅须持续跟踪债券信用变动情况,还必须及时准确地对特定债券信用的变动进行信息披露,这对于投资者及时调整投资决策显然是十分重要的。由于债券市场对于整个金融环境的影响较大,信用评级机构对于债券信用的变动披露应当客观公正,其信用责任较大。

债券评级结论大多采取三等九级的标准,它们并不评价债券发行人具体财务状况的优劣,而是根据违约可能性、担保与否、发行人受法律文件的约束程度等因素,仅仅评估该债券偿还的可靠性或违约风险程度,并以之作为持续性信息披露的基本内容。目前各国公认的债券评级之基本含义如下表,其中 BBB 以上的四个等级被认为是投资级债券。

	债券级别定义
AAA	偿债可靠性最高,依可预见情势无还本付息风险
AA	偿债可靠性高,虽保险系数略低于 AAA,但没有还本付息风险
A	偿债可靠性较高,目前看无还本付息风险,但存在未来状况变坏的因素
BBB	偿债安全性中等,目前看基本还无还本付息风险但长远看有一定风险,已具投机性
BB	有投机因素,不能保证未来的安全性,好的时期和坏的时期均有波动
B	不适合作投资对象,在还本付息的安全性及遵守契约条件方面不可靠
CCC	安全性极低,有无法还本付息的危险性
CC	具有极端投机性,目前已处在违约状态或已存在严重缺陷
C	最低等级债券,无未来性

在国际资本市场上,目前公认的债信评级机构主要包括美国摩迪投资服务公司(Moodys Investors Services Inc.)、美国标准普尔公司(Standard and Poor's Corp.)、惠誉国际评级有限公司(Fitch IBCA)、加拿大债务级别服务公司、英国艾克斯特尔统计服务公司、日本社团债务研究所等奉行"非利害关系宗旨"的独立机构,它们的债券评级在债券市场上通常受到投资者的信任和重视。

我国目前采取的信用评级制度基本上吸收了世界各国的传统做法,目前相关制度的实际问题仅在于缺少保障立法原则得以实现的法制措施,多数信用评级机构缺少对社会投资人负责的法制精神。从近年来美国次贷危机引发的国际金融风暴来看,债信评级机构的持续跟踪监控对于各种债券产品、固定收益产品、衍生工具产品、结构性金融产品的价格波动都有一定的信息披露警示作用。

本章参考文献:

1. 郑琰:《从琼民源案谈信息披露虚假或欠缺的民事归责和免责》,载《金融法苑》1999 年第 1 期。

2. 齐斌:《证券市场信息、披露、法制、监管——商事法专题研究文库》,法律出版社 2000 年版。

3. 中国证券监督管理委员会:《中国证券市场信息披露规范 2001》,中国财经出版社 2001 年版。

4. 李国安:《虚假陈述的监管与信息披露担保》,载《河北法学》2005 年第 3 期。

5. 黄润源、刘迎霜:《公司债券信用评级法律关系解析——以美国债券评级制度为模本》,载《学术论坛》,2008 年第 1 期;

6. 肖华:《中国证券市场信息披露伦理研究》,中国经济出版社 2008 年版。

7. 刘亚琴、陆蓉:《隐私权与知情权:证券交易信息披露边界研究》,载《财经研究》2010 年第 4 期。

8. 蔡丛光:《上市公司内部控制信息披露研究》,西南财经大学出版社 2013 年版。

9. 蓝文永:《上市公司信息披露机制的投资者保护功能研究》,西南财经大学出版社 2011 年版。

10. 赵威、孟翔:《证券信息披露标准比较研究——以"重大性"为主要视角》,中国政法大学出版社 2013 年版。

11. 叶林:《证券法》(第四版),中国人民大学出版社 2013 年版。

12. 张旺、张杨:《中国上市公司社会责任信息披露报告(2013)》,社会科学文献出版社 2013 年版。

13. 黄方亮:《新股发行风险信息披露的多维分析》,经济科学出版社 2015 年版。

第六章 上市公司收购制度

第一节 上市公司收购概述

一、上市公司收购的概念与特征

证券市场的基本功能之一在于使生产要素更有效地在投资者和管理者之间进行配置,而公司间的收购与兼并是资本自由流动、资源有效配置的重要方式。上市公司收购制度作为公司并购的一种重要形式,正是实现证券市场这一功能的基本手段。离开了有效的上市公司收购制度,证券市场有效配置资源的功能将化为乌有。正鉴于此,随着证券市场的日益规范与完善,上市公司收购与兼并活动日益活跃,呈蓬勃发展的态势。

所谓上市公司收购,是指收购人依照法定方式大量购买某上市公司发行在外的股份,以取得其对该上市公司的控制权或管理权,进而实现兼并该公司或从事产权性交易的行为。[1] 上市公司收购有广义和狭义之分,狭义的上市公司收购是指收购人通过收购股份,持有上市公司发行在外30%以上的股份,致使收购人获得或可能获得对该公司实际控制权的行为;而广义的上市公司收购还包括投资者持续购买上市公司的股份,已经持有上市公司发行在外股份5%以上,并继续增持该股份的行为,它又称为"一般收购"。

上市公司收购当然是以获得公司控制权或管理权为目的的行为[2],无论是严格的"上市公司收购"还是"一般收购",两者都具有共同的本质,并且在很多条件下,对二者无法进行严格的区分。一方面,完成对上市公司的收购通常意味着收购方已经取得了对上市公司的控制权,而一般收购的投资人虽然尚未取得对上市公司的控制权,但却可能对上市公司具有实际控制力。另一方面,从一般收购到上市公司收购是一个逐步发展的过程。投资者先行收购上市公司5%以上股份,再逐渐增加收购股份至30%以上,这正是上市公司收购较典型的做法。而且,对于股权高度分散的上市公司来说,收购方在取得不超过上市公司发行总股份30%的,也能够形成对上市公司的实际控制权。

---

[1] 参见明杰:《上市公司收购诸问题研究》,载《法学》2001年第2期。
[2] 参见刘峰、涂国前:《中国上市公司控制权转移的动机研究》,载《财经研究》2016年第10期。

上市公司收购就其法律性质而言，是一种股份买卖交易，即收购方与目标上市公司的股东之间通过股份交易而使公司控制权发生转移。上市公司收购的基本特征在于：

（1）上市公司收购必然意味着公司控制权的移转，意味着公司生产要素的重新配置，收购方在取得对上市公司的实际控制权后，迟早会依照法定程序改组公司董事会和管理层，尽管按照我国《上市公司收购管理办法》的规定，在上市公司被收购后的过渡期间收购方改组董事会的权利暂时受到限制。

（2）收购方在对上市公司进行收购时，可能已经取得超过公司股份总额30%的股权，进入要约收购程序或者豁免要约收购程序。但在上市公司持股结构极度分散的情况下，收购方的持股也可能并未达到公司股份总额30%也无需达到该持股比例，收购方仅追求对上市公司的实际控制力。这就是说，是否构成上市公司收购本质上具有一定的弹性。

（3）上市公司收购特别是要约收购行为，是在证券法严格限制下进行的特殊证券买卖行为（上市公司要约收购规则为证券市场提供了唯一的定价交易的途径），收购方和相关当事人均受到严格的要式行为规则约束，无论是竞价收购、要约收购、协议收购、间接收购或是其他任何类型的收购，收购方和相关当事人都必须遵循复杂的期限规则、申报规则、信息披露规则等。

（4）在理论上，上市公司收购无需经过上市公司经营管理人员的同意。收购主体是收购方和目标公司大股东，而上市公司的经营管理人员并不是上市公司收购交易的当事人，因此收购方在进行上市公司收购时，只须与上市公司的大股东达成协议，而无需经过公司经营管理人员的同意。但在我国法制实践中，上市公司的经营管理人员作为公司内部人，对于上市公司收购决策事项具有重要的影响。

在学理上，上市公司收购涉及《公司法》和《证券法》上的复杂问题，我国法律目前对上市公司收购采取鼓励立场，限制上市公司在面临被收购时采取不合理的反收购行为。[1] 但目前相关的法律规则仍然不够具体，难以有效解决我国证券市场中频频出现的上市公司收购争议。

二、上市公司收购制度的立法宗旨

上市公司收购制度的核心在于确定其立法宗旨。收购人对上市公司股份的收购不仅会极大地改变上市公司内部的利益关系，还可能涉及社会公共利益，给公众持股人带来不公平的影响。我国证券法规对于上市公司收购行为的规范和控制主要基于三项宗旨，其一是防止收购人通过上市公司收购实现行业垄断或

---

[1] 参见朱庆：《上市公司收购防御决议机制立法模式的反思与重构》，载《学术界》2016年第2期。

者导致其他有损公共利益的情形;其二是保障上市公司中小股东的公平利益;其三是鼓励上市公司收购,特别是鼓励具有真实资产重组内容的上市公司收购行为。我国《证券法》和《上市公司收购管理办法》明确规定,收购方及相关当事人应当在上市公司收购报告书中说明其收购目的,要求收购方依法履行其相关承诺,这些均体现了我国证券监管部门的基本态度。

不同国家的证券法制对于上市公司的收购所采取的立场不同,因而对上市公司收购的限制和控制的方式也不尽相同。各国对于上市公司收购所采取的规范方式可分为三类:一是采取慢走规则和强制收购规则,从内容上限制对上市公司的收购行为,但在收购人有充分能力完成收购的情况下,则允许其完成对上市公司的收购;二是在慢走规则的基础上,当收购人持有目标上市公司一定比例的股份时,赋予收购人以外的股东以决议选择权,以"公平价格"方式决定是限制对上市公司的收购还是相反;三是在慢走规则基础上,不对上市公司收购采取强制性限制措施,法律仅禁止该上市公司与控股股东进行有损公共利益的业务合并或产权交易。我国证券法规与美国多数州的证券法规均属于第一类。

我国现行证券法律法规对于上市公司收购事项作了重要的改变。根据现行证券法律法规的规定,对上市公司的收购既可以采取公开要约收购方式,也可以采取协议收购方式,还可以采取法律允许的其他方式。从证券市场的实践来看,我国在相当长的一段期间内对上市公司收购事项鼓励采取要约收购方式,但尽管法律对上市公司要约收购的规则一再放宽,证券市场上仍鲜有要约收购上市公司的成功案例;而在我国早期证券市场中,上市公司协议收购的案例是层出不穷的。这一现象深刻地说明,在任何时候,协议收购都是上市公司收购的主流;而要约收购只能在上市公司收购中起到辅助作用。实际上,在多数国家的证券市场上,对上市公司的收购都是通过协议转让方式实现的;许多国家的证券交易所对于上市公司收购中的股份交割过户采取与大宗交易、股份赠与完全相同的灵活便利的规则。我国证券交易制度在此方面显然还有很长的路要走。

总的来说,上市公司收购规则实际关系到现实社会中生产要素的有效配置,关系到企业经营管理人员的有效配置,关系到经济社会的繁荣和生产经营机制的高效率。我国的证券监管部门应当坚定不移地鼓励对上市公司的收购,而非对上市公司收购进行各种名目的不合理限制。在我国证券立法过程中,多数立法者主张放宽慢走规则的限制,取消对法人收购方和自然人收购者的差别性规定,对强制性要约收购给予更多的豁免性条件等,某些立法者甚至主张以自愿收购规则取代强制收购规则。

三、上市公司收购的分类

上市公司收购依据不同的标准可以作不同的分类。其中按照上市公司收购方式不同,可将其分为要约收购、协议收购、间接收购、二级市场竞价收购等;按照收购代价支付方式不同,可将其分为现金收购、股份交易式收购、综合交易收购、承债式收购等。[1]

（一）要约收购、协议收购、间接收购和其他方式收购

根据我国《证券法》[2]和《上市公司收购管理办法》[3]的规定,投资者可以采取要约收购、协议收购、间接收购及其他合法方式收购上市公司。

要约收购是指收购方向被收购上市公司的大股东发出购买其所持股份的意思表示,并按照其依法公告的收购要约中所规定的收购条件、收购价格、收购期限以及其他相关事项,收购上市公司股份的收购方式。[4] 根据要约的发出是否基于收购方的自愿,要约收购又可分为自愿要约收购和强制性要约收购。自愿要约收购又称"标购",指收购方自愿作出收购决定,并根据上市公司的总股份确定预计收购股份的比例,收购方在该比例范围内向上市公司所有的股东发出收购要约。强制性要约收购是指收购方持有上市公司已发行股份达到一定比例后,法律强制其向上市公司所有的股东发出收购其持有的全部股份的要约。强制性要约收购制度是上市公司收购中的一项重要法律制度。

所谓协议收购是指收购方与上市公司大股东通过收购协议的方式进行的上市公司收购。协议收购采取与交易对方个别协议的方式进行,不必对上市公司全体股东发出收购要约,并可与不同的交易对方采取不同的收购价格和收购条件。协议收购是上市公司收购的重要形式,它兼具场内交易与场外交易的双重属性,收购方须遵循证券交易所的一般交易规则及场外合同交易规则,并须遵循特殊的监管规则。

间接收购是指收购方通过直接收购上市公司大股东的股权、向大股东增资扩股、出资与大股东成立合资公司、托管大股东股权等方式,使自己成为上市公司的控股公司的实际控制人。其中直接收购上市公司控股公司的控股股权是最有效的方式。《上市公司收购管理办法》对于间接收购的定义扩大了上市公司收购概念的范围,强调对于上市公司任何形式的实际控制权人及其权利变动,都应

---

[1] 参见郑彧:《上市公司收购法律制度的商法解读》,载《环球法律评论》2013年第5期。
[2] 我国《证券法》第85条规定:投资者可以采取要约收购、协议收购及其他合法方式收购上市公司。
[3] 参见《上市公司收购管理办法》第五章"间接收购"。
[4] 参见李东方:《上市公司收购监管制度完善研究——兼评〈证券法〉修订草案"第五章"》,载《政法论坛》2015年第6期。

受到规范和监管。

其他方式收购是指收购方通过前述方式以外的方法进行的上市公司收购或转让。这通常包括：二级市场竞价收购、大宗交易收购、司法裁判转让、行政划拨转让、以继承或赠与方式进行的股份转让等。

（二）现金收购、股份交易式收购、综合交易收购与承债式收购

根据上市公司收购时支付代价方式的不同，上市公司收购可分为现金收购、股份交易式收购、综合交易收购和承债式收购。上市公司收购时支付的资金或资产价值较高，证券市场机构需要针对不同支付代价或方式，安排评估审计或验资程序。

现金收购是指收购方以现金作为支付手段购买上市公司股东持有的部分或全部股份的交易方式。以现金收购上市公司股份对于收购方筹集现金具有一定压力，并且收购方依照法律须将该资金暂时存放于证券登记结算机构指定的银行账户；同时须委托会计师事务所做验资安排。

股份交易式收购是指收购方以本公司发行的股份作为代价换取上市公司大股东持有的部分或全部股份，由此而实现的对上市公司的收购。股份交易式收购又称换股，它必然涉及对收购方公司与上市公司的双方资产进行评估和审计（双方交易股份的价格取决于双方公司的每股净资产），并且由于双方公司的净资产回报率不同，其换股比例也需要经过复杂的协商来决定。

综合交易收购是指收购方对上市公司的大股东进行收购时，不仅可以采取现金作为部分的支付代价，而且可以部分股份作为支付代价，甚至还可以以部分认股权证、可转换债券等多种形式的资产作为支付代价。综合交易收购同样须对收购方支付的资产和上市公司资产进行资产评估与财务审计。

承债式收购是指在目标上市公司经营困难、负债较重但仍有发展前景的情况下，并购方以承担目标上市公司的部分或全部负债为条件，取得上市公司大股东对其转让的部分股份或者由上市公司对其增发股份而实现的对上市公司的收购。此类上市公司收购的具体情况较为复杂，收购方通常会对目标上市公司进行资产重组，其偿债的来源可能是收购方的资金，也可能是被收购方重组产生的现金。

四、权益公开规则与慢走规则

（一）权益公开规则

权益公开又称权益披露，它是指任何人在其直接或间接持有某一上市公司发行在外的股份达到一定比例，或者在其达到该法定比例后又发生一定比例的增减变化时，均须依法定程序公开披露其持股权益的制度。依我国《证券法》第

86条①的规定,权益公开的起点为持有公司发行在外的普通股达到5%时。该规定取消了对法人和自然人权益公开的差别限制,取消了对上市公司和非上市公司的差别性规定。其信息披露由持股人在持股达到该比例之日起的3日之内向公司报告,并由公司向监管部门和交易所在3日之内报告。

权益公开实际上是证券法中公开性原则的体现,它不仅对上市公司收购制度有意义,而且对于禁止市场操纵行为,对于公司法上的限制利益冲突原则均有意义。从我国的实践来看,持股人持股达到权益披露比例或者实施了权益披露后,可能追求公司收购后果,也可能不追求公司收购后果,许多收购人更是追求在强制收购比例之下实现对上市公司的股权控制。从这一原理出发,证券法中的权益公开规则和慢走规则具有独立的法律意义。

与权益公开相关的法律规则还有《证券法》第47条②规定的限制大股东6个月内买卖股份的规则,第77条③规定禁止操纵市场行为的规则等。

(二) 慢走规则

根据我国《证券法》第86条的规定,任何投资者在持有一上市公司已发行股份的5%时,应当在该事实发生之日起的3日内,向证券监管部门和证交所作出书面报告,通知该上市公司,并予以公告,在报告期和作出公告后的2日内,不得再行买卖该上市公司的股票;该投资者在持有的上市公司股份达到5%后,如果又通过增持使其所持该上市公司的股份比例每增加5%或减少5%时,还应依前述规定再进行报告和公告,在报告期和公告后2日内,不得再行买卖该上市公司的股票。这就是慢走规则。

慢走规则的作用在于使投资人对上市公司上市股份的买卖过程依法发生停顿,并依法进行信息披露,从而保护中小股东的利益,避免市场过度震荡。我国

---

① 我国《证券法》第86条规定:通过证券交易所的证券交易,投资者持有或者通过协议、其他安排与他人共同持有一个上市公司已发行的股份达到5%时,应当在该事实发生之日起3日内,向国务院证券监督管理机构、证券交易所作出书面报告,通知该上市公司,并予公告;在上述期限内,不得再行买卖该上市公司的股票。投资者持有或者通过协议、其他安排与他人共同持有一个上市公司已发行的股份达到5%后,其所持该上市公司已发行的股份比例每增加或者减少5%,应当依照前款规定进行报告和公告。在报告期限内和作出报告、公告后2日内,不得再行买卖该上市公司的股票。
② 我国《证券法》第47条规定:上市公司董事、监事、高级管理人员、持有上市公司股份5%以上的股东,将其持有的该公司的股票在买入后6个月内卖出,或者在卖出后6个月内又买入,由此所得收益归该公司所有,公司董事会应当收回其所得收益。但是,证券公司因包销购入售后剩余股票而持有5%以上股份的,卖出该股票不受6个月时间限制。公司董事会不按照前款规定执行的,股东有权要求董事会在30日内执行。公司董事会未在上述期限内执行的,股东有权为了公司的利益以自己的名义直接向人民法院提起诉讼。公司董事会不按照第1款的规定执行的,负有责任的董事依法承担连带责任。
③ 我国《证券法》第77条规定:禁止任何人以下列手段操纵证券市场:(一) 单独或者通过合谋,集中资金优势、持股优势或者利用信息优势联合或者连续买卖,操纵证券交易价格或者证券交易量;(二) 与他人串通,以事先约定的时间、价格和方式相互进行证券交易,影响证券交易价格或者证券交易量;(三) 在自己实际控制的账户之间进行证券交易,影响证券交易价格或者证券交易量;(四) 以其他手段操纵证券市场。操纵证券市场行为给投资者造成损失的,行为人应当依法承担赔偿责任。

《证券法》目前的规定,显然含有鼓励对上市公司收购的意义。

根据我国《证券法》第 87 条[①]规定,投资人依慢走规则应当作出的书面报告和上市公司公告的内容应当包括:(1)持股人的名称、住所;(2)所持有股票的名称、数量;(3)持股达到法定比例或者持股增减变化达到法定比例的日期。这一报告和公告内容中不要求有披露其买卖目的和意图的内容。

第二节 要约收购制度

从商业角度说,对于上市公司收购之基本目标在于取得对上市公司的控股权,这通常是对上市公司进行资产重组的前提。要约收购、协议转让、集中竞价交易、大宗交易、行政划拨、司法裁判等方式,都可运用于上市公司收购。在理论上,仅仅将强制性要约收购规则作为上市公司收购制度的主流的观点实际上是不正确的,甚至是与世界各国上市公司收购制度的现实相悖的。正鉴于此,我国证券法规在强制性要约收购规则之外又规定了更具弹性的要约收购制度。

一、要约收购的基本概念

要约收购是收购人通过向上市公司的股东发出收购要约的方式进行的上市公司收购。收购人在要约收购报告书中可以预定其收购股份的数量,依此对上市公司的要约收购可分为全面性要约收购与部分性要约收购。根据我国证券法律法规的规定,部分性要约预定收购的股份比例,不得低于该上市公司已发行股份的 5%。收购要约根据发出要约时间的不同可分为初始要约和竞争性要约。初始要约指最初提出要约收购的收购人发出的收购要约;竞争性要约是在初始要约发出后,其他投资者向同一上市公司股东发出的收购要约。初始要约和竞争性要约存在竞争关系,竞争性要约出现后法律允许相关要约方有限度地变更法定的要约期限,有限度地变更初始要约内容,相关要约方有义务在法定期限内作出提示性公告,接受初始要约的股东可以撤回部分或全部预售承诺。

与协议收购、竞价收购等方式相比,要约收购具有以下特征:

(1)要约收购是公开收购行为,其中强制要约收购规则更是体现了股东平等原则的要求,需要向被收购上市公司的全体股东发出公开要约并披露与收购有关的信息;而竞价收购与协议收购则是非公开的。

---

① 我国《证券法》第 87 条规定:依照前条规定所作的书面报告和公告,应当包括下列内容:(一)持股人的名称、住所;(二)持有的股票的名称、数额;(三)持股达到法定比例或者持股增减变化达到法定比例的日期。

（2）要约收购的要约是收购人单方面的意思表示行为，在民商法上，意思表示是要约人希望与相对人建立某种权利义务关系的意思的外部表示，一经作出即对要约人形成约束。股东一旦决定出售，则在收购要约期限内收购人必须收购。而协议收购的协议是双方协商一致才能达成。

（3）要约收购的相对人是被收购上市公司的全体股东。要约收购的收购人必须向被收购公司的全体股东发出要约，即使发出的是部分收购要约，也须向全体股东发出。协议收购的相对人则并非一定是全体股东。

（4）收购要约是要式行为。收购要约应当采取书面形式，记载与收购相关的各种要件，如收购人名称、住所、目标公司名称、预定收购的股份数量、收购期限和价格等。收购人发出要约前，应当采取上市公司收购要约报告书的形式，事先向证监会和证券交易所发出报告，否则，不得发出收购要约。

二、要约收购的法定程序

1. 制备并报送收购报告书

根据我国《证券法》及《上市公司收购管理办法》的规定：收购人必须公告上市公司收购报告书，并载明下列事项：(1)收购人的姓名、住所；收购人为法人的，其名称、注册地及法定代表人，与其控股股东、实际控制人之间的股权控制关系结构图；(2)收购人关于收购的决定及收购目的，是否拟在未来12个月内继续增持；(3)上市公司的名称、收购股份的种类；(4)预定收购股份的数量和比例；(5)收购价格；(6)收购所需资金额、资金来源及资金保证，或者其他支付安排；(7)收购要约约定的条件；(8)收购期限；(9)报送收购报告书时持有被收购公司的股份数量、比例；(10)本次收购对上市公司的影响分析，包括收购人及其关联方所从事的业务与上市公司的业务是否存在同业竞争或者潜在的同业竞争，是否存在持续关联交易；存在同业竞争或者持续关联交易的，收购人是否已作出相应的安排，确保收购人及其关联方与上市公司之间避免同业竞争以及保持上市公司的独立性；(11)未来12个月内对上市公司资产、业务、人员、组织结构、公司章程等进行调整的后续计划；(12)前24个月内收购人及其关联方与上市公司之间的重大交易；(13)前6个月内通过证券交易所的证券交易买卖被收购公司股票的情况；(14)中国证监会要求披露的其他内容。收购人发出全面收购要约的，还应当在要约收购报告书中充分披露终止上市的风险、终止上市后收购行为完成的时间及仍持有上市公司股份的剩余股东出售其股票的其他后续安排；收购人发出以终止公司上市地位为目的的全面要约，无须披露第(10)项规定的内容①。

2. 提示性公告

以要约方式收购上市公司股份的,收购人编制要约收购报告书,聘请财务顾问,通知被收购公司,同时对要约收购报告书摘要作出提示性公告。需要依法取得相关部门批准的,收购人应当在要约收购报告书摘要中作出特别提示,并在取得批准后公告要约报告书。

需要注意的是,几种特殊情形下的提示性公告程序也具有特殊性：

(1) 收购人通过协议方式拟收购上市公司股份超过 30%,须改以要约收购方式进行收购的,收购人应当在达成收购协议后的 3 日内对要约收购报告书摘要作出提示性公告,并按照规定履行公告义务,同时免于编制、公告上市公司收购报告书。

(2) 收购人自作出要约收购提示性公告起 60 日内,未公告要约收购报告书的,收购人应当在期满后次一个工作日通知被收购公司,并予公告;此后每 30 日应当公告一次,直至公告要约收购报告书。

3. 被收购公司尽职调查

被收购公司董事会应对收购人的主体资格、资信情况及收购意图进行调查,对要约条件进行分析,对股东是否接受要约提出建议,并聘请独立财务顾问提出专业意见。在收购人公告要约收购报告书后 20 日内,被收购公司董事会应公告被收购公司董事会报告与独立财务顾问的专业意见。

收购人对收购要约条件作出重大变更的,被收购公司董事会应当在 3 个工作日内公告董事会及独立财务顾问就要约条件的变更情况所出具的补充意见。收购人作出提示性公告后到要约收购完成前,被收购公司除继续从事正常的经营活动或者执行股东大会已作出的决议外,未经股东大会批准,被收购公司董事会不得通过外置公司资产、对外投资、调整公司主要业务、担保、贷款等方式,对

---

① 《上市公司收购管理办法》第29条规定:前条规定的要约收购报告书,应当载明下列事项:(一)收购人的姓名、住所;收购人为法人的,其名称、注册地及法定代表人,与其控股股东、实际控制人之间的股权控制关系结构图;(二)收购人关于收购的决定及收购目的,是否拟在未来 12 个月内继续增持;(三)上市公司的名称、收购股份的种类;(四)预定收购股份的数量和比例;(五)收购价格;(六)收购所需资金额、资金来源及资金保证,或者其他支付安排;(七)收购要约约定的条件;(八)收购期限;(九)公告收购报告书时持有被收购公司的股份数量、比例;(十)本次收购对上市公司的影响分析,包括收购人及其关联方所从事的业务与上市公司的业务是否存在同业竞争或者潜在的同业竞争,是否存在持续关联交易;存在同业竞争或者持续关联交易的,收购人是否已作出相应的安排,确保收购人及其关联方与上市公司之间避免同业竞争以及保持上市公司的独立性;(十一)未来 12 个月内对上市公司资产、业务、人员、组织结构、公司章程等进行调整的后续计划;(十二)前 24 个月内收购人及其关联方与上市公司之间的重大交易;(十三)前 6 个月内通过证券交易所的证券交易买卖被收购公司股票的情况;(十四)中国证监会要求披露的其他内容。收购人发出全面要约的,应当在要约收购报告书中充分披露终止上市的风险、终止上市后收购行为完成的时间及仍持有上市公司股份的剩余股东出售其股票的其他后续安排;收购人发出以终止公司上市地位为目的的全面要约,无须披露前款第(十)项规定的内容。

公司的资产、负债、权益或者经营成果造成重大影响。在要约收购期间,被收购公司董事不得辞职。

4. 公告收购要约

根据我国《证券法》规定,收购人在依照规定报送上市公司收购报告书之日起 15 日后,公告其收购要约。在上述期限内,国务院证券监督管理机构发现上市公司收购报告书不符合法律、行政法规规定的,应当及时告知收购人,收购人不得公告其收购要约。收购要约约定的收购期限不得少于 30 日,并不得超过 60 日。

5. 预受与收购

同意接受收购要约的股东(以下简称预受股东),应当委托证券公司办理预受要约的相关手续,预受股东委托证券公司申请证券登记结算机构临时保管预受要约的股票,证券登记结算机构临时保管的预受要约的股票,在要约收购期间不得转让。

在要约收购期限届满 3 个交易日前,预受股东可以委托证券公司办理撤回预受要约的手续;在要约收购期限届满 3 个交易日内,预受股东不得撤回其对要约的接受。在要约收购期限内,收购人应当每日在证券交易所网站上公告已预受收购要约的股份数量。

出现竞争要约时,接受初始要约的预受股东撤回全部或部分预受的股份,并将撤回的股份售予竞争要约人的,应当委托证券公司撤回预受初始要约的手续和预受竞争要约的相关手续。

收购期限届满,发出部分收购要约的收购人应当按照收购要约约定的条件购买被收购股东预受的股份,预受要约股份的数量超过预定收购数量时,收购人应当按照同等比例收购预受要约的股份;以终止被收购公司上市地位为目的的或者未取得中国证监会豁免而发出全面收购要约的收购人,收购人应当按照收购要约约定的条件购买被收购公司股东预受的全部股份。

6. 收购结束报告与公告

收购期限届满后 3 个交易日内,接受委托的证券公司应向证券登记结算机构申请办理股份转让结算、过户登记手续,解除对超过预定收购比例的股票的临时保管;收购人应当公告本次要约收购的结果。收购期限届满,被收购公司股权分布不符合上市条件,该上市公司的股票由证券交易所依法终止上市交易。在收购完成前,其余仍持有股票的股东,有权在收购报告书规定的合理期限内向收购人以收购要约的同等条件出售其股票,收购人应当收购。收购期限届满后 15 日内,收购人应当向中国证监会报送关于收购情况的书面报告,同时抄报派出机构,通知被收购公司,并予以公告。

三、强制性要约收购规则

(一) 强制性要约收购的一般规则

根据我国《证券法》第 88 条①的规定,任何投资者在持有一上市公司发行在外的股份达到公司股份总额的 30% 时,如继续收购增持的,将进入强制性要约收购规则的约束范围;投资者除应向证券监管机构报送收购报告书外,还应当依法向该上市公司的所有股东发出全部或部分收购股份的收购要约(即强制性要约收购)。但自慢走规则期间起,此类投资者通常已经向证券监管机构申请豁免其慢走义务与要约收购义务。

强制性要约收购行为不同于在权益公开规则与慢走规则限制下的股份购买行为,我国《证券法》所规定的强制收购行为实质上具有以下特征:

(1) 它是持有上市公司已发行股份 30% 的投资者继续购买该上市公司股份的行为。就是说,只有在投资者持有股份达到一定比例而继续购股时,方适用强制收购规则,方负有报告义务和强制收购义务。投资者为免受强制性要约收购规则的规制,应当在其持股超过公司股份总额的 30% 前,向证券监管机构申请豁免其强制性要约收购义务。

(2) 它是特定投资者与被收购公司的其他的股东之间依法发生的特殊证券交易行为。尽管收购人依法必须向证券监管机构和证交所报送收购报告书,但该行为本质上是依收购人的收购要约而引起的特殊证券买卖关系,该交易不适用交易所集中竞价成交原则(大宗交易),而应依据收购人在收购要约中提出并被承诺的收购价格和收购条件成交。我国现行《证券法》修改了原《股票发行与交易管理暂行条例》②和原《证券法》对于收购价格的限制性规定,但对于该收购价格的法律控制仍有待于法律解释。

(3) 它是在强行法规则控制下的证券交易行为。就是说,收购人与被收购人之间的买卖关系之主要内容已由法律规定。根据《证券法》的规定,收购人在向证券监管部门报送收购报告书之日起的 15 日后,应公告其收购要约;该收购要约的有效期不少于 30 日,但不超过 60 日;收购人在要约有效期内不得撤回其

---

① 我国《证券法》第 88 条规定:通过证券交易所的证券交易,投资者持有或者通过协议、其他安排与他人共同持有一个上市公司已发行的股份达到 30% 时,继续进行收购的,应当依法向该上市公司所有股东发出收购上市公司全部或者部分股份的要约。收购上市公司部分股份的收购要约应当约定,被收购公司股东承诺出售的股份数额超过预定收购的股份数额的,收购人按比例进行收购。

② 《股票发行与交易管理暂行条例》第 48 条规定:发起人以外的任何法人直接或者间接持有一上市公司发行在外的普通股达到 30% 时,应当自该事实发生之日起 45 个工作日内,向该公司所有股票持有人发出收购要约,按照下列价格中较高的一种价格,以货币付款方式购买股票:(一) 在收购要约发出前 12 个月内收购要约人购买该种股票所支付的最高价格;(二) 在收购要约发出前 30 个工作日内该种股票的平均市场价格。前款持有人发出收购要约前,不得再行购买该种股票。

要约,如需变更收购要约中事项的,必须经证券监管部门批准并履行公告程序;收购人的收购要约内容须与证券监管部门批准报告的内容相一致;收购人在要约期内,不得采取该要约收购以外的形式和超出要约的条件买卖被收购公司的股票;收购人有义务与所有承诺其要约的股东以同一要约条件成交。

根据我国《证券法》第89条的规定,收购人报送证监部门和证交所的收购报告书(其中的交易内容即为收购要约内容)应载明以下内容:(1)收购人的名称、住所;(2)收购人关于收购的决定;(3)被收购上市公司名称;(4)收购目的;(5)收购股份的详细名称;(6)收购的期限和收购价格;(7)收购所需资金额及资金保证;(8)报送上市公司收购报告书时所持有被收购公司股份数占该公司股份总数的比例。

(二) 强制性要约收购的法律后果

根据上市公司收购要约届满时的法律后果,强制收购行为可能导致收购失败与收购成功两种情况。收购失败是指要约期满时,收购要约人未能收购取得上市公司应有的股权份额;而所谓收购成功是指在要约期满时,上市公司的其他股东承诺将其所持股份售卖于收购要约人(实际将导致上市公司私有化)。根据强制收购规则,收购要约人在上市公司收购成功的情况下,可能面临以下几种情况:

(1) 终止上市交易。要约期满时,收购人持有目标公司的股份达到该公司股份总数的75%以上,而使该公司的公众持股不足法定上市比例的,按照《证券法》的规定,该上市公司股票应当在证券交易所终止上市交易;但收购人在法定期限内作减持纠正处理的除外。

(2) 强制受让。根据《证券法》的规定,收购期限届满,被收购公司股权分布不符合上市条件依法应当终止上市交易的,其余仍持有被收购公司股票的股东,有权向收购人以收购要约的同等条件出售其股票,收购人应当收购。

(3) 变更企业组织形式。收购行为完成后,被收购公司如不再具备公司法规定的股份有限公司条件的,应当依法变更企业形式。

(4) 更换股票、注销公司。根据《证券法》,收购行为完成后,收购人与被收购人合并,并将该公司解散的,被解散公司的原有股票由收购人依法更换。公司合并后,应当注销被解散的公司。

四、要约收购的豁免规则

要约收购规则主要体现了证券法的公平原则,而相关的要约豁免制度则维护了证券交易的效率价值,具有降低交易成本,促进产权交易,优化资源配置的功用。产生强制性要约收购义务的情况非常复杂,而强制性要约收购需要大量的资金和资源,这对收购方而言无疑是沉重的负担,且可能会使得收购在事实上无法进行。对于某些特殊情况下使得自己的持股比例达到强制性要约收购比例的投资者而言,这一强制性规则是不公平的,故我国《证券法》及《上市公司收购管理办法》规定了针对上市公司要约收购的相关豁免制度。

(一) 免予以要约收购义务的一般规则

《上市公司收购管理办法》规定,投资者及其一致行动人可以向中国证监会申请下列豁免事项,并应当聘请律师事务所等专业机构就豁免事项出具专业意见。凡符合下列情形之一者,收购人可以向中国证监会提出免于以要约方式增持股份的申请:

(1) 收购人与出让人能够证明本次股份转让是在同一实际控制人控制的不同主体之间进行,未导致上市公司的实际控制人发生变化;

(2) 上市公司面临严重财务困难,收购人提出的挽救公司的重组方案取得该公司股东大会批准,且收购人承诺3年内不转让其在该公司中所拥有的权益;

(3) 中国证监会为适应证券市场发展变化和保护投资者合法权益的需要而认定的其他情形。

收购人报送的豁免申请文件符合规定,并且已经按照本办法的规定履行报告、公告义务的,中国证监会予以受理;不符合规定或者未履行报告、公告义务的,中国证监会不予受理。中国证监会在受理豁免申请后20个工作日内,就收购人所申请的具体事项作出是否予以豁免的决定;取得豁免的,收购人可以完成本次增持行为。[1]

(二) 免予向被收购上市公司的所有股东发出收购要约

有下列情形之一的,投资者可以向中国证监会提出免于发出要约的申请,中国证监会自收到符合规定的申请文件之日起10个工作日内未提出异议的,相关投资者可以向证券交易所和证券登记结算机构申请办理股份转让和过户登记手续;中国证监会不同意其申请的,相关投资者应当按照《上市公司收购管理办法》第61条的规定办理:

(1) 经政府或者国有资产管理部门批准进行国有资产无偿划转、变更、合并,导致投资者在一个上市公司中拥有权益的股份占该公司已发行股份的比例

---

[1] 《上市公司收购管理办法》第62条规定:有下列情形之一的,收购人可以向中国证监会提出免以要约方式增持股份的申请:(一) 收购人与出让人能够证明本次股份转让是在同一实际控制人控制的不同主体之间进行,未导致上市公司的实际控制人发生变化;(二) 上市公司面临严重财务困难,收购人提出的挽救公司的重组方案取得该公司股东大会批准,且收购人承诺3年内不转让其在该公司中所拥有的权益;(三) 中国证监会为适应证券市场发展变化和保护投资者合法权益的需要而认定的其他情形。收购人报送的豁免申请文件符合规定,并且已经按照本办法的规定履行报告、公告义务的,中国证监会予以受理;不符合规定或者未履行报告、公告义务的,中国证监会不予受理。中国证监会在受理豁免申请后20个工作日内,就收购人所申请的具体事项做出是否予以豁免的决定;取得豁免的,收购人可以完成本次增持行为。

超过30%;

(2) 因上市公司按照股东大会批准的确定价格向特定股东回购股份而减少股本,导致投资者在该公司中拥有权益的股份超过该公司已发行股份的30%;

(3) 中国证监会为适应证券市场发展变化和保护投资者合法权益的需要而认定的其他情形。

(三) 要约收购豁免的简易申请程序

有下列情形之一的,相关投资者可以免于按照前述规定提交豁免申请,直接向证券交易所和证券登记结算机构申请办理股份转让和过户登记手续:

(1) 经上市公司股东大会非关联股东批准,投资者取得上市公司向其发行的新股,导致其在该公司拥有权益的股份超过该公司已发行股份的30%,投资者承诺3年内不转让本次向其发行的新股,且公司股东大会同意投资者免于发出要约;

(2) 在一个上市公司中拥有权益的股份达到或者超过该公司已发行股份的30%的,自上述事实发生之日起一年后,每12个月内增持不超过该公司已发行的2%的股份;

(3) 在一个上市公司中拥有权益的股份达到或者超过该公司已发行股份的50%的,继续增加其在该公司拥有的权益不影响该公司的上市地位;

(4) 证券公司、银行等金融机构在其经营范围内依法从事承销、贷款等业务导致其持有一个上市公司已发行股份超过30%,没有实际控制该公司的行为或者意图,并且提出在合理期限内向非关联方转让相关股份的解决方案;

(5) 因继承导致在一个上市公司中拥有权益的股份超过该公司已发行股份的30%;

(6) 因履行约定购回式证券交易协议购回上市公司股份导致投资者在一个上市公司中拥有权益的股份超过该公司已发行股份的30%,并且能够证明标的股份的表决权在协议期间未发生转移;

(7) 因所持优先股表决权依法恢复导致投资者在一个上市公司中拥有权益的股份超过该公司已发行股份的30%。

相关投资者应在前述规定的权益变动行为完成后3日内就股份增持情况做出公告,律师应就相关投资者权益变动行为发表符合规定的专项核查意见并由上市公司予以披露。相关投资者按照前述第(2)项、第(3)项规定采用集中竞价方式增持股份,每累计增持股份比例达到该公司已发行股份的1%的,应当在事实发生之日通知上市公司,由上市公司在次一交易日发布相关股东增持公司股份的进展公告。相关投资者按照前述第(3)项规定采用集中竞价方式增持股份的,每累计增持股份比例达到上市公司已发行股份的2%的,在事实发生当日和上市公司发布相关股东增持公司股份进展公告的当日不得再行增持股份。前述第(2)项规定的增持不超过 2% 的股份锁定期为增持行为完成之日起 6 个月。

第三节 协议收购法律制度

一、协议收购的概念与特征

协议收购是与要约收购相对应的一种股份收购方式。概括地说,协议收购是指收购方与上市公司的大股东通过合同方式,磋商购买上市公司股份的收购方式。它本质上是当事人依据合同法和公司法对上市公司股权的合同转让行为。协议收购的优点是收购成本低,对股市冲击较小,但是该收购方式信息公开不足,难以充分贯彻公平性原则,且证券监管部门对其的监管也有一定难度。

从理论上说,以协议转让方式收购上市公司应当在法律上避免交易当事人之间因信息披露不真实而产生的潜在争议,相关证券市场机构还应当对相关的资金清算与股份交割过户环节设置保障措施。但从目前的实践来看,证券监管部门对于上市公司协议收购的合同监管尚未提出有效的措施。本书认为,证券监管部门至少应当对于上市公司协议收购的合同规定指引性标准条款甚至推定性条款,该等条款中除实质性交易条件外,还应当规定承诺与保证条款、违反承诺与保证的欺诈推定条款、资金支付与股份交割条款、相关当事人的持续性责任条款、违约认定与违约责任条款等。

上市公司协议收购主要具有以下特征:

(1) 协议收购的交易对象具有特定性。上市公司协议收购不同于要约收购和竞价交易方式收购,协议收购的收购方和出让方均为特定的当事人,且收购人多选择股权较为集中的上市公司的大股东进行协议收购之协商。

(2) 协议收购具有不透明性。上市公司协议收购的特点是谈判不公开、价格不透明、交易期间具有不确定性;对上市公司股份的协议转让或大宗交易转让,原则上需要证券市场机构采取特殊的方式监管。

(3) 协议收购的程序简单便捷且其交易成本低。在上市公司协议收购中,只要交易双方当事人达成一致,并且履行了相关公告、报告程序及国有股权转让报批程序,即可到证券登记结算机构办理股份过户手续。在符合法定条件的情况下,其程序与规制较少,交易手续费较低,收购人可以较快取得对上市公司的控制权。

(4) 协议收购不易遭遇反收购措施的障碍。协议收购是收购方与上市公司主要股东基于友好协商达成一致的股份收购交易。公司董事会和高管层通常会直接参与上市公司控制权转移过程,且收购协议中通常会对公司业务、人员和资产作出安排,因此原则上不会受到公司董事会和管理层的抵制。而要约收购的交易对象是目标上市公司的全体股东,股东接受要约收购条件时,原则上不需要经过上市公司董事会或高管层的同意,并且极易产生恶意收购情形,时常会遭遇公司内部人抵制。

二、协议收购的条件与程序

协议收购通常遵循以下条件与程序:

1. 谈判确定收购协议的意向书。收购方首先须与上市公司的大股东协商确定上市公司协议收购的意向书。根据法律规定,上市公司协议收购事项应当经交易双方及上市公司的股东会和董事会决议批准;涉及国有股份转让、国家产业政策、行业准入政策的,应当取得国家相关机关的批准。相关交易当事人和相关的国家机关应当在收购协议事项公开前承担保密义务。

2. 协议收购的双方当事人签订收购协议或股份转让协议。协议收购交易的双方当事人可以依照法律和行政法规的要求,对于收购股份的数额、交易价格、履行方式、履行期限、双方权利义务等实质交易条件和旨在保障当事人信用安全的指引性条款进行具体约定并签署协议。收购方有权要求上市公司按照其董事会和股东大会的决议,出具相关的批准或许可文件。

3. 报告与公告。当事人以协议方式收购上市公司签署协议后,收购人和相关当事人应当在协议签署日起的 3 日内将该收购事项向国务院证券监督管理机构及证券交易所作出书面报告,并予以公告。在未作出公告前不得履行收购协议。

4. 股票保管与资金管存。根据我国《证券法》的规定,当事人应当委托证券登记结算机构临时保管其拟转让的股票,并将用于支付的资金管存于证券登记结算机构指定的银行账户。但是,按照我国《上市公司收购管理办法》第 55 条第 1 款[①]的规定,当事人必须凭全部转让款存放于双方认可的银行账户的证明,才能向证券登记结算机构申请解除拟转让股票的临时保管,并办理过户登记手续。这就是说,收购方的资金应当存放于证券登记结算机构指定并且为双方当事人认可的银行账户;另外,收购资金全部到位及证明是协议收购的强制性条件。

5. 股票过户与交割。收购报告书公告后,协议收购当事人应当按照证券交易所和证券登记结算机构的业务规则,在证券交易所就本次股份转让予以确认后,凭转让款存放于双方认定的银行账户的证明,向证券登记结算机构申请解除拟协议转让股票的临时保管,并办理股份转让和过户登记手续。未按照规定履

[①] 我国《上市公司收购管理办法》第 55 条规定:收购报告书公告后,相关当事人应当按照证券交易所和证券登记结算机构的业务规则,在证券交易所就本次股份转让予以确认后,凭全部转让款项存放于双方认可的银行账户的证明,向证券登记结算机构申请解除拟协议转让股票的临时保管,并办理过户登记手续。

行报告、公告义务或未按规定提示申请的,证券交易所和证券登记结算机构不予办理股份转让和过户登记手续。收购人在收购报告书公告后 30 日内仍未完成相关股份过户登记手续的,应当公告并说明理由;在未完成股份过户期间,应当每隔 30 日公告相关股份过户办理的进展情况。

6. 收购结束报告与公告。收购上市公司的行为结束后,收购人应当在 15 日内将收购情况报告国务院证券监督管理机构和证券交易所,并予以公告。收购人对所持有的目标公司的全部股票,在收购行为完成后的 6 个月内不得转让。

三、协议收购中的信息披露问题

上市公司协议收购虽然采取民事合同或协议方式履行,虽然其履行期限具有不确定性和持续性,但同样应当遵循信息披露的基本规则。然而与上市公司要约收购不同,协议收购中的信息披露更主要的是采取向证券监管部门报告的形式。

1. 上市公司协议收购的收购方应当披露其一致行动人持股信息。各国证券市场机构对于一致行动人的范围界定均比较宽泛,原则上凡具有一致行动合意或者可以合理推定其具有一致行动合意事实的群体都可以界定为一致行动人。在对收购方及其一致行动人持股合并计算的基础上,该收购方及其代表的一致行动人当然也要遵循权益披露规则、慢走规则与要约收购规则。

2. 以协议收购方式收购上市公司股份将超过公司股份30%的,收购方应当申请豁免其要约收购义务。该收购方应当自与上市公司大股东达成收购协议之日起的 3 日内将上市公司收购报告书、豁免申请和其他规定文件提交证监会和证券交易所;并且应当委托财务顾问机构及律师事务所就豁免申请出具专业意见和法律意见书。收购人自取得证监会的豁免决定之日起的 3 日之内,应当公告其收购报告书、财务顾问专业意见和法律意见书。收购人未取得豁免的,应当自收到证监会的决定之日起的 3 日之内对该决定事项予以公告。在此之后,收购方及其一致行动人应当自收到证监会通知之日起的 30 日内,将其一致行动人账户内的上市公司股份减持至公司股份总额的 30%以下。

3. 根据我国《上市公司收购管理办法》的规定,收购方在进行上市公司协议收购时,应当向证监会提交下列文件:(1)中国公民的身份证明,或者在中国境内登记注册的法人营业执照,或者其他社会组织的证明文件。(2)基于收购人的实力和从业经验对上市公司后续发展的可行性说明,收购人拟进行的修改公司章程、改选董事会、改变或调整公司业务计划等事项的说明。(3)收购方及其关联方与其所收购的上市公司存在同业竞争或潜在关联交易的,应当提交关于避免同业竞争和利益冲突,保证上市公司经营独立性的说明。(4)收购方为法人或其他组织的,应当提交其控股股东、实际控制人最近两年未变更的说明。

(5) 收购方应当提交关于其控股股东或者实际控制人的核心企业、核心业务、关联企业、主营业务的说明；收购方或其实际控制人为两个以上上市公司的控股股东或实际控制人的，还应提供其持股在 5% 以上的上市公司、商业银行、信托公司、证券公司、保险公司的情况说明。(6) 财务顾问关于收购方最近 3 年的诚信记录、收购资金来源合法性、收购方具备履行相关承诺的能力、关于信息披露真实性的核查意见。

4. 在以协议收购方式收购上市公司的过程中，该目标上市公司同样也负有信息披露义务。根据《证券法》的规定，尽管协议收购事项发生于不确定期间，但上市公司自知道或应当知道该事项时起，当然对于其本公司被收购事项和影响公司股价的重大事件有及时进行信息披露的义务。而根据我国《上市公司收购管理办法》的规定，该上市公司应当对收购方的主体资格、资信情况、收购意图进行调查，并聘请独立财务顾问提出专业意见；在收购方公告收购报告书后的 20 日内，上市公司应当将公司董事会报告与独立财务顾问出具的专业意见报送证监会、证券交易所，并应当作出公告。

四、上市公司控制权转让的特殊形式

在我国证券市场中，由于对上市公司的收购实际遇有种种障碍，法律关于鼓励上市公司收购重组的宗旨实际上很难顺利实现。在证券市场实践中出现了各种通过间接途径实现上市公司控制权移转的法律形式。其中比较重要的是通过吸收合并规则、定向增发规则、间接收购规则实现的上市公司控制权移转。

(一) 吸收合并规则的特殊适用

按照我国《公司法》第 173 条[①]的规定，一公司可以被另一公司所吸收合并，如果吸收合并前者的续存公司实际上为一上市公司，则该吸收合并必然会引起该上市公司股权结构的改变，并且最终可能导致该上市公司实际控制权的改变。这就是说，《公司法》上的吸收合并规则可能成为上市公司实际控制权改变的工具。证券市场的企业投资者正是通过此种方式实现了对上市公司的实际控制。企业投资者将其被吸收企业合并进上市公司首先涉及对被吸收企业资产与上市公司资产的双向资产评估和财务审计，而该被吸收公司资产的折股价格取决于上市公司评估后的每股净资产值。其次，该吸收合并的合理完成又涉及双方公司的净资产回报率，该被吸收公司资产的折股价格必须考虑到与该上市公司的净资产回报率大体均衡。再次，双方公司的负债率不可以过高，将财务状况恶劣

[①] 我国《公司法》第 173 条规定：公司合并，应当由合并各方签订合并协议，并编制资产负债表及财产清单。公司应当自作出合并决议之日起 10 日内通知债权人，并于 30 日内在报纸上公告。债权人自接到通知书之日起 30 日内，未接到通知书的自公告之日起 45 日内，可以要求公司清偿债务或者提供相应的担保。

的公司进行吸收合并很难保证其公平性。最后,证券监管部门实际上还对与上市公司进行的吸收合并设有条件规则。

在我国经济生活中,企业资金紧张问题是一持续性的社会问题。而在法律合理控制的条件下,通过吸收合并方式将企业资产折为上市公司股权显然具有重要的意义。它可以有效地扩张上市公司的市值与经营规模,可以有效地解决银根紧张难题,证券监管部门完全应当放宽对于吸收合并规则合理适用的管制。

(二) 定向增发规则的特殊适用

定向增发原本是我国上市公司增资发行股份的传统方式,其中相当一部分定向增发股份采取资产折股方式。但在证券市场实践中,证券公司成功地将其发展为改变上市公司实际控制权的工具。其实际过程可大体概括为:控股拥有经营性公司的企业投资人首先与上市公司及其相对控股人(此类上市公司可能持股极度分散)协商合作,取得该上市公司同意对其进行定向增发股份的承诺与安排,该相对控股人可能并不对企业投资人转让上市公司股份,而仅仅支持对其定向增发股份。其次,由该上市公司安排对该经营性公司进行资产评估与财务审计,聘请证券公司进行增资发行准备,并向证券监管部门申请对该企业投资人进行定向增发。再次,在证券监管部门审核批准其定向增发时将确定每股增发价格以及关于以资产折股的许可。最后,在实际进行定向增发时,该上市公司将经营性公司资产按净资产值折为上市公司股份,该股份交割予企业投资人。

在以定向增发方式实现上市公司股权结构改变的过程中,最为重要的环节是证券监管部门审批确定每股增发价格的过程。该每股增发价格畸高或畸低都会影响相关当事人的正当利益,造成不公平的效果。证券监管部门应当深入地研究定向增发价的合理区间,特别应当鼓励资产折股方式的法律适用。

(三) 间接收购规则的法律适用

间接收购是收购人并不改变上市公司的股权结构,而通过收购控制上市公司的控股母公司的途径间接控制该上市公司的收购方式。在证券市场实践中,收购人既可以通过取得上市公司控股股东股权的方式达到对上市公司的间接控制,也可以通过与上市公司控股股东成立合资公司的方式,对上市公司取得实际控制权。其核心目的在于试图规避证券监管部门对上市公司及其实际控制人的监管。

根据《上市公司收购管理办法》的规定,间接收购同样应当受到持股预警信息披露的规范,相关的权益披露规则、慢走规则、要约收购规则、豁免规则等原则上均适用于间接收购人。同时,收购人完成间接收购应当视为上市公司实际控制人变更,当事人必须履行相关的信息披露义务。不仅如此,被间接控制的上市公司及其董事会同样要履行严格的信息披露义务,各种拒绝监管者将受到严厉查处。

本章参考文献：

1. 叶林：《证券法》（第四版），中国人民大学出版社 2013 年版。
2. 朱锦清：《证券法学》（第三版），北京大学出版社 2011 年版。
3. 刘俊海：《现代证券法》，法律出版社 2011 年版。
4. 陈忠谦：《上市公司收购》，法律出版社 2007 年版。
5. 〔美〕索德奎斯特著：《美国证券法解读》，胡轩之、张云辉译，法律出版社 2005 年版。
6. 刘峰、涂国前：《中国上市公司控制权转移的动机研究》，载《财经研究》2016 年第 10 期。
7. 朱庆：《上市公司收购防御决议机制立法模式的反思与重构》，载《学术界》2016 年第 2 期。
8. 李东方：《上市公司收购监管制度完善研究——兼评"〈证券法〉修订草案"第五章》，载《政法论坛》2015 年第 6 期。
9. 郑彧：《上市公司收购法律制度的商法解读》，载《环球法律评论》2013 年第 5 期。
10. 蔡伟：《强制要约收购制度的再审视——效率视角下的实证分析》，载《中外法学》2013 年第 4 期。
11. 明杰：《上市公司收购诸问题研究》，载《法学》2001 年第 2 期。

第七章 证券违法行为之责任

第一节 证券违法行为之概述

一、证券违法行为的概念与特征

证券违法行为是指在证券发行与证券交易过程中,违法行为人从事的破坏证券市场秩序,侵害投资者合法权益,应当承担法律责任的行为。学者间通常习惯于将证券违法行为称为"证券法上的禁止行为""证券法上的不当行为"等,这实际上仅仅强调了其行政违法行为性质,其本质当然就是违法行为。① 从广义上说,证券违法行为涵盖了在证券发行与证券交易过程中,不法行为人从事的各种违法行为,其中相当一部分是一般民事违法行为(如违约或侵权)、犯罪行为、行政违法行为等;从狭义上讲,证券违法行为专指违反证券特别法或商特别法,在证券发行与证券交易过程中发生的特殊违法行为,其违法行为规范具有复杂性与技术性。

从理论上说,广义的证券违法行为中很大一部分属于民事违法行为、刑事违法行为或行政违法行为,仅其与证券市场相关,对其冠之以证券违法行为并无实际意义。法律对此类违法行为的制裁和监管并不存在任何技术困难。但对于狭义的证券违法行为来说,现行证券法规对其的规范极端不足,此类行为的类型化研究远未完成,对各类证券违法行为的构成要件分析争议迭起,相当一部分证券违法行为至今亦无法纳入有效司法裁判的范围(受所谓前置程序影响),更罔论对受害人给予民事赔偿了。证券法理论应当以狭义的证券违法行为为核心,鼎力推进对此类违法行为的研究,以解决我国证券市场中长期存而未解的问题。②

证券违法行为主要表现出以下几方面特征:

(1)其违法行为主体具有复杂性,并且其行为多为共同行为。证券违法行为的主体往往涉及证券市场的各类参与人,可能包括发行证券的上市公司、上市公司内部人、证券经营机构、专业性中介机构、证券投资机构、证券登记结算机构及各类投资者。在证券发行过程中,各类相关主体依法具有辅助担保关系和协

---

① 参见马士腾:《我国证券行政处罚制度研究》,载《金田》2013年第5期。
② 参见刘志勇、陈洁:《证券市场民事责任的法律解析》,载《理论界》2010年第3期。

同工作关系,极易酿成共同违法行为;在证券交易过程中,相关信息披露主体和各类投资人具有利益关联性,每一市场操纵行为实际上都是共同行为,并且相当一部分共同行为主体的过错仅为过失。

(2) 其违法行为的主观方面也具有复杂性,并且司法实践早已迫切要求对证券违法行为的裁判突破传统刑民法律关于故意与过失的简单标准。在目前的证券法制实践中,证券经营机构和专业性中介机构早已被要求履行较之一般当事人更为严格的专业人员的审慎注意标准,违反者将被视为具有重大过失(等同于故意),而非一般过失。在证券交易过程中,仅仅在共同违法中起帮助作用的当事人也被视为共同违法行为人,完全突破了传统刑民法律关于共同行为仅基于共同故意的陈旧认识。

(3) 证券违法行为的受害人往往为不特定多数人,并且其所涉违法金额通常较高,其行为具有极大的社会危害性。由于证券违法行为的受害人具有不特定性和不确定性,其自我保护意识也相对薄弱,这加大了监控和制裁证券违法行为的难度。多数证券违法行为人所承担的责任仅为其违法所得的一小部分,并且目前的司法裁判实际上还不可能给予违法行为的受害人以公平全面的民事赔偿。

(4) 证券违法行为的隐蔽性强。在证券市场中,上市公司所涉及的证券发行、证券交易、资产重组、公司收购等事项具有很强的专业性,需要有会计、法律、经济、证券审核等方面的专业知识,一般投资者很难深入掌握。而在这复杂多变的各个环节中,违法行为人都有可能有意从事隐蔽性的欺诈行为,而相关的专业机构与人员的合法审核外衣实际上为其侵害证券市场投资者合法权益的行为提供了保护。

(5) 证券违法行为的表现形式多样。我国为新兴证券市场,证券法规的发展尚处于初级阶段,目前法律对基本的证券违法行为的规范并不完善(例如现行法尚不能对证券发行中的虚假陈述和操纵市场行为中的因果关系要件作出明确规定);而随着金融创新的进程,各种证券违法行为的类型又层出不穷,许多采取信用交易方式的证券违法行为基本上未得到有效的法律规范。可以说,现实社会的证券违法行为早已突破了传统刑民法律的简单模式,对于此种复杂违法行为的类型化研究和规范还有很长的路要走。

对于证券违法行为的上述特征分析表明,此类违法行为实际上具有特定的含义。依据广泛含义来界定证券违法行为,不仅对于司法实践没有实际意义,而且彻底打乱了我国法律体系关于部门法分类的合理标准,仅依据行业来界分法律部门或违法行为类型,显然是不足取的。

二、证券违法行为之法律责任

任何当事人的行为一经构成证券违法行为即应承担法律责任,这一法律责任包括民事责任、刑事责任和行政责任。根据我国法律的规定,此三种法律责任对同一证券违法行为原则上可以同时适用,并行不悖;但具体的法律责任追究实际上取决于对具体法律规范适用的可能性。

(一) 证券违法行为的民事责任

民事责任是证券违法行为的最主要责任形式,我国《证券法》中明确规定了证券违法处罚中的民事责任优先原则。证券违法行为民事责任的主旨在于通过司法裁判强制不法行为人对于受害人(无论是特定当事人还是不特定多数人)给予赔偿或补偿。

但是在我国目前的法制实践中,司法裁判实际上仅能在一般民事违法行为(可能涉及证券)案件中强制不法行为人对于特定受害人承担赔偿责任;而对于严格意义上的证券违法行为却很难对不法行为人通过司法裁判,强制其对受害人承担民事赔偿责任。其原因有二:其一,证券违法行为的受害人多为不特定多数人,对于不法行为人的民事诉讼应当采取集团诉讼或派生诉讼方式,而我国相关的诉讼制度因政策原因目前尚不完善。其二,我国法律目前对于证券发行中的虚假陈述和操纵市场等行为的基本构成要件尚未作出合理的规定,特别是对于因果关系要件尚不能作出具体规定。在证券已经上市流通的情况下,司法机关无法合理地判定不法行为人应当赔偿予不特定且不确定受害人的基本价差。由此可见,民事责任优先原则并不应是一简单的口号。

(二) 证券违法行为的刑事责任

证券刑事责任是司法机关对于违法情节严重,已经构成犯罪的证券违法行为人给予的刑事处罚,当事人是否构成犯罪以及对其的量刑幅度均已由刑法明确规定。应当说,对证券违法行为处以刑事责任并不存在任何问题,这一刑事责任程序实际上对于情节严重,有重大影响的证券犯罪行为显然具有重要的惩戒作用。我国的《刑法》《证券法》和后来的刑法修正案对于证券违法行为作了较为全面的规定。

但是,证券刑事责任毕竟仅仅是对情节严重、已经构成犯罪的违法行为的处罚,对于不构成犯罪的违法行为则无能为力;并且它并不能给证券违法行为的受害人任何补偿,这与传统犯罪行为人给特定受害者造成侵害的刑事处罚情况根本不同。[1]

---

[1] 在传统刑事犯罪的裁判中,通常在刑事处置之处,要求犯罪行为人以个人财产或家庭财产赔偿受害人。

（三）证券违法行为的行政法责任

证券违法行为的行政法责任是证券监管机关依法对不法行为人给予的行政处罚或者行政处分；被处罚或处分的不法行为人在不服处罚或处分时，可以要求复议。我国《证券法》及相关的法规对于各种证券违法行政责任有详尽的规定。

按照我国《证券法》的规定，证券违法行为的行政法责任形式包括：责令停止发行、退还所募资金并加算银行同期存款利息；警告；取消从业资格；取缔违法公开发行证券的合同；吊销营业执照；责令关闭；责令改正；没收违法所得；罚款；不得行使表决权；撤销任职资格；暂停或者撤销业务许可；责令依法处理非法持有的股票；限制股东权利；通知出境管理机关依法阻止违法人员出境，等等。

应当说，对于证券违法行为给予行政处罚或处分是制裁不法行为人的灵活、便利的有效方式；但这一责任方式同样因不能解决对证券违法行为受害人的赔偿或补偿而颇受非议。不仅如此，随着证券监管权的发展，证券监管机关不受限制的行政处罚权或处分权过度扩张始终是一值得检讨的问题。

三、三大证券违法行为及其民事责任性质

在众多证券违法行为中，比较重要的类型为：发行中的虚假陈述行为、操纵市场行为和内幕交易行为，它们通常被并称为三大证券违法行为。

发行中的虚假陈述行为又称为基于虚假陈述的发行行为，其中最为严重的行为类型是基于故意虚假陈述的欺诈发行行为。此类违法行为对证券市场具有严重的破坏性影响；我国证券监管部门查处的多起证券发行造假案例均属于此类。发行中的虚假陈述行为之核心并不在于虚假陈述，而在于其发行圈钱行为。它不仅侵害了投资者的所谓"知情权"，更重要的是以卑劣手段侵害了投资者的财产权。

操纵市场行为同样是严重破坏证券市场秩序，故意侵害投资者权益的违法行为。在此类违法行为中，不法行为人利用其资金、信息等优势，恶意操纵证券市场价格或交易量，制造供求关系假象，追求其欺诈谋利的效果。此类违法行为多具有共同行为性、技术行为性和故意行为性的特点。在现代金融市场条件下，操纵市场行为更表现出多边市场操纵和信用交易操纵的特征，使其对证券金融市场的危害性更加放大。

内幕交易行为是世界各国证券市场中发展较晚的违法行为类型，目前各国学者间对于内幕交易行为的构成要件和制裁方式仍存在争议。概括地说，内幕交易行为是内幕信息的知情人在该信息依法披露前，非法利用该信息买卖相关证券、泄露该信息或者建议他人买卖相关证券的违法行为。内幕交易行为在证券现货市场和证券期货市场适用的管制规则有很大的不同，目前多数国家的证券监管部门仅对上市公司的内部人强化了内幕交易监管。

各国证券法学者对于三大证券违法行为的民事责任性质有不尽相同的认识。英国早期学者强调发行中的虚假陈述行为和操纵市场行为的内容欺诈性质,将其类比为民事欺诈行为;许多英国学者将证券发行的过程类比为所谓最高诚信合同的签署过程,从而将发行中的虚假陈述行为类比为违约。[1] 这些类比显然忽视了现代证券违法行为的复杂性及其构成要件的特殊性,这些特殊的违法行为显然无法通过简单类比装入传统的民事违法行为类型框架。

我国证券法学者中多数人认为,三大证券违法行为就其性质而言属于侵权行为;立法仅仅对于侵权行为才可能进行类型化规范,才可能在不同类型的行为中容纳内容复杂又不尽相同的构成要件,才可能对其适用合理的诉讼时效制度。但必须强调指出,三大证券违法行为甚至全部证券违法行为并不等同于民法中的一般侵权行为或特殊侵权行为,其构成要件远非主观要件、客观要件、损害后果、因果关系那样简单,也无法以过错原则对于不同的证券违法行为进行分类。此类证券违法行为实质上是商特别法中的侵权行为,证券法学者应当跳出民法上侵权行为的传统窠臼对证券违法行为加以专门研究。

四、关于其他证券违法行为的简要分析

除上述三大证券违法行为外,证券市场中还存在着大量的证券违法行为,但是证券法理论中尚无法对其进行全面的列举和分类。本书仅能对其进行粗浅而不周延的介绍。

(一)欺诈客户行为

欺诈客户行为是指证券公司、证券投资咨询公司、证券登记结算机构及其从业人员在证券交易活动中违反忠实义务与勤勉义务,以欺骗手段从事的损害客户或被代理人利益的违法行为。根据我国《证券法》第79条的规定,欺诈客户行为的行为态样包括:(1)违背客户的委托为其买卖证券;(2)不在规定时间内向客户提供交易的书面确认文件;(3)挪用客户所委托买卖的证券或者客户账户上的资金;(4)未经客户的委托,擅自为客户买卖证券,或者假借客户的名义买卖证券;(5)为牟取佣金收入,诱使客户进行不必要的证券买卖;(6)利用传播媒介或者通过其他方式提供、传播虚假或者误导投资者的信息;(7)其他违背客户真实意思表示,损害客户利益的行为。根据法律规定,欺诈客户行为给客户造成损失的,不法行为人应当对受害人承担赔偿责任。由于欺诈客户行为在证券市场交易活动中具有典型性和普遍性特点,我国《证券法》对其加以特别规定。

---

[1] 参见胡国生、黄英君、柏振忠:《法制视角下的我国证券市场监管思考》,载《西南金融》2016年第6期。

（二）侵权性违法行为

在证券违法行为中，凡属于侵害当事人绝对权的行为均属于侵权性违法行为。例如不法行为人（包括上市公司和证券经营机构）侵害投资者拥有的股权、股东选举权、知识产权、物权、账户内资金权利、信息知情权等情况。侵权性违法行为的情节往往比较恶劣，不法行为人或公然剥夺他人权利，或采取欺诈手段骗夺他人权利，或借助上市公司及其内部人的特殊地位蒙骗受害人。事实上，多数复杂的证券违法行为都是侵权行为，而受害人拥有绝对权的证据事实也是不法行为人难以抹杀的。

侵权性违法案件的受害人原则上可以通过民事诉讼方式向违法行为人诉请其承担赔偿责任，这显然为侵权案件的受害人提供了有效的法律救济手段。

（三）违约或违反承诺的违法行为

在证券违法行为中，凡属于违背合同约定或当事人单方承诺者，均构成违约性违法行为。在公司证券发行、证券市场交易、上市公司要约收购、上市公司重组等过程中，相关主体存在着大量的合同性约定或者承诺，凡违反此类约定或承诺者均构成违法行为，应当对受害方当事人承担违约责任。

与行政违法案件不同，侵权性违法案件与违约性违法案件的受害人原则上均可以通过民事诉讼方式向违法行为人诉请承担赔偿责任或违约责任；但是受害人为不特定多数人的案件则可能遭遇诉讼困难。由此可见，我国民商法中关于侵权行为与违约行为的法律分类实际上具有保护受害人民事权利的重要作用，而行政法规定的行政违法案件多数却很难纳入民事诉讼的范围。

（四）违反行政法规的违法行为

在证券市场实践中，大多数证券违法行为属于行政违法行为。例如上市公司违反信息披露规则的行为、上市公司持股在5%以上的股东从事的短线交易行为、不法行为人在上市公司收购重组中从事的违法行为、不法行为人违反要约收购规则的行为、不法行为人违反豁免申请规则的行为、不法行为人在证券交易中从事的违法行为，等等。应当说，行政法规定的行政违法行为类型是数量最为浩瀚的，证券监管部门最应当在各种行政法规中提炼出重要的证券违法行为类型，并将其提升为法律规范，特别是证券交易中的违法行为类型和上市公司收购重组中的违法行为类型。

调整行政违法行为的法律规范具有其自己的特点：首先，其规则多为禁止性规范；其次，其规则通常依赖于证券监管部门自身来执行，其制裁措施通常为行政处分或处罚手段；最后，其规范结构相对简单，非常易于执行。这些特点使得行政违法行为很难纳入法律，特别是民商法律的调整途径。

第二节 证券发行中的虚假陈述

证券发行中的虚假陈述是各国证券市场中首要关注的证券违法行为;这一违法行为严格地说应当称为基于虚假陈述的发行行为。[①] 由于我国证券监管部门在早期监管中仅单纯强调其虚假陈述特征,造成相当一部分人对其基本含义的误解,对我国相关的司法解释造成了很大的不良影响。

一、证券发行中虚假陈述的概念与特征

证券发行中的虚假陈述,是指证券发行人及相关的机构违反证券法规,在公开披露的招募文件中有足以影响投资人决策的重大的信息虚假陈述、误导性陈述或者重大遗漏,并且基于该虚假信息披露进行的证券发行行为。[②] 证券发行中的虚假陈述具有一定的欺诈性,在英美法中又被称为"欺诈的证券发行行为",罗斯福总统在1933年证券市场改革中中肯地称之为"不诚实的证券发行行为"。

证券发行中的虚假陈述完全不同于上市公司在持续性信息披露阶段的虚假陈述,其基本特点在于:

首先,证券发行中虚假陈述的主体是共同主体。根据各国的证券法规,在证券发行前应当由证券发行人、负责主承销的证券公司、保荐人公司、资产评估机构、会计师事务所、律师事务所共同负责证券发行的信息披露;并且证券发行人以外的专业性中介机构对于招募文件的真实性和准确性负有验证责任和法定担保责任。而在持续性信息披露中,仅有发行人公司和担任年报审计职责的会计师事务所负责相关的信息披露。

其次,证券发行中的虚假陈述必然含有依据不真实信息披露而从事证券发行行为的法律要件,在发行人公司的证券发行没有成功的条件下,其行为依法并不构成证券发行中的虚假陈述(缺少发行行为要件和因果关系要件)。正鉴于此,证券市场中投资者通常将证券发行中的虚假陈述称为圈钱行为而非虚假陈述行为;从理论上说,证券发行中的虚假陈述更主要的是侵害了投资者的财产权,违法行为人当然应当对受害的投资者进行赔偿。而在持续性信息披露中,发行人公司并不存在任何证券发行行为,其虚假陈述主要侵害了投资者的知情权,故其赔偿和损失问题极难确定,我国目前仅对其采取行政责任制裁。

最后,证券发行中的虚假陈述作为三大证券违法行为之一,受到各国证券监管部门的严格监管。该违法行为构成要件中,通常有发行人公司的虚假陈述必

---

① 参见张春丽:《论我国证券欺诈赔偿责任机制的完善》,载《法律科学》2014年第3期。
② 参见廖升:《诱空虚假陈述侵权责任之因果关系》,载《法商研究》2016年第6期。

须符合重大性标准;这就是说,不能将任何不精确的信息披露均称为发行中的虚假陈述,法律仅仅制裁那些不法行为人基于故意或过失骗取投资人财产的违法行为,这使得各国证券法中关于信息披露不真实的重大性标准问题变得极为敏感。而在持续性信息披露中,关于信息披露真实性与准确性的标准比较简单,证券监管部门对其规定的标准条款和重大事项之适用较少出现争议。

由上可见,证券发行中的虚假陈述具有特定的含义,其行为重点不在于虚假陈述,而在于不诚实的证券发行。正确地理解这一违法行为的性质,对于准确地打击证券发行中的虚假陈述,保护投资者利益显然具有重要的意义。然而,在我国证券法实践中却存在着相关证券经营机构严重不守法的情况,在我国证券市场曾经经历过的通海高科股份公司基于信息披露造假进行的证券发行案例中①,该公司在证券发行后且股票上市前即被揭露,按照我国《证券法》的规定,发行人和承担主承销责任的证券公司应当退还投资者认购资金及相关利息,但在市场投资者的怂恿下,证券公司执拗地对通海高科公司采取重组换壳方式解决其严重违法问题,这其中牺牲的是法律的公平正义。由于发行中虚假陈述公司的股票在上市后,其对投资者赔偿额的确定极端困难,对于在股票发行后且上市前即被揭露的发行人违法行为来说,法律没有任何理由对其姑息。

应当强调说明的是,在基于虚假陈述的证券发行行为和证券交易行为中,法律所关注的主体责任仅应当是民商事主体的责任。无论是发行人公司、主承销公司法人还是采取合伙制的会计师事务所、律师事务所都应当以民商事主体的名义对外承担责任,任何时候此类主体的董事、监事、高级管理人员、合伙人或直接责任人员都不可能替代民商事主体独立承担责任,那种将民商事主体责任混同于个人责任,将民商事责任混同于机构内部责任的做法是十分荒谬的。

二、证券发行中虚假陈述的构成要件

证券发行中的虚假陈述行为本质上为侵权行为,该违法行为的成立应当同时具备以下六项构成要件,其行为构成要件要较之民法中一般侵权行为的构成要件更为复杂。

(一)当事人具有主观过错

根据各国证券法的通例②,在出现证券发行中的虚假陈述时,对证券发行人

---

① 通海高科案:2000年7月3日通海高科拟以当时61.83倍最高市盈率发行,但于7月8日被中国证监会紧急叫停并随即被立案调查欺诈上市,2002年9月中国证监会对通海高科作出处理,对通海高科股票公开发行的核准决定予以撤销;依照法律,通海高科因股票发行所获的募集资金应当返还投资者,同时应当将该案移关司法机构追究刑事责任。因案例中掺入地区政府及二级投资者利益,受其鼓动,该案却按复杂重组曲线解决。本案被作为中国证券市场欺诈发行的典型案例之一。

② 参见美国1933年《证券法》第11条,我国《关于审理证券市场因虚假陈述引发的民事赔偿案件的若干规定》。

适用无过错责任原则。根据过错推定原理,发行人对于其所披露的自身信息依法属于知道或应当知道的,一旦出现重大性虚假陈述即应当认定其具有过错。同时,发行人作为募集资金的受益者,对于披露信息的风险应当具备足够的预测能力。对发起人或发行人课以严格责任可以有效约束发行人的信息披露行为。

对于承销证券的证券公司、保荐人公司、资产评估机构、会计师事务所、律师事务所依法适用过错责任原则。但根据举证责任倒置原则,相关的专业性机构及其责任人员必须证明其对该虚假陈述没有过错或过失,否则即应承担责任。根据我国《证券法》的规定,上述专业性机构和人员适用高于普通人注意义务标准的"专业人员应有的注意义务标准"。即此类专业人员应当以同行业公认的道德标准和操作程序撰写和验证全部招募文件,只有按照专业人员应有的注意义务标准仍不能发现发行人有虚假陈述事实的,才被认定其没有过失。

根据我国相关证券法规的规定,在发生证券发行中的虚假陈述时,对于发行人公司的实际控制人也应当适用过错责任原则。我国《关于审理证券市场因虚假陈述引发的民事赔偿案件的若干规定》第 22 条规定,"实际控制人操纵发行人或者上市公司违反证券法律规定,以发行人或者上市公司名义虚假陈述并给投资人造成损失的,可以由发行人或者上市公司承担赔偿责任。发行人或者上市公司承担赔偿责任后,可以向实际控制人追偿。实际控制人违反证券法第 4 条、第 5 条以及第 188 条规定虚假陈述行为,给投资人造成损失的,实际控制人承担赔偿责任。"《证券法》第 69 条则明确规定了发行人、上市公司的控股股东、实际控制人在虚假陈述中有过错的,应当承担连带赔偿责任。

从我国证券市场的实际情况来看,要求实际控制人承担证券发行虚假陈述的过错责任并不合理。我国证券市场发行虚假陈述与控股股东不无干系,控股股东或实际控制人是证券发行上市的实际受益者。在这种情况下,法律要求主导发行人行为的实际控制人对发行人虚假陈述行为承担过错责任,是对投资人课以过重的举证责任,在信息不对称、取证难度大的情况下,意图举证证明控股股东等实际控制人应当对发行人虚假陈述承担责任,是难以实现的。这将导致对发行中虚假陈述负有责任的实际控制人逃脱民事赔偿的法律责任。

因此,我国法应当借鉴美国 1933 年《证券法》第 15 条规定,对发行人的实际控制人在归责原则上适用过错推定责任。该条款对实际控制人范围的规定是明确而广泛的,任何以股权、代理关系或者其他形式,比如根据协议或者谅解书规定的股权、代理关系和其他形式实现对发行人控制的,也应当承担美国 1933 年《证券法》第 11 条和第 12 条项下证券发行虚假陈述的法律责任。

(二)当事人在证券发行时有虚假陈述

我国相关证券法规规定的虚假陈述包括:虚假记载、误导性陈述、重大遗漏和虚假预测等情况。

1. 虚假记载

虚假记载又称不实陈述(false representation),是指行为人虚构、捏造事实或描述情况时所作的积极的虚假陈述行为。虚假记载是证券发行虚假陈述中相对容易识别的形态,投资者很容易发现虚假记载的描述与客观事实不一致的情况。虚假记载是虚假陈述行为人所作的积极的虚假陈述行为,是证券发行虚假陈述中最典型的形态。从对证券交易价格的影响角度而言,虚假记载区分为诱多虚假记载和诱空虚假记载两种类型。但证券发行虚假陈述本身是为了追求发行上市获利,虚假陈述行为人的动机只有诱多的意图而不存在诱空的意图,与上市后的虚假陈述中虚假陈述行为人通过诱空一样可以获利不同。故在证券发行阶段的虚假陈述中,虚假记载只有诱多情形而无诱空情形。

2. 误导性陈述

误导性陈述(misleading statement),是指虚假陈述行为人公开披露文件的内容虽然没有背离事实真相,但其表述存在显著的缺陷或不当,致使投资人无法进行客观的、完整的、准确的理解和判断。它容易造成投资人不符合客观情况的误解和误信。误导性陈述的具体表现方式通常有以偏概全型、矫枉过正型和语义模糊型。所谓以偏概全型是指以个别情况代表整体情况,从而掩饰整体情况的真相。矫枉过正型是指对有关问题和风险的应对、防范措施严重不实事求是,反而变弊为利,多见于招股书中对风险因素的防范对策表述。语义模糊型,是指使用模棱两可、易生歧义或令人难以读懂的术语,使投资人多生猜测,或难以理解,来掩盖发行人的真实状况。

3. 重大遗漏

重大遗漏(omission to state material fact),是指行为人在公开文件中将与证券发行有关的关键性信息予以隐瞒或疏漏的虚假陈述。其特征是:行为人负有法律、合同或专业上的义务披露该遗漏的信息,否则该遗漏的信息将对投资人的投资决定产生不利影响。重大遗漏在行为方式上是一种消极不作为的虚假陈述。根据遗漏的内容可以分为全部遗漏和部分遗漏,即应公开的文件中全部未披露或只披露了部分,后者相当于美国证券法中的半真陈述(half truths)。无论遗漏数量多少,只要遗漏部分足以对投资人投资决策产生重大影响,该重大遗漏行为均应当被认定为虚假陈述。

4. 虚假预测

虚假预测是证券发行阶段独有的虚假陈述形态,它属于前瞻性信息披露,而在持续信息披露阶段中通常很少包含有前瞻性预测。证券发行阶段,行为人在没有合理根据的情况下对公司未来的发展前景作出不真实的预测判断,则违反了招募文件撰写验证的正当操作程序,甚至应推定其具有故意过错。实际上,专业性机构在撰写和审阅发行人的盈利预测时,无不采取极端审慎保守的立场,并且广泛地采用免责文句。证券监管部门根据信息披露规则要求发行人披露预测性信息时,同样会要求相关当事人和发行人对公司未来的生产经营状况和预测事项,作出有确切根据的诚信说明。

从理论上说,预测性信息毕竟是对尚未发生的事项的一种判断,因而各国证券法均有限度地允许预测信息可发生偏离正常情况的结果。美国 1933 年《证券法》和 1934 年《证券交易法》均确立了前瞻性信息披露的安全港规则。根据该规则,错误预测是否构成虚假陈述的标准取决于该预测是否具备合理的基础和预测者是否有故意恶意,法律并将不利证明的责任分配予原告,只有在原告能够证明被告的预测缺乏合理基础且有悖诚实信用原则的情形下,法院才会认定被告行为构成虚假陈述。①

(三)当事人的虚假陈述符合重大性标准

多数国家的证券法均认定,虚假陈述是否具有重大性(materiality)是判断证券发行中虚假陈述行为是否构成的实质性标准。这就是说,虚假陈述符合重大性标准是证券发行中虚假陈述成立的重要构成要件。只有当证券发行中不真实的信息披露具有重大性,其内容足以影响投资人正常的投资决策时,相关不法行为人才可能承担证券发行中虚假陈述的责任。

在具体判断标准上,各国证券法一般从影响投资人判断和影响证券价格两方面来判断发行人披露的信息是否会对理性投资人的投资决策产生重要影响。美国法上,信息披露的重大性标准仍在不断演进中。SEC 在 Rule 405 中将之界定为"一个理性的投资人在决定是否购买注册证券时会认为该信息是重要的实质可能性"②,并在 1999 年 8 月发布了公司财务管理人员与独立审计师判断"重大性"的规则。③同时,法院在三个典型判例中的认定也在不断发展重大性的判断标准。在 SEC v. Texas Gulf Sulphur Co. 案中,法院提出了确定重大性的三种不同标准:(1)事件具有非同寻常的性质,对该信息披露会导致市场价格变化;(2)如果合理且客观地考虑该事件,可能会影响公司证券的价格;(3)事件会影响公司可能的未来且可能影响投资人买入、卖出或持有公司证券的愿望。④在 TSC Industries. v. Northway 案中,联邦最高法院修正了重大性标准的表述:"如果一个理性投资人很可能在决定如何投票时认为该事实是重要的,那么该遗漏的事实是重大的",或"一件事实将是重要的,如果该事实在投资人的深思熟虑

---

① 该规则为 Rule175,1995 年时作为《私人证券诉讼改革法》的一部分,该规则被编入 1933 年《证券法》第 27A 和 1934 年《证券交易法》第 21E 中,See Thomas Lee Hazen,*Securities Regulation*: *Cases and Materials* (8th ed.),West,2009,pp. 264—267.

② See 17 C. F. R. §230.405 (1984).

③ SEC Staff Accounting Bulletin: No. 99—Materiality[Release No. SAB 99].

④ SEC v. Texas Gulf Sulphur Co. ,40 1 F. 2d 833(C. A. 2 1968).

中确实具有重要意义。换言之,遗漏的事实从一个理性的投资人看来很可能显著改变可以获得的全部信息的意义"。① 在 Basic Inc. v. Levinson 案中,最高法院认为是否构成重大性取决于一个理性投资人对未予公开或者那些虚假陈述的有关信息的具体态度和观点。② 美国联邦法院所确立的理性投资人判断标准对各国证券法产生了深远的影响。

我国目前的证券法规和司法解释对于虚假陈述重大性的标准问题并未作明确规定。《证券法》第 67 条、原《股票发行与交易管理暂行条例》第 60 条以及《关于审理证券市场因虚假陈述引发的民事赔偿案件的若干规定》第 17 条均仅规定了证券发行中所应当披露的重大事件,完全没有对证券发行中虚假陈述的重大性程度作任何规定。

(四) 当事人基于虚假陈述完成了证券发行行为

当事人基于虚假陈述完成了证券发行行为是构成证券发行中的虚假陈述的必备要件。在当事人没有完成证券发行行为的情况下,既不存在圈钱行为,也不存在违法行为与损害后果之间的因果关系,而只能算是刑法中的欺诈未遂,而并不构成民商法上证券发行中的虚假陈述行为。由此可见,基于虚假陈述的证券发行行为是一系列行为,仅仅强调其行为中的某一环节而忽视另一环节是根本无法成立的。

(五) 给投资者造成了损害后果

证券发行中的虚假陈述行为必须给其他投资人带来了实际损害后果。根据民商法的基本原理,没有损害后果就没有侵权。欲使不法行为人对其违法行为给付赔偿,必须证明其给投资者带来了怎样的实际损失。

在违法行为人基于虚假陈述完成证券发行但该等证券尚未上市的情况下,投资者的实际损失是非常容易证明的;但在违法行为人基于虚假陈述完成了证券发行且该等证券已经上市的情况下,由于不同投资人的证券持有成本不同,其实际损害后果就非常难以证明。各国证券法只能寻找一大体合理的价差区间,令不法行为人对投资者给予赔偿。

(六) 违法行为与损害后果之间具有因果关系

违法行为与损害后果之间具有因果关系,是证券发行中虚假陈述行为成立的要件,也是此类违法行为案件中证明的难点。在证券市场中,影响特定证券的具体因素很多,投资者要想证明其实际损失在怎样的范围和多大程度上是由不法行为人的证券发行虚假陈述行为造成的显非易事。

为解决这一难题,美国证券法学者提出了证券欺诈市场理论。依据这一理

---

① TSC Industries. v. Northway, 426 U. S. 438, 449(1976).
② Basic Inc. v. Levinson, 485 U. S. 224, 108 S. Ct. 978, 99 L. Ed. 2d 194 (1988).

论,在证券市场中,某一特定证券在出现发行中的虚假陈述因素时,其平均市场价格会有一落差,该落差区间即可推定为发行中的虚假陈述导致的投资者损失。但是,我国不少学者都认为,美国证券市场为均衡的强势有效市场;而我国的证券市场散户众多,为弱势无效市场;故美国市场的理论未必适宜于我国市场。

根据我国《关于审理证券市场因虚假陈述引发的民事赔偿案件的若干规定》第 33 条的规定,我国目前对于证券发行中虚假陈述案件的因果关系问题采取时间推定原则解决。依此原则,凡在发行人虚假信息披露后买入证券(平均价),又在证券监管部门公告披露证明该发行人公司为虚假信息披露后卖出的投资者,应当得到该价差赔偿;而在证券监管部门公告披露该发行人公司为虚假信息披露前卖出,或者在该披露后买入证券的投资者,都不能证明其损失与违法行为有因果关系。这一规定显然忽略了在证券监管部门正式披露该发行人公司为虚假信息披露者前,前期因媒体信息披露,会计师事务所进场审计,内幕交易因素所带来的证券价格大幅下跌。在我国证券市场目前限制上市公司长期停牌的条件下,这对于受害的投资者显然是极端不公平的。

三、证券发行虚假陈述中的共同行为

在证券发行中的虚假陈述案件中,有相当一部分属于不法行为人从事的共同行为。本书认为这些共同行为可以分成两类:其中一类属于多个不法行为人实际上基于共同故意,而约定恶意欺诈投资者的共同侵权行为(此为欺诈发行案例中的大部分);另一类则属于多个不法行为人具有复杂过错,部分专业性中介机构仅具有过失,当事人的违法行为属于无共谋而相互配合的共同行为。

根据民商法的基本原理和我国证券法规的具体规定,不法行为人基于共同故意而从事的共同侵权行为,当然不应再适用责任分担原则或责任补充原则,法律应当对全体不法行为人适用连带责任原则。我国《关于审理证券市场因虚假陈述引发的民事赔偿案件的若干规定》中第 26 条至第 28 条规定:在虚假陈述共同侵权案中,发起人对发行人信息披露提供担保的,发起人与发行人对投资人的损失承担连带责任。专业性中介服务机构知道或者应当知道发行人或者上市公司虚假陈述,而不予以纠正或者不出具相关保留意见的,则构成共同侵权,对投资人的损失承担连带责任。如果发行人或者上市公司负有责任的董事、监事、经理等高管人员参与虚假陈述、知道或者应当知道虚假陈述而未明确表示反对,或者出现其他应当负有责任的情形,应当认定发行人或上市公司负有责任的董事、监事、经理等高管人员是共同虚假陈述行为人,对投资人的损失承担连带赔偿责任。而对于违法行为性质属于相互配合的共同行为者,则应当根据法律的规定令不具有故意过错的专业性中介机构承担份额责任或者补充责任,但证券发行人公司、负有担保责任的证券公司和保荐人公司显然不在此限。实际上根据《证券

发行上市保荐业务管理办法》的规定,任何未恪守独立履行职责的原则,迎合发行人或满足发行人的不当要求而丧失客观、公正的立场,协助或参与发行人公司实施违法发行行为的中介机构均应当对其过错行为承担相应和适当的法律责任。

四、证券发行中虚假陈述的法律责任

我国《证券法》吸取了证券实践中的经验教训,较明确地规定了证券发行中因违反信息披露规则,而造成对投资人欺诈后果的责任制度。证券发行中虚假陈述的责任制度有以下层次的问题:

首先,证券发行本质上将形成证券发行人与投资人之间的特种买卖关系,英美法认为它本质上是一最高诚信合同关系。在此关系中,证券发行人有义务向投资人说明其所售卖的股权资产之全部有关信息,有义务保证该信息为真实、准确、无误导、无重大遗漏,承销人对该信息披露负有担保义务,而其他中介机构则负有尽责审查义务和部分性验证的义务;凡因违反上述义务而对投资人造成欺骗或误导,致使其遭受损失的,当事人均应当承担责任;至于发行人、承销人和其他中介机构的责任范围,则应依其违反义务的范围和性质确定,其规则已分别由《证券法》第 20 条、第 26 条、第 31 条、第 63 条;第 68 条、第 69 条;第 173 条、第 191 条、第 192 条、第 193 条规定。此外,根据《证券法》第 68 条、第 69 条和第 193 条的规定,发行人的控股股东和实际控制人有过错的,同样也负有连带赔偿责任和个人责任。目前也对监管者规定有责任。

其次,《证券法》和有关法规对于证券发行中的虚假信息披露规定了民事责任、行政责任和刑事责任三种形式,并且于第 232 条中明确规定了民事责任优先原则,这较过去是一进步。简要地说,在发生了证券发行中的虚假信息披露行为时,当事人负有以下责任:

(1) 民事责任。依《证券法》第 26 条的规定,发行人在前述情况下应当对投资人的损失承担赔偿责任,已发行完毕而可以返还的,发行人应将本金和利息损失返还投资人;承销人依其担保义务应对投资人承担连带赔偿责任;发行人的控股股东和实际控制人有过错的,也应负连带赔偿责任。

(2) 行政责任。依《证券法》第 191 条、第 192 条、第 193 条和《禁止证券欺诈行为暂行办法》第 20 条的规定,发行人在前述情况下可被处以责令改正、罚款、暂停发行资格等行政责任;对发行人公司的直接责任人可处以警告、罚款的行政责任;对承销人可处以警告、没收非法所得、罚款、暂停证券经营许可、撤销证券经营许可等行政责任;对其他专业性中介机构可处以警告、没收非法所得、罚款、暂停证券业务许可、责令停业、吊销责任人资格等行政责任。

(3) 刑事责任。依《证券法》和有关法规的规定,因当事人故意而造成证券发行中的虚假信息披露并构成犯罪的,对发行人公司的直接责任人和专业性中介机构的责任人,可依法追究刑事责任。《刑法修正案(六)》第 5 条规定,依法负有信息披露义务的公司、企业向股东和社会公众提供虚假的或者隐瞒重要事实的财务会计报告,或者对依法应当披露的其他重要信息不按照规定披露,严重损害股东或者其他人利益,或者有其他严重情节的,对其直接负责的主管人员和其他直接责任人员,处 3 年以下有期徒刑或者拘役,并处或者单处 2 万元以上 20 万元以下罚金。

五、持续性信息披露虚假陈述处罚中的吸收原则

持续性信息披露中的虚假陈述与证券发行中的虚假陈述完全不同,违反持续性信息披露规则的虚假陈述通常仅仅引起行政违法责任后果。但是在我国证券市场实践中,相当一部分违反持续性信息披露规则的虚假陈述不是孤立的行为;从事虚假陈述的不法行为人实际上是基于故意恶意,与操纵市场者或者内幕交易者共同作案或配合作案,其虚假的信息披露实际上成为不法行为人操纵市场或者内幕交易的工具。这就与不具备侵害他人财产权目的的非故意虚假陈述在性质上根本不同。根据法律的基本原理,一项违法行为如果又构成另一项违法行为的手段要素时,就产生了一悖论:司法究竟是对前一违法行为追责,还是对后一违法行为追责,抑或是同时对前后两项违法行为追责。本书认为,公正的法律只能对一项违法行为追责,只应当根据违法行为的本质适用"重罪吸收轻罪"原则追责。这就是说,在上市公司或其内部人在持续性信息披露阶段通过不真实的信息披露,配合操纵市场者恶意操纵市场,或者配合内幕交易者从事内幕交易,无论该配合性违法行为人是否与操纵市场者或内幕交易者分享违法利益,均应当按照操纵市场行为或者内幕交易行为追究其责任,而不应当按照虚假陈述行为对其追责,否则就是对违法行为的放纵。

由上可见,单纯的持续性信息披露中虚假陈述的法律意义并不像许多学者认为的那样重大。此类虚假陈述如果不具有重大性,通常不会造成投资者普遍性的直接损失,因此对其仅施以行政法上的制裁实际是适当的。

第三节 操纵市场行为

一、操纵市场行为的概念与特征

操纵市场行为是证券市场中三大证券违法行为之一,它对于证券市场的健康发展和投资者保护有着重大的影响。但是,我国证券法规目前对于操纵市场行为及其构成要件的概括还并不完善,证券立法中对于现代金融市场中日益复杂多变的操纵市场类型还缺乏应有的规范和反应。

从学理上讲，操纵市场是指利用资金、信息等优势或滥用职权，影响证券市场价格，制造证券市场假象，诱导投资者在不了解事实真相的情况下作出证券投资决定，扰乱证券市场秩序的行为。在现代证券市场中，随着信用交易的广泛出现，操纵市场行为的形态也发生了巨大变化。

操纵市场行为具有以下基本特征：

首先，操纵市场行为是不法行为人从事的故意行为和共同行为。这一违法行为通常需要进行细致的共谋与组织，不存在组织者过失操纵市场的情况。在操纵市场共同行为中，多数配合操纵者至少知道或应当知道其行为的法律性质。客观地说，对于此种有目的且可分享利益的违法行为，司法机关应当广泛地采取共同侵权或共同犯罪的法律适用。

其次，操纵市场行为是不法行为人从事的高技术侵权行为或犯罪行为，这一违法行为具有复杂性和技术性。现行法律目前对于操纵市场行为态样要件的概括极端不完善，而在证券市场实践中又有层出不穷的操纵市场行为类型滋生出来。对操纵市场行为如何进行有效监管和制裁历来是证券监管部门面临的基本难题。尽管我国的证券监管部门目前较为广泛地采取了准司法监听手段和较牵强的法律推定手段，但由于法律规范的发展相对滞后，极大地影响了对操纵市场行为的有效控制。

再次，操纵市场行为易于对证券市场产生巨大的震荡性影响。在多边金融市场不断发展的情况下，不法行为人在多边市场的复杂性市场操纵甚至会引起整个金融行业的震荡。同时对于操纵市场行为人的民事法律制裁，同样要依赖于集团诉讼或派生诉讼方式。由此可见，对于操纵市场行为的法律控制绝非小事，证券监管部门应当适时地修改过时的证券法律，使相关的法律规则协调发展，抑制不正当的操纵市场行为。

最后，对于不法行为人从事的操纵市场行为难以给予充分有效的责任制裁。由于操纵市场行为通常发生在证券已经上市流通的条件下，其投资人为不特定多数人，对不法行为人的责任追究具有客观困难。而我国证券法中对于操纵市场行为的因果关系要件和赔偿方法计算规则的规定极端不完善，由此造成令不法行为人向投资者赔偿的民事追责机制很难有效适用。目前对操纵市场行为的法律制裁主要限于对不法行为人刑事责任的追究。

二、操纵市场的危害分析

从经济学上的供需法则讲，商品的公平价格取决于供给与需求的均衡点，同理，证券的公平价格也取决于供需关系。但证券交易基于其自身特点，其交易公平价格的形成，不仅以市场健全运作为基础，还需要稳定有效的相关具体制度以及客观安全的技术环境提供支持，一旦证券交易的供需关系受到合法范围外的人为干预而导致定价受到扭曲,则必然严重影响市场的公平与公正,损害广大投资人合法权益,甚至可能影响整个金融体系的安全。因此,操纵证券市场的行为必须予以禁止。具体来说,操纵证券市场的危害性主要表现在以下几个方面。

首先,操纵市场行为虚构供求关系,误导资金流向。在证券市场上,证券供求关系应当反映不同行业和上市公司的经营状况与生产发展需求,由证券供求关系自然形成的价格才是真实正常的价格,才可以引导市场走向。而操纵市场行为却人为地扭曲市场正常价格,变供求关系决定价格为人为强制决定价格,由虚假的价格反映虚假的供求关系,误导投资者。在此情况下,资金不是流向最需要的企业或行业,而是流向操纵市场者赚取暴利的地方。可以说,操纵市场行为使资源配置的效率低下,造成社会资源的极大浪费。

其次,操纵市场行为破坏市场竞争机制。竞争是市场活力的源泉,而垄断则是对经济活动参与者的排他性控制和遏制。证券市场中的竞争不仅表现为优质公司通过发行股份获得资金,更表现为优良上市公司凭借经营业绩吸引投资者的资金,而操纵市场行为却排斥市场竞争,它使得股票行情与公司业绩相脱离。

再次,操纵市场行为损害了投资公众的利益。当操纵市场的不法行为人利用其资金和信息优势操纵市场,制造供求关系假象时,广大中小投资者往往盲目跟风,坠入操纵市场者的彀中。公众投资者或被洗割肉,或高位套牢。操纵市场者的欺骗抢掠行为严重损害了广大投资者的利益。

最后,操纵市场行为危害社会金融体系,破坏国家经济安全。证券市场的恶意操纵和炒作,以及给市场价格带来的异常波动,都可能危害一国的经济发展和金融体系。世界各国的证券市场的发展史中,不乏因不法行为人操纵市场行为而导致股市崩盘,甚至引起金融危机的先例。

操纵证券市场行为几乎伴生于证券市场的产生与发展,从某个角度来说,我国证券市场的发展可以看做一部操纵与反操纵的发展史。尽管证券监管部门完全禁止和控制操纵市场行为确有一定难度,但各国证券监管机构始终是将其作为完善资本市场法制的基本任务。

三、操纵市场行为的分类

对于操纵市场行为的理论分类可以有多种方法,但这些分类很容易混淆与操纵市场行为次级构成要件中其行为态样的类型。这里我们仅根据影响证券交易价格或交易量的原因,按照学理中的通说,将操纵市场行为划分为行动型操纵、信息型操纵与交易型操纵三类[1]:

---

[1] See Franklin Allen and Douglas Gale, Stock-Price Manipulation, 5 *Rev. Fin. Stud*. 503, 505 (1992).

(一) 行动型市场操纵

行动型操纵(action-based manipulation),即通过预先买卖行为介入其上市公司资产的真实价值或可感知价值(change the actual or perceived value of the assets),并以此方式来操纵该上市公司股价;不法行为人作为知情交易者采取预先买卖策略可实现获利目的。行动型操纵一般是在公司并购重组中利用参与者的信息不对称进行的操纵行为。美国法上,公司董事、高级管理人员卖空本公司股份,以及以影响股价为目的对公司进行不当管理均属于行动型操纵。对公司的不当管理行为也可能构成操纵的手段,主要包括:(1)减少或限制分红;(2)收购其他公司稀释资产以转移红利;(3)阻止对一小型商业公司的营利性投资;(4)隐瞒公司与其总裁间的权益安排;(5)迟延一个发展项目并放弃政府资助和合同①。

(二) 信息型市场操纵

信息型操纵(information-based manipulation),是指行为人通过散布虚假的荐股信息,编造或传播不真实、不准确、不完整、不确定的重大信息等不正当手段,诱导投资者在不了解事实真相的基础上作出证券投资决定,以期通过市场波动赚取差价的行为。蛊惑交易操纵、抢帽子交易操纵即属于此种类型。

(三) 交易型市场操纵

交易型操纵(trading-based manipulation),即行为人以真实交易(涉及真实交易的操纵)或虚假交易(虚假交易操纵)为主要手段,通过证券交易致使证券交易价格或交易量出现异常波动,或者形成虚拟的交易价格或交易量水平,制造市场交投活跃假象,诱使其他投资者参与证券交易。交易型操纵与行动型操纵、信息型操纵的主要区别在于交易型操纵的行为人仅是单纯地通过买进和卖出股票,而不是采取可以公开察觉的行动改变上市公司价值或者发布虚假信息改变股价的方式来操纵股价。

四、操纵市场行为的一般构成要件

民商法律对于操纵市场行为采取双重要件主义加以规范,其中对于操纵市场行为基本要件的概括称为其一般构成要件,对于反映操纵市场的行为态样或客观形态的要件称为其次级要件。操纵市场行为的一般构成要件主要包括:

(1) 不法行为人主观上具有故意或过错。"操纵市场一词本意指行为人故意(intentional or willful)以控制或人为影响证券交易价格的方式欺诈投资者。"②但是在操纵市场共同行为或者操纵市场共同犯罪行为中,仅仅起到配合

---

① 刘道远:《证券侵权法律制度研究》,知识产权出版社 2008 年版,第 204 页。
② See Ernst & Ernst v. Hochfelder, 425 U.S. 185, 199(1976).

或参与作用的不法行为人也应当视其为操纵市场的共同行为人,尽管其可能只具有重大过失或过失过错。根据我国司法机关采用的过错推定原则,只要共同违法行为人知道或应当知道其行为的受控制交易性质,即应当认定其具有故意或重大过失。应当说,操纵市场的共同行为性质使得司法机关在认定不同层次的共同侵权人或者共同犯罪人时具有一定的困难,但是如果仅仅抓住行为人是否知道其行为性质这一关键,而不考虑不法行为人是否认知其行为的投机性或道德性因素,还是很容易认定不法行为人共同侵权或共同犯罪性质的。

操纵市场行为人的故意应当具有从事违法行为的主观动机,即制造虚假的证券行情,诱使投资公众跟进交易,在拉高后迅速出货牟利;其操纵过程具有典型的欺诈获利性质。

(2) 不法行为人的行为应当违反了操纵市场行为的行为态样。我国《证券法》及相关法规中尽可能列举了各类操纵市场行为的行为态样,但是这些列举一方面极端不完善,另一方面又无法囊括不断发展的现代操纵市场的行为态样。因此,关于操纵市场的一般要件中仅适合概括法律对此类行为的禁止宗旨,而将其具体行为态样列举留至下面讨论。

概括地说,证券法规禁止任何不法行为人通过不正当操纵手段,影响证券交易价格或证券交易量,致使证券交易价格异常波动,或者形成虚拟价格,或者导致不正常证券交易量的异常情况。

(3) 受害的社会投资人须受到实际损失。应当说明的是,操纵市场行为属于大规模侵权行为(massive torts),此类侵权损害在责任认定上存在着受害人确定难、因果关系认定难、实际损失确定难的"三不确定"困境,司法确定受害人遭受的实际损失问题受到复杂的技术性限制。根据我国《证券法》第 77 条第 2 款的规定,"操纵证券市场给投资者造成损失的,行为人应依法承担赔偿责任"。但是在受害人范围确定和损失数额大体界定上,立法却无法作出明确且可以操作的具体规定,这实际上使得民事赔偿责任优先原则化为乌有。

在证券市场实践中,我国通常对操纵市场的不法行为人处以刑事责任或行政责任,以替代对其处以民事赔偿责任。在刑法与行政法上,只要操纵市场的不法行为人从事了情节严重的操纵市场行为,即构成犯罪和行政违法,依法对其处以刑事责任和行政责任将不存在任何技术困难。

(4) 违法行为与损害事实间须具有因果关系。这一要件的核心是要求当事人证明:投资者的损失在怎样的范围内和多大程度上是由于操纵市场行为人的违法行为造成的,它与赔偿价差问题直接关联。美国和许多国家的学者主张以欺诈市场理论(the fraud-on-the-market theory)来解决这一难题。根据该理论,当受害人因被告操纵市场行为而遭受损害时,该等受害人只须证明,其受到损失是因其信赖证券市场是一不存在操纵行为的效率市场[1]；而其自己正因被告的欺诈而实施了交易。因而该证券市场受到不法行为操纵时的证券价格与其操纵行为被揭露后的价差，就是操纵市场行为人应当向受害人支付的赔偿。

但是欺诈市场理论是建立在效率资本市场假说基础之上，它仅适用于强势有效市场，并且仅通过因果关系推定来分配当事人的举证责任。即使我国法律依其进行了改变，这一理论也很难适用于我国的证券市场和司法环境。

五、操纵市场行为的行为态样要件

我国证券法制中目前关于操纵市场行为态样（即操纵市场次级要件）的概括是存在一定问题的。首先，我国目前的立法对于操纵市场行为态样要件规则的概括是不完善的，立法并没有明确区分开不同的操纵市场行为类型，而学者间仍在不断概括发展出新的操纵市场行为态样。实际上，美国联邦最高法院早已提出，美国国会对于操纵市场一词并无明确的立法定义，这一抽象做法意在令其涵盖任何精心设计的操纵市场手段，以达到维护自由市场的立法目的[2]。其次，我国目前立法对于操纵市场行为态样要件的概括，并没有考虑到在证券市场发展条件下操纵市场行为规则应有的发展问题，其中最为重要的就是以跨市场对冲从事的操纵市场行为类型和以信用交易方式从事的操纵市场行为类型。

（一）洗售操纵

洗售操纵又称冲洗买卖（wash sales）、对倒，它是指以影响证券市场行情为目的，人为地制造虚假繁荣，在自己实际控制的账户之间进行并不实际转让所有权的交易行为。实践中的洗售操纵通常采用三种方式进行：其一，操纵市场的双方当事人同时委托同一证券商，于证交所相互申报买卖，并做应买应卖，其间并无证券交割行为（证券商仅作差额交收）；其二，操纵市场的当事人预先向两个证券商委托报单，由一方证券商买进，另一方证券商卖出，交易后证券所有权未发生实质性移转；其三，操纵市场的当事人在卖出一定数量证券时，预先安排好同伙配合买进，继而退还给卖出者，取回价款。由于在我国证券市场实践中，操纵市场的当事人通常实际控制着多个账户，从事洗售操纵并不存在任何问题。证券监管部门通常将下列账户认定为行为人实质控制的账户：行为人自身账户；行为人根据信托合同管理的信托证券账户；行为人的亲友或下属企业等关联人开设的关联账户；行为人实际控制的其他人的账户。

洗售操纵实质上是一方控制的双方虚假交易。了解各国证券法中关于证

---

[1] See Louis Loss, Joel Seligman and Troy Paredes, *Fundamentals of Securities Regulation* (6th ed.), Volume 2, Wolters Kluwer Law & Business, 2011, p.1505.
[2] See Ernst & Ernst v. Hochfelder, 425 U.S. 185, 199(1976).

"实质所有权"的规则对于理解这一操纵市场方式是大有裨益的。根据美国1934年《证券交易法》第9条的规定,凡是有权将证券所得收益用于支付交易费用、对股票或其代表物的买卖有实际控制能力、于现在或不远的将来可能将股票变更在自己名下者,均可视为有实质所有权。我国《证券法》第77条第1款关于"在自己实际控制的账户之间进行证券交易,影响证券交易价格或者证券交易量"的规定实际上与之是同一含义。

(二) 相对委托操纵

根据我国《证券法》第77条第1款的规定,相对委托(matched orders)是指"与他人串通,以事先约定的时间、价格和方式相互进行证券交易,影响证券交易价格或者证券交易量"的行为。相对委托操纵又称约定交易操纵、通谋买卖、"对敲"等,这一行为通常由操纵市场者与他人共谋,在约定的时间,一方以约定的价格和数量委托卖出,另一方以约定的价格和数量买入的相对行为。相对委托交易的双方当事人之间并不存在控制与被控制的关系,这与洗售操纵不同;但在目的和动机上,两者都是以之拉抬或打压证券价格,制造交易活跃假象,诱使其他投资者跟进或跟出,酝酿有利于自己的股价趋势,再高位出货或抛空打压。

相对委托认定的关键要素有二:其一,相对委托操纵者双方必须有通谋,双方是故意进行相互买卖,制造证券市场供求假象,诱使其他投资者作出错误的投资判断;其二,相对委托操纵者双方具有相互委托行为事实,双方的委托在时间、价格、数量上应具有一致性。按照美国1934年《证券交易法》第9条的规定,相对委托只要在数量、时间、价格上具有相似性,即可认定其操纵行为。

(三) 连续交易操纵

连续交易操纵(a series of transactions)是指行为人为了抬高或压低证券交易行情,对特定证券连续高价买进或连续低价卖出的操纵行为。其特点是操纵市场者人为造市,拉抬或打压砸盘,扭曲证券价格的正常走势。我国《证券法》第77条第1款将其简要概括为连续交易。其意义:操纵市场者"以抬高或打压证券交易价格为目的,连续交易某种证券"。

在证券市场实践中,如何界定连续交易具有一定的争议。在美国法上,证券交易委员会认为,行为人只要在同一日内连续或持续三次以同一方向买卖同一证券,即可认定为连续交易操纵。尽管在我国证券市场上这一认定规则未必可行,但是对于连续交易操纵来说,其连续买卖或持续买卖规模是相当可观的,认定连续交易操纵实际上并不存在问题。真正对证券监管部门监管造成影响的,实际上是数个操纵市场者共同从事连续交易操纵市场的情形。连续交易属于真实交易操纵,与洗售操纵、约定交易操纵等不涉及证券实质所有权移转的虚假交易有所不同。

在司法实践中,对于连续交易操纵的举证问题具有一定的难度。各国和地区法律通常强调,受害的投资者应当证明:连续交易操纵的行为人主观上应当具有诱使其他投资者被操纵买卖证券的主观目的,而该主观目的可以结合不法行为人的买卖交易的事实及涉案时的市场客观情况综合判定[①]。在美国法上,为减轻原告举证负担,原告只需举出被告有操纵市场的初步表面(prima facie)证据即可推定其恶意,即投资者只要举证证明被告有操纵市场的动机(a motive to manipulate)和连续交易的事实,举证责任即转移至被告,被告必须就其未操纵市场举证[②]。我国台湾地区也通过"财政部证管会"1990年11月17日台财证(二)字第03181号函以及台湾地区"最高法院"2011年度台上字第597号刑事判决等文件或案例提出了连续交易操纵中,认定行为人主观上有无操纵股价意图的下列标准:(1)行为人买卖的股票价、量变化是否背离大盘走势;(2)股票的价、量变化是否背离同类股的股价走势;(3)行为人是否有以高于平均买价、接近最高买价或以涨停价申报或以拉尾盘方式买入股票;(4)行为人有无利用拉抬后的股价卖出股票获得巨额利益;(5)行为人介入期间,是否曾以涨停价收盘;(6)有无异常交易的情形。

(四)散布谣言方式操纵

在证券市场中,证券价格的波动受到信息披露的重要影响,无论是真实信息还是虚假信息抑或是尚未发生的预测信息,都会对证券市场造成震动,特别是关于上市公司的收购、重组、兼并、亏损等事项,对相关的证券价格影响巨大。因此,操纵市场行为人通常利用这一特点故意散布虚假信息或谣言,影响证券的正常价格。

所谓散布谣言操纵行为是指不法行为人故意制造市场假象,恶意散布足以影响市场行情的谣言或虚假信息,诱导其他投资者进行错误跟风投资的操纵市场行为。我国《证券法》第77条第4款规定的"以其他手段操纵市场"的行为主要指的就是这种情况。在实践中,市场操纵行为人往往利用上市公司的虚假申报行为操纵市场。根据我国《证券市场操纵行为认定指引(试行)》第41条的规定,法律禁止"行为人在计算相关证券的参考价格或者结算价格或者参考价值的特定时间,通过拉抬、打压或锁定手段,影响相关证券的参考价格或者结算价格或者参考价值的行为"。由此可见,通过虚假信息披露方式操纵市场的情况并不仅限于散布谣言方式,其范围实际更广。

(五)联合操纵

联合操纵又称集团操纵,它是指两个以上的不法行为人共谋组成操纵市场

---

① 参见刘连煜:《新证券交易法实例研习》(增订十一版),作者2013年台湾自版,第582页。
② See Louis Loss, Joel Seligman and Troy Paredes, *Fundamentals of Securities Regulation* (6th ed.), Volume 2, Wolters Kluwer Law & Business, 2011, p.1499.

集团,集中其资金优势、持股优势或者利用其信息优势联合买卖或者连续买卖,操纵证券交易价格或者证券交易量的行为。

我国《证券法》第77条第1款明确规定:禁止任何人"单独或者通过合谋,集中资金优势、持股优势或者利用信息优势联合或者连续买卖,操纵证券交易价格或者证券交易量"。美国《1934年证券交易法》第9条也规定:除非SEC另有规定,任何人不得单独或与他人同谋,为钉住(pegging)、固定(fixing)或稳定(stabilizing)特定证券的价格,连续买入或卖出该证券。此外,欧盟《内幕交易及操纵市场指令》中也有类似规定。[①]

在证券市场实践中,联合操纵通常采用的操纵市场手法有二。一是现货期权联合操纵,操纵集团在取得特定股票期权后,在现货市场购买与该期权相关的股票产品,造成该期权价格的大幅上涨,操纵集团可在高位抛售,并在低价位时补回;由于期权产品的杠杆率极高,通过信用交易可取得极高回报。二是扎空操纵,即操纵集团将某特定证券集中吸纳,诱使其他投机者融券卖空,最终导致向做空者融券的实际上仍为操纵集团,最后致使卖空者无法补回证券,该证券价格完全由操纵集团控制。

(六)尾市交易操纵

根据我国《证券市场操纵行为认定指引(试行)》第45条的规定,尾市交易操纵(making the close)是指"行为人在即将收市时,通过拉抬、打压或锁定手段,操纵证券收市价格的行为"。实践中最常见的是封尾盘,即行为人在临近收市时,以拉抬手段连续拉高股价,最终将股价封于涨停价位。行为人封尾盘的目的不是看好后市意图抢筹,而是试图通过交易影响股价,并在其后较短时间内(通常为一至数个交易日内)将股票抛出获利。

在实践中,不法行为人通常在即将收市的特定时间段内,通过拉抬、打压或锁定手段,实施操纵证券收市价格的行为。所谓即将收市时,如《证券市场操纵行为认定指引(试行)》第46条所述,是指"证券交易所集中交易市场收市前的15分钟时间。对于其他市场的即将收市时,应根据各个市场的具体情况按照个案认定"。

(七)抢帽子交易操纵

根据我国《证券市场操纵行为认定指引(试行)》第35条的规定,抢帽子交易操纵(scapling)是指证券公司、证券咨询机构、专业中介机构及其工作人员,在对特定的发行人、上市公司及其证券作出公开评价、预测或者投资建议前,违规先行买入或者持有该证券的违法行为。

---

① See 15 U.S.C §78i(a)(6); Art. 1 (2) of Directive 2003/6/EC of European Parliament of the Council of 28 January 2003 on Insider Trading and Market Manipulation (Market Abuse).

在证券市场实践中,抢帽子交易操纵多表现为证券公司、证券咨询机构等在推荐客户买进或卖出特定证券之前,自己先行买进或卖出做空,待客户跟风买进或卖出,股价短期内达到一定价位后即先行卖出或买进以赚取差价利益。① 在股权分置改革完成后,抢帽子操纵与虚假申报操纵等新型短线操纵行为已取代传统的连续交易操纵、洗售操纵等"坐庄"行为,成为我国资本市场上新型的代表性操纵手段,典型案例如2008年北京首放抢帽子交易案(即"汪建中抢帽子交易案")②。在境外证券市场上,对于抢帽子交易到底属于内幕交易还是操纵市场存有争议。2003年德国联邦最高法院判决斯图加特"抢帽子交易上诉案"不属于内幕交易而是操纵市场,并确立了审理"抢帽子交易"案件的指导原则。在德国联邦最高法院于2003年11月6日判决该案后,德国财政部2003年11月18日颁布《交易所行情及市场价格操纵禁令的细化条例》,明确将抢帽子交易列为"其他欺诈行为"的一种形态,德国联邦金管局(BaFin)随后也在其年报中将抢帽子交易列为操纵市场行为的一种形式。该案不仅首开德国联邦最高法院"抢帽子交易"为操纵市场判决的先河,也对各国"抢帽子交易"案件的认定产生了重要影响。③

(八)多边市场操纵

随着我国金融市场的不断发展和资本市场双向开放的不断深入,新的市场、产品和工具不断推出,证券、期货及货币等市场间的联系不断加深,现货与期货市场、境内与境外市场间的联动关系日益显著,往往一个市场出现上涨或者下跌时,另外一个市场也相应上涨或下跌。与此同时,操纵市场的手法也随之升级,操纵行为不再局限于单一市场,逐渐演变为多边市场间的联合行为,具有明显的

---

① 参见郭土木:《证券交易法论著选辑》(初版),台湾三民书局有限公司2011年版,第379—380页。
② 该案案情如下:以证券投资咨询为主要业务的北京首放投资顾问有限公司(以下简称北京首放),因上市公司的研究报告在全国范围内具有较大的影响力。该公司的创始人汪建中于2006年7月至2008年3月期间,多次在国信证券北京三河营业部、北京北三环中路营业部以其本人和其他关系人的身份证开设了多个实际上由自己控制的证券和资金账户。并在2007年1月至2008年5月,通过自身实际控制的多个账户先买入中国联通、中国工商银行等多只股票,随后即利用自身控制的北京首放公司在各大知名网站以及全国著名的证券类报纸和期刊上推荐自身早已买入的上述股票,希望通过提供虚假信息或者误导性推荐来诱使社会公众投资人买入、推升估价,再通过抢先卖出的行为获得暴利。汪建中在上述时间段中借助"抢帽子"交易方式获得巨额利益,累计净获取利润12575.76万元。后中国证监会根据当时的《证券市场操纵行为认定指引(试行)》规定,认定汪建中的"抢帽子"交易行为违反了《证券法》第77条第1款第4项兜底条款"禁止以其他手段操纵市场"的规定,并于2008年10月23日作出处罚决定,没收其违法所得1.25亿余元,并处以相同数额的罚款。汪建中随后即被北京市检察二分院批捕,并被移交至北京市公安局进行立案侦查,于2010年10月28日在北京市第二中级人民法院开庭审理。2011年8月3日,汪建中以操纵证券市场罪被判处有期徒刑7年,并处罚金1.25亿余元。汪建中案件是我国证券市场上首例因"抢帽子"方式操纵证券市场而追究刑事责任的案件,对操纵证券期货市场罪的认定具有积极的意义。
③ 参见金颖、高斌主编:《境外证券金融业风险案例汇编》,中国证券登记结算有限责任公司2010年版,第88—97页。

跨市场操纵特征。

跨市场操纵行为指行为人在期货市场与现货市场间操纵,即行为人通过连续买卖、约定交易、洗售、囤积现货、挤压轧空、蛊惑交易、抢帽子交易、虚假申报、特定时间的价格或价值操纵等行为,致使期货合约价格异常,在商品现货、证券、外汇等市场获得利益;或通过商品现货、证券、外汇市场的操纵行为,致使期货合约交易价格异常,在期货市场获得利益。

为解决这一问题,我国《证券市场操纵行为认定指引(试行)》第55条规定:"行为人操纵某一证券品种的交易价格或者交易量,其目的在于影响其他证券品种的交易价格或者交易量的,该操纵行为由中国证监会参照本指引的相关规定进行认定。"这一规定为跨市场、跨境操纵的认定留下了解释空间。我国证券监管部门目前主张,禁止任何人从事下列跨市场操纵行为:(1)为了在衍生品交易中获得不正当利益,通过拉抬、打压或者锁定等手段,影响衍生品基础资产市场价格的行为;(2)为了在衍生品基础资产交易中获得不正当利益,通过拉抬、打压或者锁定等手段,影响衍生品市场价格的行为。

(九)程序化交易操纵

20世纪90年代以来,随着证券交易技术的发展,证券交易的低迟延和电子直通(direct market access)成为全球证券及期货交易所新一轮市场竞争的主要阵地,对证券交易低迟延的追求为程序化交易(automated trading,又称自动化交易)创造了空间。中国证监会发布的《证券期货市场程序化交易管理办法(征求意见稿)》第2条尝试对程序化交易的概念作了界定:"程序化交易,是指通过既定程序或特定软件,自动生成或执行交易指令的交易行为。"在理论上,学者间通常将程序化交易视为某种中性概念,对于程序化交易整体上是否均构成操纵市场行为具有不同认识;但是多数学者认为,至少其中所包含的幌骗交易应当确定为操纵市场行为;此类交易行为人的幌骗行为并不具有真实交易目的,其所伴随的大量挂单撤单行为仅意在吸引跟风投资者;此类违法行为在本质上应当受到制裁;而且自德国2013年制定《高频交易法》以来,各国理论与实践界均无异议地明确认为通过程序化技术进行的证券幌骗交易为操纵滥权行为。

从中国证监会的征求意见稿看,程序化交易主要包括两种类型:(1)自动生成交易指令的决策型交易;(2)执行交易指令的执行型交易。从境外市场的实践看,决策型交易主要指狭义的程序化交易,即借助高速计算机技术,通过寻找市场上的各种交易机会,作出买进或卖出特定证券的交易决策;执行型交易主要指算法交易(algorithmic trading),即借助高速计算技术,通过特定数量模型,根据事先确定的目标和约束条件,制定和动态调整下单策略,完成指定数量的证券买卖,并实现交易成本最低、成交价格最优和对市场价格影响最小等多重目标的交易技术。

狭义的程序化交易和算法交易都可能包含高频交易(high frequency trading),但通常说的高频交易是狭义程序化交易的一种,即以高速计算机技术为支撑,通过流动性回扣交易(liquidity rebate trading)、猎物算法交易(predatory algorithmic trading)、自动做市商交易(automated market makers trading)、趋势策略(directional strategies)等交易策略,捕捉市场上微小价格变化,实现超短期"趋势交易"盈利等目标的交易技术。① 从交易策略看,A股T+1的交收方式决定了程序化交易不太可能以股票为投资标的,故程序化交易在我国多运用于商品期货市场、EFT套利和股指期货交易中。

在程序化交易的监管方面,自德国2013年制定专门的《高频交易法》开始,欧盟《金融工具市场指令Ⅱ》(MiFID Ⅱ)、美国《程序化交易条例》(Regulation AT)、日本《金融商品交易法》、我国香港地区《监管自动化交易服务的指引》等有关程序化交易的规则纷纷出台,多从防范违规订单进入市场、限制账户的风险敞口、对订单报价范围和订单数量等方面予以规范。

程序化交易具有以下典型特征:(1)使用超高速的交易指令提交、取消或修改系统;(2)使用计算机程序或算法自动化决策下单;(3)通过主机托管、电子直通等方式最大限度减少网络及其他类型的迟延;(4)在极短时间内建仓并平仓;(5)每日高成交额及(或)当日高比例盘中交易;(6)大量下单后立即或在提交指令后毫秒内取消订单;(7)在交易日结束前尽可能平仓(不隔夜持仓)。②

从程序化交易的行为特征和交易策略看,其频繁申报且频繁撤销申报的行为模式极可能构成幌骗操纵市场行为,特别是在交易行为人具有主观故意或恶意的情况下;因此只要此类交易程序在随着跟风盘的数量、规模与频率而频繁挂单撤单,就应当确认其行为人从事了操纵市场行为。2015年我国股市异常波动期间,伊士顿国际贸易公司通过高频交易操纵境内期货市场即是典型。由于程序化交易的各种策略极可能与各类操纵市场行为态样的客观构成要件竞合,比如,流动性检测策略可能构成利用资金或信息上的优势连续买卖;自动做市商策略和趋势交易策略还可能符合不以成交为目的、并在达成交易前撤销申报的虚假申报操纵等,因此,程序化交易行为人的频繁申报和虚假申报是否构成操纵市场行为,应当依照证券法的规定,根据其交易策略、资金情况、交易执行前的市场情况、频繁申报或频繁撤销申报的原因、对交易价格或交易量的影响等因素,主客观结合,综合判断。

---

① 参见刘逖:《市场微观结构与交易机制设计:高级指南》,上海人民出版社2012年版,第571—577页。
② See ASIC, *Review of High-frequency Trading and Dark Liquidity*, ASIC Report 452, October 2015, p. 9; see also Technical Committee of IOSCO, *Regulatory Issues Raised by the Impact of Technological Changes on Market Integrity and Efficiency*, IOSCOPD 354, final report, July 2011.

六、操纵市场与安定操作

操纵市场行为与安定操作行为具有一定的相似性,但各国的证券法对于这两者并没有采取相同的立法政策,即各国法均对安定操作行为特设例外的安全港规则,将此类安定操作行为合法化。这就是说,操纵市场行为属法律禁止的违法行为,而安定操作行为属法律许可的合法行为,其中包括证券发行承销过程中的安定操作、公司为维持本公司股价进行的股份回购等。我国《证券市场操纵行为认定指引(试行)》第 48 条也确立了我国法上操纵市场行为的安全港规则。依该条规定:"上市公司、上市公司控股股东或其他市场参与人,依据法律、行政法规和规章的规定,进行下列市场操作的,不构成操纵行为:(一)上市公司回购股份;(二)上市公司控股股东及相关股东为履行法定或约定的义务而交易上市公司股份;(三)经中国证监会许可的其他市场操作。"

(一) 安定操作

安定操作(stabilization),系指在证券发行承销时,为稳定该证券的价格,由承销商或其他金融机构进场买入证券的行为。安定操作合法化的理由是:公司公开发行时,由于大量新股入场,而需求并未立即等量增加,往往出现供需失衡,导致股价下跌,如无有效支撑可能会跌破承销价,导致发行失败,市场流动性受影响,资本市场融资和提供流动性的功能也将受影响。此时允许承销商等进场连续买进,可使新股价格止跌回稳,对维持市场流动性,发挥市场融资功能均有积极意义。[①]

但承销商连续买卖制造新股交易活跃的表象,其他投资者跟进后,如承销商退出,股价可能会下跌,投资者可能会遭受损害。因此,各国证券法一般都有明文规则对安定操作进行管理,比如,美国的《M 条例》(Regulation M)中的 Rule 104、欧盟《股份回购及安定操作安全港条例》(2003 Buy Backs and Stabilization Safe Harbor Regulation)第 8 条至第 11 条。综合前述两条例,安定操作通常需遵守以下规范:

(1) 时间限制。安定操作的期间,在首次公开发行(IPO)时,自新股发行交易开始之日起,最长以 30 日为限;在非首次公开发行时,自确定承销价公布之日起,最长不超过 30 日。

(2) 信息披露及资料申报。投资者在认购证券时,承销商必须公开披露可能进行的安定操作;如不确定是否进行安定操作或开始后可能随时停止的,也应披露。同时,还应披露安定操作的期间、安定操作的负责人、安定操作的目的及

[①] See Thomas Lee Hazen, *The Law of Securities Regulation* (5th ed.), West Group, 2006, pp. 271—277.

可能行使超额配售选择权等事项。此事项通常记载于招股说明书的封面底页。安定操作结束后,应于 7 日内公开披露安定操作的情形,包括开始及结束的日期、实际买卖价格等。为安定操作而进行的买卖,至迟应于交易后 7 日内向证券主管机关申报。美国证监会还要求安定操作的资料一般应保存 3 年。

(3) 价格限制。承销商因安定操作而买入证券的,其价格不得高于该证券的承销价;如证券在数个市场承销的,以主要市场的市价为准。①

(二) 超额配售选择权

超额配售选择权又称为"绿鞋特许权"(green shoe privilege),它是由股票发行人以合法授权文件授予主承销人在新发行股票上市后的规定期间内,可以根据二级市场的状况,以同次发行条件向私募认股人再额外配售一定比例股票的权利。超额配售选择权既是国际证券市场中的融资惯例,又为许多国家的证券法规则所确认,这一制度对于解决股票发行中的热销矛盾,对于稳定股票上市后的市场价格都具有重要的意义。我国《关于股份有限公司境外募集股份及上市的特别规定》《关于股份有限公司境内上市外资股规定的实施细则》《证券发行与承销管理办法》和《超额配售选择权试点意见》等法规均对超额配售选择权作了较为详细的规定。

根据我国有关的法规要求和国际股票融资惯例,超额配售选择权的设立和行使须遵循以下基本规则:

(1) 发行人公司确定超额配售选择权和授权主承销人行使超额配售选择权须事先取得股东大会特别决议的批准或授权,行使超额配售选择权本质上是公司增发股份的行为,故其授权程序应等同于股东大会批准新发行股份的程序。

(2) 根据有关国家的法制要求,发行人公司须通过股票承销协议授权主承销人和国际协调人可根据证券市场状况自行决定是否行使超额配售选择权、超额配售选择权的最高限额、主承销人与国际协调人的分配比例等事项。

(3) 根据相关国家的法律要求,授予超额配售选择权和行使超额配售选择权还须向发行人所在国政府主管部门和股票上市地监管部门办理要求的审批手续或注册备案手续,取得一切应有的批准、许可或同意。在我国,此类审批权目前由中国证监会统一行使。

(4) 超额配售选择权的数额不应超过法律规定的比例。我国目前有关的法规规定,中国的股份公司在发行境外上市外资股或境内上市外资股时,经证券监管部门批准后可以在股票包销协议中约定预留的超额配售选择权,其预留部分不得超过该次拟募售外资股数额的 15%。

(5) 根据不同国家的证券法要求,主承销人和国际协调人行使超额配售选

---

① See e. g. Art. 10 of Commission Regulation implementing the Market Abuse Directive.

择权还受到法定期间的限制,通常是自股票上市之日起的 30 日内。我国现行法规对此尚无规定,实践中通常依据国际融资惯例。

超额配售选择权的最主要作用在于稳定股票上市后的二级市场价格。根据路演预定单和认股人申请表的安排,主承销人和国际协调人实际上已经将未来拟行使的超额配售选择权预分配于全体承诺认购的机构投资人,并且其认购超额配售股份的股款在承销期限终结后仍被锁定于收款银行。如果新发行股份在上市后跌破一级市场发行价,主承销人和国际协调人将根据超额配股认购人的支持在二级市场进行买盘,以此避免二级市场的过度下跌,所购股份将在有效期内再配售于原认股人。[①]

(三) 股份回购

上市公司股份回购(repurchase),是指上市公司买回自己发行在外股份的行为。

关于股份回购,大陆法系多数国家和地区一般对公司回购股份严加限制,采用了原则禁止、例外许可的立法模式;而美国等国则对公司回购股份采用了原则允许、附加限制的立法模式。对上市公司而言,禁止或者限制公司股份回购的理由除了有违公司的社团法人性质、损害债权人的利益、危害公司支配的公正性外,还在于上市公司股份回购可能产生操纵市场行为。上市公司大量回购自己的股份,无论其动机如何,必然会造成股价上涨,助长市场投机,加上公司回购股份实际上由公司的经营决策人员决定和执行,可能诱使上述人员假借回购股份进行内幕交易和操纵市场。

但是,股份回购在特定场合仍具有积极意义。许多国家和地区基于以下理由,已逐步放开对上市公司公开市场股份回购的限制:(1) 股份回购对公司资本结构和财务比率调整具有一定的调节作用。公司可以通过回购股份向股东返还低于收益率、低于资本成本的公司剩余资金。企业从事低于资本成本收益率的投资会造成股东损失,在这种情况下将剩余资金返还给股东进行更有效率的运用,具有合理性。公司在负债比率过低时,通过取得自己股份并(或者)配合举债能够显著提高负债比率。公司在发行可转换公司债或者附认股权公司债等金融衍生商品、给予员工认股期权时,事先回购股份可以避免将来增发新股导致的每股收益降低。(2) 股份回购是公司防范恶意收购的收购防御措施之一。公司回购股份将导致已发行在外的股份总数降低,致使在任的经营者控制的股份比例升高;流通股股份的减少将致使收购人更加难以获得足够股份或必须支付更高成本。同时,如果公司以借贷资金大量回购股份,将显著提高资产负债比率,公司财务优势的丧失将降低成为并购目标的几率。(3) 股份回购有利于执行员工

---

① 董安生:《国际货币金融法》,中国人民大学出版社 1999 年版,第 211—213 页。

持股及股票期权计划。员工持股和股票期权计划是现代公司治理中有效的内部激励机制。由于新股发行一般需要经过十分繁琐的程序,成本较高,公司可以事先取得自己股份留存为库藏股,在推行员工持股计划时重新发行。(4)股份收购可以引导股价,促使股价回归其正常价格。在资本市场上,公司股价有时可能被过度低估,为促使股价回归其正常价格,公司可以通过取得自己的股份向市场传达股价被低估的信息。经济学的实证研究表明,股份回购能在一定程度上提升公司股价。(5)股份收购还可以抑制过度投机行为,熨平股市的大起大落,促进证券市场的规范、稳健运行。在股市低迷时,公司回购股份可以在一定程度上增强市场的流动性,有利于合理股价的形成;在市场过度投机时,公司动用先前回购的库藏股份进行干预,可以促使股价向内在价值回归,有助于防止过度投机行为。

从境外立法例看,各国多制定安全港规则,将符合特定条件的上市公司股份回购排除在操纵市场行为之外。我国《证券市场操纵行为认定指引(试行)》第48条第1款、《公司法》第142条、《上市公司回购社会公众股份管理办法》《关于上市公司以集中竞价交易方式回购股份的补充规定》《上市公司股权激励管理办法》等相关规定也有类似的规范。

结合欧盟等境外市场及我国的相关规定,上市公司股份回购的安全港规则一般应包含:(1)回购目的。股份回购方案必须以减资或偿付可转化为股权融资产品的债务融资产品所产生的债务、偿付发行人或者其关联公司的员工股票期权计划或者其他向员工分配股份产生的义务为目的。(2)回购条件与信息披露。除了满足股东批准等要求外,股份回购方案的详细内容须在实施回购前预先向市场披露,且发行人必须报告若干工作日之内(一般为7日)实际发生的回购交易,包括回购数量与价格。(3)回购价格与回购数量。股份回购的价格不能高于当前市场价(即便股东授权公司以更高价格回购),且每日回购股份的数量不得超过日平均交易量的特定比例(一般为1/4)。(4)交易限制。发行人在股份回购期间,不得卖出自己的股份;不得在禁止交易期(closed period)以及在发行人有关规定决定推迟公开披露内幕信息的场所进行交易。如果发行人进行的是交易时间、交易数量都实现公告了的预定回购计划(time-scheduled program),或者回购计划由投资公司或者信贷机构独立于发行人而决定和执行,不受此限。[1]

---

[1] See Paul L. Davis (etc.), *Gower and Davis' Principles of Modern Company Law* (9th ed.), Sweet & Maxwell, 2012, pp. 1164—1165.

第四节　内幕交易行为

内幕交易是各国证券法中发展较晚的违法行为类型,并且目前不同国家学者对其的认识和意见也不尽相同。我国《证券法》对于内幕交易采取严厉打击的立场,立法对于内幕人员(知情人)、内幕信息和非法使用三个概念采取了最严格的规则,这在各国的证券法律法规中也并不多见。①

一、内幕交易的概念与相关的理论

内幕交易(insider trading)又称内部人交易,它是指证券交易内幕信息的知情人,在内幕信息依法披露前,非法从事的利用该信息、泄露该信息或者建议他人利用该信息的违法行为。内幕交易的本质在于内幕人员或者内幕信息的知情人,在内幕信息公开前,利用该信息从事非法牟利活动。②

在证券法理论中,关于对内幕交易的规制理论繁多而矛盾。合理地梳理这些理论对于明确规制内幕交易制度的法律宗旨,正确地发展内幕交易规则具有重大意义。一些反对对内幕交易给予严厉禁止的学者提出,内幕交易有助于减少股价波动,提高市场效率,对其不应进行过分的禁止;还有学者提出,内幕交易所得是对公司内幕人员给予的适当报酬,对其的严厉禁止并不能产生合理的效果;另有些学者提出,内幕交易建立在上市公司与其内部人意思自治的基础上,立法对其严厉禁止只能起到破坏市场经济原则的作用。而另一些赞成对内幕交易进行禁止的学者却提出,内幕交易违反了证券市场的公平和公众信任,应当对其加以禁止;禁止内幕交易有助于提高资源配置的效率,对社会产生积极影响。在诸多学者提出的理论主张中,芝加哥学派提出的下面两方面意见极端重要,对于各国内幕交易理论产生了重大的影响。③

首先,芝加哥学派提出,内幕信息本质上是属于上市公司全体股东拥有的知识产权,不法行为人就其内幕交易的全部所得应当归于上市公司的全体股东所有;为解决复杂且争议颇多的因果关系证明问题,该学派提出,对于内幕交易的全部所得应当采取归入权方式,即令内幕交易人将其全部所得归还上市公司,以此弥补上市公司全体股东的损失。芝加哥学派提出的这一主张在不同程度上影响了各国的证券立法,我国证券法律法规目前对于短线交易行为即明确规定适用归入权规则④。

---

① 参见谢瑜:《证券内幕交易民事责任比较研究》,载《时代金融》2011年第32期。
② 参见张心向:《我国证券内幕交易行为之处罚现状分析》,载《当代法学》2013年第4期。
③ 参见毛玲玲:《中美证券内幕交易规制的比较与借鉴》,载《法学》2007年第7期。
④ 参见《证券法》第47条。

其次,芝加哥学派提出,单纯的归入权理论不能解决内幕交易民事诉讼受害人的起诉目的和动机问题,内幕交易民事诉讼是典型的大规模侵权案件,此类证券市场诉讼案件的受害人具有不特定性、不确定性(是否起诉不确定)及受害人先后分批起诉的顺序性。对于此类诉讼案件的顺利进行不仅应求助于集团诉讼或派生诉讼等诉讼方式的支持,而且应当采取令内幕交易人向上市公司和起诉受害人赔偿归入权损失和受害人律师费用损失的方式,由诉讼代理律师以市场化方法解决这一难题。实际上,美国的证券法制目前正是在很大程度上采取了这一做法。

二、内幕人员

内幕人员在我国《证券法》中又被称为"内幕信息的知情人"和"非法获取内幕信息的人",它既包括上市公司的内部人,也包括上市公司的控股股东或实际控制人,还包括以其他方式知悉内幕信息的人员,其范围极端广泛。

根据我国《证券法》第74条的规定,我国证券市场的内幕人员分为以下七类:

(1) 上市公司内幕人员,这主要包括上市公司的董事、监事、高级管理人员;

(2) 持有上市公司5%以上股份的股东及其董事、监事、高级管理人员,上市公司的实际控制人及其董事、监事、高级管理人员;

(3) 上市公司的控股公司及其董事、监事、高级管理人员;

(4) 由于所任上市公司职务可以获取公司有关内幕信息的人员;

(5) 证券监督管理机构工作人员以及由于法定职责对相关证券的发行、交易进行管理的其他人员;

(6) 上市公司的保荐人、承销证券公司、证券交易所、证券登记结算机构、证券服务机构的有关人员;

(7) 国务院证券监督管理机构规定的其他人,包括在政府机构任职的内幕人员和以其他方式临时知悉内幕信息的人员。

由上可见,我国证券法律法规对于内幕人员的界定是相当严格且细致的。这保证了我国证券监管部门对于内幕交易行为的全面监管和严厉打击。

三、内幕信息

内幕信息是指对证券价格有重大影响且尚未公开的信息,它是内幕交易的基础。

内幕信息在法律上具有以下三个特点:

首先,内幕信息只能是尚未披露或公开的信息。在该等信息依法披露后,即丧失了其内幕信息的性质。因此,对于内幕交易的有效控制首先要求上市公司及时地披露其信息,避免使内幕信息维持过长的保密期间。

其次,内幕信息必须是确切的有真实依据的信息,而不能是预测的或有不确定性的信息。我国证券监管部门对于内幕信息的形成和确定阶段已经有了较明确的规定。

最后,内幕信息应当是具有重大性与敏感性的信息,它能够对证券市场的价格或投资者的决策产生重大影响,否则此类信息的意义和作用将大打折扣。

我国《证券法》目前以列举性重大事件替代信息的重大性标准,根据《证券法》第67条和第75条的规定,下列情况属于信息披露中的重大事件或内幕信息:

(1) 上市公司的经营方针和经营范围的重大变化;

(2) 上市公司的重大投资行为和重大的购置财产的决定;

(3) 上市公司订立重要合同,可能对公司的资产、负债、权益和经营成果产生重要影响;

(4) 上市公司发生重大债务和未能清偿到期重大债务的违约情况;

(5) 上市公司发生重大亏损或者重大损失;

(6) 上市公司生产经营的外部条件发生的重大变化;

(7) 上市公司的董事、1/3以上监事或者经理发生变动;

(8) 持有上市公司5%以上股份的股东或者实际控制人,其持有股份或者其控制公司的情况发生较大变化;

(9) 上市公司减资、合并、分立、解散及申请破产的决定;

(10) 涉及上市公司的重大诉讼,股东大会、董事会决议被依法撤销或者宣告无效;

(11) 上市公司涉嫌犯罪被司法机关立案调查,上市公司董事、监事、高级管理人员涉嫌犯罪被司法机关采取强制措施;

(12) 上市公司分配股利或者增资的计划;

(13) 上市公司股权结构的重大变化;

(14) 上市公司债务担保的重大变更;

(15) 上市公司营业用主要资产的抵押、出售或者报废一次超过该资产的30%的;

(16) 上市公司的董事、监事、高级管理人员的行为可能依法承担重大损害赔偿责任;

(17) 上市公司收购的有关方案;

(18) 国务院证券监督管理机构认定的对证券交易价格有显著影响的其他重要信息。

应当说,我国《证券法》对于内幕信息的概括也是极端详细和严密的。这就说明,对于内幕交易的监管的重点主要应当放在执行环节。

四、非法利用内幕信息之禁止

我国《证券法》第 76 条明确禁止不法行为人非法利用内幕信息。

根据该条款的规定,所谓非法利用内幕信息包括以下三种情况:

(1) 内幕信息的知情人和非法获取内幕信息的人,在内幕信息公开或披露前,买卖该上市公司的证券。这是最典型的内幕交易方式。在证券市场实践中,不法行为人通常是以其亲属、朋友、合伙人、下属公司的证券账户名义从事内幕交易。这既反映了证券市场中查处内幕交易的艰难,也暴露了内幕交易人故意违法的性质。

(2) 内幕信息的知情人和非法获取内幕信息的人,在内幕信息依法披露前,泄露该信息。内幕交易人泄露或传播内幕信息的行为虽然不一定是为了牟利,甚至也不一定基于其故意行为,但同样会对证券市场造成严重的不良影响,也在法律惩处之列。

(3) 内幕交易人在上市公司的内幕信息依法披露前,有意推荐或建议他人买卖相关的证券,而该被建议人又实施了该买卖行为。这一非法利用行为以被建议人实施了建议的交易行为为基本构成要件。

值得强调的是,内幕交易行为在证券现货市场与证券期货市场所适用的法律规则极端不同,相当一部分国家的期货市场根本排斥内幕交易规则的适用。我国的证券期货理论界在多边市场不断发展,期货工具与信用工具不断衍生的条件下,应当对此给予深入研究。

五、内幕交易的因果关系问题

内幕交易作为一种大规模侵权行为,实际上是无法回避内幕交易侵权行为与投资者所受到的损害后果之间的因果关系问题的。在证券民事诉讼中,受害的投资者不能不证明其所受损害与内幕交易人的侵权行为之间具有因果关系。在众多受害的投资者所证明的实际损失远远大于内幕交易人的侵权所得(超过三倍)的情况下,这一因果关系证明实际上就难以成立。法律如果不能解决这一难题,就只能接受对上市公司实行归入权的民事赔偿方式,或者放弃针对内幕交易的民事赔偿而将其仅交由行政处罚或刑事处罚解决。

但是,针对上市公司实行归入权实际面临一个严重的现实问题:在社会投资者无法得到合理补偿的情况下是否会有足够众多的受害人起诉内幕交易者,归入权毕竟是一公共利益和长远利益;而且在首批受害人起诉内幕交易者得到律师费用赔偿后,更大批的受害人又源源不断地再起诉该内幕交易者时,其律师费用赔偿又如何支付和从何支付。这些显然涉及我国社会的深层问题。近年中,我国曾出现的三鹿公司三聚氰胺奶粉大规模侵权案件已经给我国公众以深刻的教训。

由此可见,解决证券侵权行为因果关系问题不能不考虑到大规模侵权的基本特点,即此类案件的受害人具有不特定性、不确定性及依顺序逐步起诉的特点,由此造成受害人整体实际损失确定难、因果关系确定难以及案件整体判决裁定难的处境。而在我国的法制条件下,无论是在诉讼方式(集团诉讼或派生诉讼)上,还是在律师费用赔偿上,目前的法律均没有加以任何规定,实践处于无法可依的状态。

本章参考文献:

1. 董安生:《国际货币金融法》,中国人民大学出版社 1999 年版。
2. 刘道远:《证券侵权法律制度研究》,知识产权出版社 2008 年版。
3. 刘志勇、陈洁:《证券市场民事责任的法律解析》,载《理论界》2010 年第 3 期。
4. 金颖、高斌主编:《境外证券金融业风险案例汇编》,中国证券登记结算有限责任公司 2010 年版。
5. 郭土木:《证券交易法论著选辑》,台湾三民书局有限公司 2011 年版。
6. 谢瑜:《证券内幕交易民事责任比较研究》,载《时代金融》2011 年第 32 期。
7. 刘逖:《市场微观结构与交易机制设计:高级指南》,上海人民出版社 2012 年版。
8. 马士腾:《我国证券行政处罚制度研究》,载《金田》2013 年第 5 期。
9. 张心向:《我国证券内幕交易行为之处罚现状分析》,载《当代法学》2013 年第 4 期。
10. 张春丽:《论我国证券欺诈赔偿责任机制的完善》,载《法律科学》2014 年第 3 期。
11. 胡国生、黄英君、柏振忠:《法制视角下的我国证券市场监管思考》,载《西南金融》2016 年第 6 期。
12. 廖升:《诱空虚假陈述侵权责任之因果关系》,载《法商研究》2016 年第 6 期。
13. Franklin Allen and Douglas Gale, *Stock-Price Manipulation*, 5 Rev. Fin. Stud. 503, 505(1992).
14. Thomas Lee Hazen, *The Law of Securities Regulation* (5th ed.), West Group, 2006, pp. 271—277.
15. Louis Loss, Joel Seligman and Troy Paredes, *Fundamentals of Securities Regulation* (6th ed.), Volume 3, Wolters Kluwer Law & Business, 2011, p. 1505.
16. ASIC, *Review of High-frequency Trading and Dark Liquidity*, ASIC Report 452, October 2015, p. 9; see also Technical Committee of IOSCO, *Regulatory Issues Raised by the Impact of Technological Changes on Market Integrity and Efficiency*, IOSCOPD 354, final report, July 2011.
17. Paul L. Davis (etc.), *Gower and Davis' Principles of Modern Company Law* (9th ed.), Sweet & Maxwell, 2012, pp. 1164—1165.

21世纪法学系列教材

·民商法系列·

○ 民法总论（第三版）
○ 民法学（第二版）
○ 债法总论
● 证券法原理
○ 商法学——原理·图解·实例（第四版）
○ 商法学
○ 保险法（第三版）
○ 保险法
○ 担保法

○ 海商法
○ 海商法教程（第二版）
○ 票据法教程（第二版）
○ 票据法学（第二版）
○ 房地产法（第四版）
○ 物权法论
○ 物权法原理与案例研究（第二版）
○ 侵权责任法
○ 英美侵权行为法学

"北大出版社法律图书"
微信公众号

"北京大学出版社"
微信公众号

ISBN 978-7-301-29074-3

定价：30.00元